LABORATÓRIO DE REDES DE COMPUTADORES

SIMULANDO REDES DE ALTO DESEMPENHO COM NETWORK SIMULATOR 2 (NS-2)

DIÓGENES ANTONIO MARQUES JOSÉ

LABORATÓRIO DE REDES DE COMPUTADORES

SIMULANDO REDES DE ALTO DESEMPENHO COM NETWORK SIMULATOR 2 (NS-2)

Freitas Bastos Editora

Copyright © 2024 by Diógenes Antonio Marques José

Todos os direitos reservados e protegidos pela Lei 9.610, de 19.2.1998. É proibida a reprodução total ou parcial, por quaisquer meios, bem como a produção de apostilas, sem autorização prévia, por escrito, da Editora.
Direitos exclusivos da edição e distribuição em língua portuguesa:
Maria Augusta Delgado Livraria, Distribuidora e Editora

Direção Editorial: Isaac D. Abulafia
Gerência Editorial: Marisol Soto
Copidesque e revisão: Doralice Daiana da Silva
Diagramação e Capa: Madalena Araújo

Dados Internacionais de Catalogação na Publicação (CIP) de acordo com ISBD

J831	Jose, Diógenes Antonio Marques
	Laboratório de redes de Computadores: Simulando redes de alto desempenho com Network Simulator 2 (NS-2) / Diógenes Antonio Marques Jose. - Rio de Janeiro, RJ : Freitas Bastos, 2024.
	412 p. : 15,5cm x 23cm.
	ISBN: 978-65-5675-421-5
	1. Ciência da Computação. 2. Redes de Computadores. 3. Network Simulator 2 (NS-2). 4. Internet. I. Título.
2024-2263	CDD 004
	CDU 004

Elaborado por Odilio Hilario Moreira Junior - CRB-8/9949

Índice para catálogo sistemático:
1. Ciência da Computação 004
2. Ciência da Computação 004

Freitas Bastos Editora
atendimento@freitasbastos.com
www.freitasbastos.com

Ao clicar no link do GitHub do livro: https://github.com/dioxfile/NS-2_Scripts/ o leitor terá acesso a todos os códigos dos experimentos realizados no livro. Esses códigos estão divididos por capítulos, conforme apresentados na obra, exceto pelo capítulo um, que não contém códigos.

Para meu Pai, um homem honesto, simples e verdadeiro
(In Memoriam)

PREFÁCIO

Este livro está na sua primeira edição e a principal motivação para escrevê-lo veio de quando fiz o mestrado em Ciência da Computação entre 2012 e 2014, na Universidade Federal de Goiás (UFG). Minha pesquisa consistia em desenvolver uma métrica para seleção de rotas no protocolo *OLSR*. Sendo assim, implementei a minha solução no *NS-2*[1]. Dessa forma, a maior dificuldade consistiu em encontrar material que não fosse muito complicado e que também tivesse exemplos objetivos e práticos para ajudar com meus estudos sem que eu tivesse de ler todo o manual do *NS-2*. Por exemplo, eu não precisava saber como a classe *OTCL* era implementada em detalhes no *NS-2*, mas precisava de detalhes específicos, por exemplo:

- A explicação sobre os campos do *trace file* nos protocolos *DSR, AODV, DSDV* e *OLSR*;
- Como instalar e configurar o protocolo *OLSR* no *NS-2*;
- Como extrair métricas de desempenho para avaliação de redes *MANET*;
- Como usar as ferramentas *cbrgen*, *setdest* e *threshold* para gerar tráfego, mobilidade e especificações de antenas nos padrões *IEEE 802.11a/b*, respectivamente;
- Como funciona o modelo *Wired-Cum-Wireless* e como converter endereços hierárquicos em numérico convencional nesse modelo;
- Como adicionar um novo evento de descarte no *trace file*;
- Como implementar o comportamento egoísta nos protocolos de roteamento MANET's;

---

1   Disponível em: https://seer.ufrgs.br/rita/article/view/RITA-VOL26-NR1-60/pdf.

- Como corrigir os diferentes erros de instalação; ou
- Como encontrar uma versão do NS-2 com poucos ou nenhum erro de instalação.

Áreas de Estudo de Redes de Computadores

Essas dificuldades, supramencionadas, foram o gatilho de motivação. Além disso, pensei na questão das disciplinas de computação sobre redes de computadores que são ensinadas nas universidades brasileiras. Isto é, em ciência da computação há duas vertentes bem definidas, a área tecnológica e a acadêmica. As duas são necessárias, mas na maioria dos cursos de redes apenas a primeira é priorizada, prova disso é que não há um livro do *NS-2* em português, existem apenas tutoriais.

A área tecnológica engloba diversas tecnologias já existentes como os dispositivos de interconexão (ex.: roteadores, switches etc.) e os *softwares de redes* (ex.: *SO's* de Redes, simulador *packet tracer Cisco*, simulador *Eve-NG*, simulador *eNSP Huawei* etc.). Esses conceitos e produtos tecnológicos precisam ser conhecidos, pois são essenciais para formar a base técnica que lida com a infraestrutura tecnológica do país. Além disso, o seu aprendizado envolve conhecimento introdutório da academia e habilidades específicas aprendidas apenas com treinamento oferecido fora das universidades, como, por exemplo, certificações.

Na outra mão, a área acadêmica prioriza a criação de novas tecnologias com o objetivo de inovar e contribuir com a indústria e a comunidade científica, e isso envolve pesquisa pura e aplicada, por exemplo, alterar protocolos (ex.: *UDP, DSDV, RIP, IEEE 802.3* etc.) ou especificações de camada física de tecnologias como *IEEE 802.11, IEEE 802.3, IEEE 802.15 etc.* Nesse contexto, os simuladores de redes, como o *NS-2/NS-3*, entre outros, são imprescindíveis no processo porque com eles é possível implementar novos protocolos ou alterar um existente, uma vez que isso não pode ser feito em um equipamento proprietário ou em um ambiente de produção. Portanto, estudar o *NS-2* é de suma importância para quem quer propor soluções ou inovar em redes de computadores.

O *NS-2* é um simulador de eventos discretos criado na década de 1980 e ainda muito utilizado, apesar de já existir o *NS-3*. Por conseguinte, decidi escrever esse livro sobre o *NS-2*. Antes da escrita, e também depois de sua finalização (ex.: Novembro de 2022), fiz uma pesquisa no *Google* com as seguintes chaves: "NS-2 simulator" e "NS-3 simulator" e os resultados foram interessantes:

- Para a chave de pesquisa "NS-2 simulator" o resultado foi o seguinte:
- Aproximadamente 88.600.000 resultados (0,48 segundos); e
- Para a chave de pesquisa "NS-3 simulator" o resultado foi como segue: Aproximadamente 75.700.000 resultados (0,62 segundos).

A pesquisa foi feita utilizando uma conexão compartilhada por um celular *Xiaomi Redmi 9* conectado em uma rede *4G*. O navegador utilizado foi o *Firefox versão 107.0 (64-bit)*. Os resultados mostraram que ainda existem mais ocorrências do *NS-2* que do *NS-3*, ou seja, ele ainda é muito utilizado em pesquisas acadêmicas. Isso não prova muita coisa, mas é uma justificativa bem convincente para escolher o *NS-2* como tema de um livro.

Distribuição dos Capítulos

Este livro possui dez capítulos compostos por muitas figuras, códigos e tabelas, além disso, ele foi dividido, para melhor compreensão dos conteúdos, como segue:

1. O Capítulo 1 aborda os conceitos de avaliação de redes de computadores como *testbed*, modelos analíticos e simulação;

2. O Capítulo 2 foca na instalação do *NS-2* e principalmente nos erros desse processo, nele são apresentados diversos erros de instalação e suas correções. Nesse sentido, foi criada, em função dos erros de instalação, uma versão do *NS-2* sem erros de instalação, que se encontra disponível no *GitHub*[2];

3. O Capítulo 3 aborda as redes cabeadas *Ethernet*, a criação de tráfego e análise do *trace file* nesse padrão. Também é apresentado um *script* de criação de tráfego que gera arquivos de tráfego com quantidade de fontes igual à de destinos[3];

4. No Capítulo 4 é apresentado e explicado o primeiro *script* de simulação em redes cabeadas, também é apresentada uma simulação com rede cabeada e o resultado é analisado no editor de texto *Geany*, que mostra a quantidade de pacotes perdidos na simulação;

5. No Capítulo 5 é apresentado o conceito de redes sem fio estáticas, nele também é abordado o funcionamento do padrão *IEEE 802.11*, também é explicado o formato

---

2   Disponível em: https://github.com/dioxfile/ns-2.34-allinone/blob/main/ns-allinone-2.34.zip.

3   Disponível em:
https://github.com/dioxfile/NS-2_Scripts/blob/master/Chapter_3_Wired_Network/automatic.sh.

do *old trace* para redes sem fio. Além disso, são realizadas simulações com os padrões *IEEE 802.11a* e *IEEE 802.11b*. Os resultados das simulações são analisados no editor de textos *Geany* que apresenta a quantidade de pacotes perdidos;

6. O Capítulo 6 trata de redes sem fio móveis no padrão *IEEE 802.11*. Do mesmo modo, é apresentada a ferramenta setdest, que é usada para gerar a mobilidade dos nós em redes sem fio móveis, nele também é apresentado um *script* para gerar a mobilidade dos nós sem fio com destinos inalcançáveis igual a zero[4]. Por conseguinte, realizou-se uma simulação com o padrão *IEEE 802.11a* e foi utilizado o editor de textos *Geany* para verificar a quantidade de pacotes perdidos;

7. No Capítulo 7 são apresentados os protocolos de roteamento para redes sem fio móveis *ad hoc* (*MANETs*), como, por exemplo, *DSR*, *AODV*, *DSDV* e *OLSR*. Também é descrito como instalar o *OLSR* no *NS-2*. Na sequência, são realizadas simulações utilizando o padrão *IEEE 802.11b* com todos os protocolos apresentados no capítulo. Além disso, são avaliadas duas métricas de desempenho, por exemplo, a vazão e a taxa de perda de pacotes, para isso foi criado um *script* de extração das métricas de desempenho que analisa a vazão e a taxa de perda de pacotes da simulação[5];

8. No Capítulo 8 são apresentadas as métricas de desempenho vazão, consumo de energia, taxa de perda de pacotes, *overhead* de roteamento, taxa de encaminhamento de pacotes (ie. *forwarding*), atraso fim a fim, jitter e taxa de

---

4   Disponível em: https://github.com/dioxfile/NS-2_Scripts/blob/master/
    Chapter_6_Set_Wireless_MANET/auto_mobility.sh.

5   Disponível em: https://github.com/dioxfile/NS-2_Scripts/blob/master/
    Chapter_7_Protocols/throughput_wf.sh.

entrega de pacotes. Por conseguinte, é apresentado um *script* de extração de métricas de desempenho chamado Metrics_Performance_Extractor_NEW_CBR.sh[6]. O capítulo também demonstra simulações com os quatro protocolos de roteamento apresentados no Capítulo 7, estes protocolos são avaliados com relação às métricas de desempenho descritas no capítulo;

9. O Capítulo 9 trata o problema dos nós egoístas em *MANET's* e a implementação do comportamento egoísta nos protocolos *DSR, AODV, DSDV e OLSR*. Também são apresentados os resultados de simulações que avaliam o desempenho dos protocolos de roteamento na presença de nós egoístas. Além disso, é apresentada uma aplicação que gera nós egoístas de forma aleatória e sem repetição, o resultado é armazenado em arquivo para ser usado em simulações no *NS-2*[7];

10. E finalmente, no Capítulo 10, é apresentado o modelo *Wired-Cum-Wireless*. E não só é apresentada uma explicação do *trace file* nesse modelo, como também é proposto e apresentado um *script* que converte endereços hierárquicos, gerados pelo modelo *Wired-Cum-Wireless*, em endereços numéricos convencionais[8]. Este *script* gera arquivos de *trace* limpos e prontos para serem analisados sem erros pelo *script* de extração de métricas de desempenho, Metrics_Performance_Extractor_NEW_CBR.sh. Na sequência, é apresentado um *script* que automatiza a criação de nós levando em consideração os três níveis

---

6   Disponível em: https://github.com/dioxfile/Performance-Network-Metrics-NS-2.
7   Disponível em: https://github.com/dioxfile/NS-2_Scripts/blob/master/ Chapter_9_SelfishNodes/Selfish_GENERATOR.cc.
8   Disponível em: https://github.com/dioxfile/NS-2_Scripts/blob/master/ Chapter_10_Wired-Cum-Wireless/.

de hierarquia do modelo *Wired-Cum-Wireless*: domínio, agrupamento e nós. Nele também são demonstrados resultados de simulações, baseadas em um cenário real, realizadas com os principais protocolos descritos no Capítulo 7, *AODV* e *OLSR*. As simulações avaliaram o desempenho dos protocolos com relação às métricas de desempenho apresentadas no Capítulo 8.

Esperamos que nosso esforço seja apreciado pelos usuários do *NS-2*, boa leitura e bom aprendizado.

Prof. Diógenes Antonio Marques José.

SUMÁRIO

PREFÁCIO 9

LISTA DE FIGURAS...21

PARTE 1:
INTRODUÇÃO, INSTALAÇÃO E BUGS

1. INTRODUÇÃO **33**

1.1 Avaliação de Redes de Computadores 34

    1.1.1 Testbed...35
    1.1.2 Modelos Analíticos...36
    1.1.3 Simulação..36

1.2 Atividade Sugerida...41
1.3 Considerações Finais do Capítulo...................................41

2. INSTALAÇÃO, CONFIGURAÇÃO E BUGS **43**

2.1 Instalação e Configuração 43
2.2 Bugs...48
2.3 Atividade Sugerida..58
2.4 Considerações Finais do Capítulo...................................58

PARTE 2:
REDES CABEADAS, TRÁFEGO E ARQUIVO DE TRACE

3. REDE ETHERNET, TRÁFEGO E TRACE **61**

3.1 Rede Cabeada no *NS-2*..**61**
3.2 Criando Tráfego 64

    3.2.1 Controlando a Saída do Tráfego....................................71

3.3 Formato de Trace Ethernet...76
3.4 Atividade Sugerida..79
3.5 Considerações Finais do Capítulo...................................80

4. EXECUTANDO A PRIMEIRA SIMULAÇÃO **81**

4.1 Script TCL para Simulação de Rede Cabeada 82

4.2 Atividade Sugerida 88

4.3 Considerações Finais do Capítulo 89

PARTE 3:
REDES SEM FIO AD-HOC, TRÁFEGO, MOBILIDADE E ARQUIVO DE TRACE

5. REDES SEM FIO ESTÁTICAS **93**

5.1 Funcionamento do Padrão IEEE 802.11 94

    5.1.1 Modo DCF 94

5.2 Redes sem Fio 802.11 Estáticas 103

5.3 Descrição do Old Trace 121

5.4 Atividade Sugerida 125

5.5 Considerações Finais do Capítulo 126

6. REDES SEM FIO MÓVEIS **129**

6.1 Mobilidade em Redes Wireless 130

6.2 Gerando Arquivos de Mobilidade com Nenhum ou Poucos Destinos Inalcançáveis 140

6.3 Atividade Sugerida 146

6.4 Considerações Finais do Capítulo 147

PARTE 4:
PROTOCOLOS DE ROTEAMENTO PARA REDES MÓVEIS AD-HOC (MANETS) E MÉTRICAS DE DESEMPENHO

7. PROTOCOLOS DE ROTEAMENTO MANETS **151**

7.1 Ad hoc On-Demand Distance Vector (AODV) 154

7.2 Dynamic Source Routing (DSR) 157

7.3 *Destination-Sequenced Distance Vector* (DSDV) 161

7.4 Protocolo Optimized Link State Routing (OLSR) 165

    7.4.1 Instalação do OLSR no *NS-2* *178*

7.5   Simulando com DSR, AODV, DSDV e OLSR.....................185

     7.5.1   Resultados das Simulações dos Protocolos DSR, AODV, DSDV e OLSR 196

7.6   Atividade Sugerida...204

7.7   Considerações Finais do Capítulo..............................205

8. MÉTRICAS DE DESEMPENHO DE REDES 207

8.1   Vazão..207

8.2   Consumo de Energia...214

8.3   Índice ou Taxa de Perda de Pacotes...........................219

8.4   Overhead de Roteamento 223

8.6   Atraso Fim a Fim 236

8.7   Jitter ou Variação do Atraso...241

8.8   Taxa de Entrega de Pacotes..247

8.9   Avaliação de Desempenho dos Protocolos DSR, AODV, DSDV e OLSR..252

     8.9.1   Como Usar o *Script* de Extração de Métricas de Desempenho? 252

     8.9.2   Resultados das Simulações dos Protocolos DSR, AODV, DSDV e OLSR 256

8.10   Atividade Sugerida...271

8.11   Considerações Finais do Capítulo..............................273

PARTE 5:
NÓS EGOÍSTAS EM MANET E
WIRED-CUM-WIRELESS

9. NÓS EGOÍSTAS EM MANETS.. 277

9.1   O Problema dos Nós Egoístas em MANETs....................277

     9.1.1   Comportamento Egoísta na Camada de Enlace de Dados...278

     9.1.2   Comportamento Egoísta na Camada de Redes 280

9.2   Implementando o Comportamento Egoísta em Protocolos MANETs no *NS-2* 284

9.3   Implementação Manual do Comportamento
Egoísta no *NS-2*..285

    9.3.1   Criando o Evento de Descarte por
Egoísmo no *NS-2*.................................. *286*

    9.3.2   Criando o Comportamento Egoísta no
Protocolo AODV......................................287

    9.3.3   Criando o Comportamento Egoísta no
Protocolo DSR...291

    9.3.4   Criando o Comportamento Egoísta no
Protocolo DSDV 294

    9.3.5   Criando o Comportamento Egoísta no
Protocolo OLSR 298

9.4   Avaliação de Desempenho dos Protocolos DSR,
AODV, DSDV e OLSR na Presença de Nós Egoístas....302

    9.4.1   Resultados das Simulações dos Protocolos
DSR, AODV, DSDV e OLSR na Presença de
Nós Egoístas 302

9.5   Atividade Sugerida..327

9.6   Considerações Finais do Capítulo...................328

10.   MODELO WIRED-CUM-WIRELESS...................... 331

10.1   Trace no Modelo Wired-Cum-Wireless................340

10.2   Automatização do Processo de Criação de
Nós no Modelo Wired-Cum-Wireless.................344

10.3   Avaliação de Desempenho dos Protocolos AODV
e OLSR no Modelo Wired-Cum-Wireless 357

    10.3.1   Resultados das Simulações dos Protocolos
AODV e OLSR no Modelo Wired-Cum-Wireless..... 360

10.4   Atividade Sugerida..397

10.5   Considerações Finais do Capítulo...................399

PARTE 6:
ELEMENTOS PÓS-TEXTUAIS

REFERÊNCIAS **403**

ÍNDICE REMISSIVO...................................**409**

LISTA DE FIGURAS

Figura 1.1   NITOS Testbed.. 35

Figura 1.2   Exemplo de uma simulação de redes sem fio móveis Ad Hoc (MANETs), executada no *NS-2* e visualizada através do Network Animator (NAM).. 37

Figura 1.3   Arquitetura do *NS-2* é composta por três partes: Entrada, Processamento e Saída (Resultado)................. 40

Figura 2.1   Resultado positivo da compilação do *NS 2* versão 2.34..... 46

Figura 2.2   Código para ser configurado no arquivo .bashrc. Variáveis de ambiente do *NS-2*.. 47

Figura 3.1   Evolução da Ethernet... 61

Figura 3.2   Modelo de Rede Ethernet conforme o Código 3.1.. 62

Figura 3.3   Aperto de Mão Triplo do protocolo TCP.................... 65

Figura 3.4   Modelo de rede Ethernet, com tráfego, conforme Códigos 3.1, 3.2 e 3.3... 67

Figura 3.5   Execução do código 3.4 no Terminal Linux. Os parâmetros passados ao cbrgen.tcl foram: TYPE_T=cbr, NN=50, SEED=0.25, MC=10, RATE=128.0⇒ns cbrgen.tcl type $TYPE_T -nn $NN -seed $SEED -mc $MC -rate $RATE................... 75

Figura 3.6   Explicação do Trace Ethernet do *NS-2*...................... 76

Figura 3.7   Simulação que originou o trace do Código 3.5. 79

Figura 4.1   Topologia, Cabeada, para Execução do Primeiro Script TCL.. 81

Figura 4.2   Perda de Pacotes CBR do Nó Dois (N2), Visualizada pelo NAM... 86

Figura 4.3   Perda de pacotes CBR do nó dois (N2), visualizada pelo arquivo trace. Foram perdidos 2910 pacotes......................... 87

Figura 5.1   Exemplo de BSS em redes *Wireless* 802.11. 94

Figura 5.2   Modo DCF opcional.. 95

Figura 5.3 Envio de Frames RTS, CTS e ACK, e Janela de Disputa (CW)... 96

Figura 5.4 Funcionamento do CSMA/CA. 97

Figura 5.5 Ambiente Wireless Ad Hoc com dez nós estáticos, Área 1000m(x) × 1000m(y). Nesse ambiente há quatro conexões em andamento (ex.: linhas tracejadas em vermelho): N0⇒N1, N1⇒N2, N3⇒N4 e N4⇒N5. 103

Figura 5.6 Quatro fluxos de tráfego CBR em andamento. Nós: N0⇒N1, N1⇒N2, N3⇒N4 e N4⇒N5, Códigos 5.4 e 5.5. ... 108

Figura 5.7 Animação gerada pelo NAM, resultado das simulações realizadas (Figura 5.8). O cenário apresentado pelo NAM é o mesmo mostrado na Figura 5.5. É possível observar na Figura 5.7(a), padrão *IEEE 802.11a*, que as transmissões ainda não iniciaram. Todavia, na Figura 5.7(b) observa se exatamente o contrário, nesse cenário, com o padrão *IEEE 802.11b*, as transmissões já iniciaram e estas envolvem os nós N0, N1, N9 e N4..118

Figura 5.8 Simulação dos padrões IEEE 802.11a/b no *NS-2*.................119

Figura 5.9 Análise da quantidade de pacotes descartados com o editor Geany, cenário da Figura 5.5...119

Figura 5.10 Explicação do old trace Wireless. 122

Figura 6.1 Ambiente Wireless Ad Hoc Móvel com três nós móveis, área 1000m(x) × 1000m(y). Nesse ambiente há duas conexões em andamento (ex.: linhas tracejadas em vermelho): N0 ⇒N2 e N2⇒ N1. Além disso, as linhas tracejadas em azul significam o sentido de movimentação dos nós. 129

Figura 6.2 Dois fluxos de tráfego CBR em andamento. Nós: N0⇒N2 e N2⇒N1. Código 6.4... 137

Figura 6.3 Animação de simulação com três nós móveis, 50s de duração e duas fontes de tráfego CBR..................... 138

Figura 6.4 Análise da perda de pacotes utilizando o editor de textos Geany. Busca de eventos de perdas (D) Através de Expressões Regulares (^D)...140

Figura 6.5	Execução do programa auto_mobility.sh com os seguintes parâmetros: 30 5.015.0 80 2.0 500 800 80. 145
Figura 7.1	Cenário com 50 nós móveis, 2 fontes de tráfego, área 1000m (x) 1000m (y) e padrão de mobilidade Random waypoint. Nesse ambiente há duas conexões em andamento (ex.: Linhas tracejadas em vermelho): N35⇒N3 e N49⇒ N16. Além disso, as linhas tracejadas em azul significam o sentido de movimentação dos nós. 151
Figura 7.2	Classificação dos protocolos de roteamento MANETS em reativos, proativos e híbridos. 153
Figura 7.3	Processo de descoberta de rotas no AODV. 157
Figura 7.4	Processo de descoberta de rotas no DSR. 159
Figura 7.5	Fase de manutenção de rotas no DSR. 160
Figura 7.6	Fase de criação e manutenção de rotas em roteamento por Vetor de Distância 162
Figura 7.7	Tabelas de roteamento dos nós A, B e C 164
Figura 7.8	Atualização do número de sequência da tabela de roteamento do nó B 164
Figura 7.9	Processo de atualização incremental das tabelas de roteamento dos nós A e C. 165
Figura 7.10	Propagação da mensagem TC do nó 3 para os nós do seu conjunto de seletores de MPRs. 166
Figura 7.11	Propagação da mensagem TC dos nós 4 e 6 para os nós de seus conjuntos de seletores de MPRs 167
Figura 7.12	Difusão da mensagem HELLO 168
Figura 7.13	(a) Nós 1, 3, 5 e 6 enviando ao nó 4 seus vizinhos a um salto e (b) vizinhos a um salto do nó 4 que estão no seu conjunto de nós MPRs. 168
Figura 7.14	Flooding OLSR. 169

Figura 7.15	Algoritmo de seleção de MPRs executado pelo nó 0, passo 1. W(3) → Valor do willingness; NBR → Conjunto de vizinhos a um salto; NBR2 → Conjunto de vizinhos a dois saltos; MS → Conjunto de seletores de MPR; e MPRs → Conjunto de nós MPRs...................170
Figura 7.16	Algoritmo de seleção de MPRs executado pelo nó 0, passo 2. D → Valor do grau dos vizinhos a um salto...........171
Figura 7.17	Algoritmo de seleção de MPRs executado pelo nó 0, passo 3...................172
Figura 7.18	Algoritmo de seleção de MPRs executado pelo Nó 0, passo 4a. AL → Valor da alcançabilidade dos vizinhos a um salto restante....................173
Figura 7.19	Algoritmo de seleção de MPRs executado pelo nó 0, passo 4b...................174
Figura 7.20	Algoritmo de seleção de MPRs executado pelo nó 0, passo 5...................175
Figura 7.21	Conjunto de MPRs do nó 4...................175
Figura 7.22	Topologia de rede do nó 2...................177
Figura 7.23	Rota de rede do nó 2 ao nó 7, baseada na Tabela 7.1. ...178
Figura 7.24	Dois fluxos de tráfego CBR em andamento. Nós: N35 ⇒ N3 e N49 ⇒ N16. Código 7.3...................186
Figura 7.25	Simulação do protocolo DSR...................197
Figura 7.26	Simulação do protocolo AODV...................198
Figura 7.27	Simulação do protocolo DSDV. 199
Figura 7.28	Simulação do protocolo OLSR 199
Figura 7.29	Vazão e perda de pacotes do DSR...................200
Figura 7.30	Vazão e perda de pacotes do AODV. 201
Figura 7.31	Vazão e perda de pacotes do DSDV. 201
Figura 7.32	Vazão e perda de pacotes do OLSR...................201
Figura 7.33	Análise das métricas de desempenho dos protocolos DSR, AODV, DSDV e OLSR...................203
Figura 8.1	Conteúdo dos arquivos de vazão dos nós N35 e N49...................214

Figura 8.2   Conteúdo dos arquivos de consumo de energia dos nós N35 e N49. Os Valores 8.36099 e 7.96226 significam a energia gasta em joules. A média apresentada no arquivo Energy_Average.tr é a média de todos os cinquenta nós da rede....................218

Figura 8.3   Conteúdo dos arquivos gerados no cálculo da taxa de perda de pacotes dos nós N35 e N49....................222

Figura 8.4   Taxa de encaminhamento de pacotes (*Forwarding*)....................228

Figura 8.5   Conteúdo dos arquivos gerados no cálculo da taxa de redirecionamento de pacotes....................235

Figura 8.6   Conteúdo dos arquivos gerados no cálculo do atraso fim a fim....................241

Figura 8.7   Conteúdo dos arquivos gerados no cálculo do jitter, variação o atraso....................247

Figura 8.8   Conteúdo dos arquivos gerados no cálculo da taxa de entrega de pacotes....................251

Figura 8.9   Resultado da execução do script Metrics_Performance_Extractor_NEW_CBR.sh na extração das métricas de desempenho de redes sem fio....................255

Figura 8.10   Cenário com 50 nós móveis, 8 fontes de tráfego, área 1000m(x) 1000m(y) e taxa de transmissão de 256 Kbps. Nesse ambiente há oito conexões em andamento (ex.: linhas tracejadas em roxo): N0⇒N1, N2⇒N3, N4⇒N5, N6⇒N7, N11⇒N12, N12⇒N13, N14⇒N15 e N15⇒N16....................258

Figura 8.11   Fluxos de tráfego do cenário de simulação om aplicação CBR e protocolo UDP....................259

Figura 8.12   Avaliação de desempenho do protocolo DSR....................261

Figura 8.13   Avaliação de desempenho do protocolo AODV....................262

Figura 8.14   Avaliação de desempenho do protocolo DSDV....................263

Figura 8.15   Avaliação de desempenho do protocolo OLSR....................264

Figura 8.16   Análise das métricas de desempenho dos protocolos DSR, AODV, DSDV e OLSR....................266

Figura 8.17	Análise das métricas de desempenho dos protocolos DSR, AODV, DSDV e OLSR.	270
Figura 9.1	Largura de Banda.	279
Figura 9.2	Em (a) é mostrado o conteúdo do arquivo Selfish.tcl gerado pelo programa Selfish_GENERATOR, o resultado possui 10 nós egoístas de um total de 50 nós. Além disso, em (b) é apresentado o resultado de uma simulação executada pelo NAM com os nós egoístas destacados em vermelho.	304
Figura 9.3	Cenário com nós egoístas e 50 nós móveis, 8 fontes de tráfego, área 1000m (x)×1000m (y) e taxa de transmissão de 256 Kbps. Nesse ambiente há oito conexões em andamento (ex.: linhas tracejadas em roxo): N2⇒N8, N10⇒N14, N24⇒N25, N36⇒N37, N11⇒N12, N42⇒N43, N4⇒N5 e N15⇒N16.	310
Figura 9.4	Fluxos de tráfego, do cenário de simulação com nós egoístas, com aplicação CBR e protocolo UDP.	311
Figura 9.5	Planilha para avaliação de simulação de MANETs no *NS 2* com os protocolos DSR, AODV, DSDV e OLSR.	315
Figura 9.6	Análise das métricas de desempenho vazão, consumo de energia dos protocolos DSR, AODV, DSDV e OLSR.	319
Figura 9.7	Análise das métricas de desempenho taxa de perda de pacotes e overhead dos protocolos DSR, AODV, DSDV e OLSR.	321
Figura 9.8	Análise das métricas de desempenho forwarding e atraso fim a fim dos protocolos DSR, AODV, DSDV e OLSR.	323
Figura 9.9	Análise das métricas de desempenho jitter e taxa de entrega de pacotes dos protocolos DSR, AODV, DSDV e OLSR.	325
Figura 10.1	Disposição e configuração dos nós no NAM, modelo Wired Cum-Wireless. Essa figura mostra como os nós são vistos no NAM: AP (Access_Point), nós cabeados (Ether$i) e nós sem fio (Wlan$i).	344
Figura 10.2	Execução do script Hierarchical_to_Node_Converter.sh em terminal Linux.	350

Figura 10.3 Trecho do arquivo de trace, ainda com endereços hierárquicos e numéricos, antes da execução do script Hierarchical_to_Node_Converter.sh................................. 351

Figura 10.4 Trecho do arquivo de trace, sem endereços hierárquicos, depois da execução do script Hierarchical_to_Node_Converter.sh............................... 351

Figura 10.5 Execução do script Generator_D_C_N.tcl.................... 356

Figura 10.6 Resultado da execução do script Generator_D_C_N.tcl. Dois domínios (0 e 1), dois agrupamentos no domínio 0 (0 e 1), um agrupamento com trinta nós (0) e o outro com vinte (1). Já o domínio 1 possui um agrupamento (0) e esse agrupamento comporta 40 nós............................. 356

Figura 10.7 Modelo de Rede Wired Cum-Wireless com 50 nós móveis, 2 estações base e 4 nós cabeados. Área 1 000m (x) e 540m (y), 540000m². Distância entre estações base 581,18m. As linhas tracejadas azuis representam fluxos CBR entre dois nós, um cabeado e um sem fio em dois domínios diferentes (ex.: node_(0)$\Rightarrow$ WN0(0) e node_(29)$\Rightarrow$ WN1(1)). As linhas tracejadas vermelhas representam conexões para Internet e a linha tracejada roxa representa uma conexão TCP entre dois nós sem fio móveis (ex.: node_(40)$\Rightarrow$ node_(18)).................... 358

Figura 10.8 Modelo de rede Wired-Cum-Wireless baseado no Google Maps. Visão por satélite da área de simulação usada na avaliação de desempenho dos protocolos AODV e OLSR... 359

Figura 10.9 Esquema de tráfego utilizado para avaliar os protocolos AODV e OLSR no modelo de rede Wired Cum-Wireless. São usados dois tráfegos do tipo CBR (Protocolo UDP) Entre dois nós, um cabeado e um sem fio em dois domínios diferentes, (ex.: node_(0) $\Rightarrow$ WN0(0) e node_(29) $\Rightarrow$ WN1(1)) e um tráfego do Tipo FTP (Protocolo TCP) Entre dois nós sem fio móveis (node_(40) $\Rightarrow$ node_(18))................................. 361

Figura 10.10 Execução do programa Threshold para o modelo de propagação TwoRayGround com distância entre nós de 1000m. Os parâmetros com contorno vermelho são configurados no arquivo OTCL de simulação, por exemplo, 802-11b_functional.tcl e 802-11a_functional.tcl.. 364

Figura 10.11 Execução do programa Threshold para o modelo de propagação shadowing com taxa de entrega de pacotes de 85% e distância entre nós de 1000m. Os parâmetros com contorno vermelho são configurados no arquivo OTCL de simulação, por exemplo, 802 11b_functional.tcl e 802-11a_functional.tcl.. 364

Figura 10.12 Parâmetros gerados pelo Threshold, contorno vermelho, configurados no arquivo OTCL de simulação. Padrão IEEE 802.11b, modelo de propagação TwoRayGround. 365

Figura 10.13 Parâmetros de antena de transmissão/recepção gerados pelo Threshold, contorno vermelho, configurados no arquivo OTCL de simulação. A linha da antena está comentada (set Z_) porque o padrão do *NS 2* é 1.5 m de altura.. 371

Figura 10.14 Sequência numérica dos nós, cabeados e sem fio, no NAM. 375

Figura 10.15 Numeração dos nós cabeados e sem fio, numérica e hierárquica, configurada pelo *NS 2* no trace file. 376

Figura 10.16 Conversão dos endereços numérico hierárquico em numérico sequencial dos nós cabeados, domínio 1 e agrupamento 0... 377

Figura 10.17 Conversão dos endereços numérico hierárquico em numérico sequencial dos nós cabeados, domínio 1 e agrupamento 1... 377

Figura 10.18 Trace File antes e depois da conversão de endereços dos nós no modelo Wired Cum-Wireless. Por exemplo, os nós 0, 1, 2 e 3 correspondem aos endereços hierárquicos 4194304, 4194305, 4196352 e 4196353.. 377

Figura 10.19 Análise das métricas de desempenho vazão e consumo de energia dos protocolos AODV e OLSR, tráfego CBR.. 382

Figura 10.20 Análise das métricas de desempenho taxa de perda de pacotes e overhead dos protocolos AODV e OLSR, tráfego CBR.. 384

Figura 10.21 Análise das métricas de desempenho forwarding e atraso fim a fim dos protocolos AODV e OLSR, tráfego CBR.. 386

Figura 10.22 Análise das métricas de desempenho jitter e taxa de entrega de pacotes dos protocolos AODV e OLSR, tráfego CBR.. 387

Figura 10.23 Análise das métricas de desempenho vazão e consumo de energia dos protocolos AODV e OLSR, tráfego FTP.. 391

Figura 10.24 Análise das métricas de desempenho taxa de perda de pacotes e overhead dos protocolos AODV e OLSR, tráfego FTP.. 393

Figura 10.25 Análise das métricas de desempenho forwarding e atraso fim a fim dos protocolos AODV e OLSR, tráfego FTP.. 395

Figura 10.26 Análise das métricas de desempenho jitter e taxa de entrega de pacotes dos protocolos AODV e OLSR, tráfego FTP.. 396

PARTE 1:
INTRODUÇÃO, INSTALAÇÃO E
BUGS

1. INTRODUÇÃO

Atualmente, tudo está ligado em rede. Sendo assim, conhecer os principais aspectos das redes de computadores é primordial para análise e aprendizado das principais tecnologias de redes como: *Ethernet (IEEE 802.3), Wi-Fi (IEEE 802.11)*, entre outras. É importante enfatizar que esse livro foi escrito para facilitar o aprendizado do *NS-2*, tanto para iniciantes quanto para pesquisadores e acadêmicos que trabalham com o desenvolvimento de novos protocolos e tecnologias de redes. O uso do simulador *NS-2* é muito importante, principalmente na análise e aprendizado dos principais protocolos de redes. Nesse contexto, os capítulos foram elaborados de modo a tratar assuntos complexos de maneira simples, explicando em detalhes diversos conceitos relacionados ao *NS-2* como:

1. Instalação e configuração;

2. Resolução de problemas;

3. Simulação de redes cabeadas;

4. Análise de *trace* em redes cabeadas;

5. Criação de tráfego com a ferramenta *cbrgen*;

6. Simulação de redes sem fio estáticas e móveis (ex.: *Mobile Ad-Hoc Network (MANETs)*);

7. Análise de tráfego em redes sem fio;

8. Mobilidade e geração de ambientes móveis para redes sem fio, com a ferramenta setdest;

9. Protocolos de roteamento para *MANETs*;

10. O problema dos nós egoístas em *MANETs*;

11. Integração de redes sem fio móveis com redes cabeadas usando *Wired-Cum-Wireless*;

12. Atividades práticas.

Além de focar em simulação e no simulador de redes *NS-2*, também são abordados, de forma introdutória, outros conceitos relacionados à avaliação de redes de computadores como: *testbeds* e modelos analíticos. Por conseguinte, esse livro não é uma introdução às redes de computadores, ele é uma introdução à avaliação de redes por simulação através do *NS-2*. Em função disso, ele requisitará conhecimentos prévios dos conceitos básicos de redes e seus principais protocolos, por exemplo: topologias de redes, tecnologias de transmissão, padrões de redes (ex.: *LAN* e *WLAN*), modelo de camadas, endereçamento (ex.: específico, porta, lógico e físico), pilha de protocolos (ex.: *IP, UDP, TCP* etc.), entre outros. Portanto, se você quer usar esse livro, mas não foi introduzido ao assunto de redes de computadores, então recomenda-se o consumo de literatura base, como: *Data Communications and Network* [17] e *Computer Network* [3].

Primeiros Passos...

1.1 Avaliação de Redes de Computadores

O *NS-2* é um simulador utilizado para avaliar redes de computadores. Nesse contexto, a avaliação de uma rede de computadores pode ser feita de três formas: através de *testbeds* (ex.: Ambiente de produção real ou acadêmico), por meio de modelos analíticos e por simulação. Apesar do livro focar na simulação e no simulador de redes *NS-2*, as seções 1.1.1. e 1.1.2 abordam, de forma introdutória, os conceitos de *testbed* e modelos analíticos.

1.1.1 Testbed

Testbeds, tais como o *Network Implementation Testbed Laboratory (NITOS)* desenvolvido pelo NITLab[9], são ambientes de teste desenvolvidos para avaliar redes de computadores para a *Internet do Futuro*.

O *NITOS* consiste em um ambiente heterogêneo de nós cabeados e nós sem fio, baseados em *software* livre. Além disso, ele foi projetado para possibilitar a reprodução de experimentos enquanto também dá suporte à avaliação de protocolos de redes e aplicações com as mesmas características do mundo real. Portanto, o *NITOS wireless testbed* tem sido desenvolvido como parte da *wireless facilities of the European project OneLab2*. Figura 1.1(a)(b).

Figura 1.1 – NITOS Testbed.

(a) *Testbed Indoor.*   (b) *Testbed Outdoor.*

Fonte: *https://nitlab.inf.uth.gr/NITlab/nitos.*

---

9 NITLab é um laboratório remoto de rede que está disponível na Internet para qualquer um que necessite de um testbed de redes.

1.1.2 Modelos Analíticos

Modelos Analíticos consistem em uma descrição matemática do sistema obtida por meio de equações e fórmulas. Por exemplo, um modelo analítico bem conhecido é o cálculo da velocidade média de um veículo (VM). Assim, para obter a *VM* é preciso de duas variáveis que são a variação do espaço percorrido (ex.: ΔS) e a variação do tempo (ex.: ΔT) gasto para percorrer o espaço S. Ex.: $VM \frac{\Delta S}{\Delta T}$ Da mesma forma, nas redes de computadores é possível modelar analiticamente diversas características como a vazão, por exemplo, em Khayat *et al.* [15] é modelado a vazão do *Transmition Control Protocol (TCP)*, Equação 1.1.

$$B_{TCP} = \frac{C \cdot MSS}{RTT \cdot \sqrt{p}} \qquad (1.1)$$

Em que,

- B_{TCP} é a largura de banda (ex.: vazão) do *TCP*;
- *C* é uma constante de aproximação cujo valor é 1,22;
- *Maximum Segment Size (MSS)* é o tamanho máximo de um segmento;
- *Round Trip Time (RTT)* é o tempo máximo de ida e volta de um segmento *TCP*; e
- *p* é a taxa de perda de uma sessão *TCP*.

1.1.3 Simulação

Simulação é um modelo matemático que representa certas características chaves do sistema simulado para o entendimento de seu comportamento ou funcionamento. Boa parte dos simuladores de redes são de *Eventos discretos* e isso significa que o tempo, durante a simulação, só avança quando algo de significativo acontece, por exemplo, envio, recebimento, encaminhamento, descarte de um pacote etc. Assim, qualquer mudança no sistema é associada a um desses eventos (ex.: *NS-2*), Figura 1.2.

Figura 1.2 – Exemplo de uma simulação de redes sem fio móveis Ad-Hoc (MANETs), executada no *NS-2* e visualizada através do Network Animator (NAM).

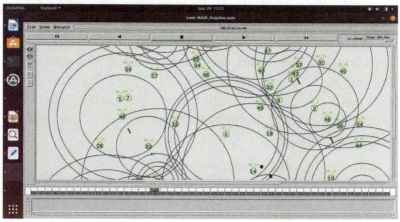

Fonte: Elaborada pelo autor.

Network Simulator 2 (*NS-2*)

O *Network Simulator 2 (NS-2)* é um simulador de eventos discretos[10] voltado para o ensino e a pesquisa em redes de computadores (Pesquisa científica e estudo educacional). Ele foi desenvolvido na *Universidade de Berkeley* no *Lawrence Berkeley*

---

10 A simulação não é um método de otimização, ela apenas estima medidas de desempenho do sistema modelado. Em modelos discretos, simuladores de eventos discretos, o estado do sistema muda apenas no instante que o evento ocorre, para todos os outros instantes de tempo nada muda no sistema. Simulações de eventos discretos descrevem, no geral, situações de fila [32].

Network Laboratory. Este simulador é considerado um *padrão de fato*, testado e aceito por órgãos de padronização como *National Institute of Standards and Technology (NIST)* e órgãos governamentais como *Defense Advanced Research Projects Agency (DARPA)*. Devido a isso, o *NS-2* possui uma ampla documentação [16] e diversos tutoriais [19, 22].

Inicialmente o *NS* começou como uma variante do *REAL Network Simulator* no ano de 1989. Em 1995, a versão do simulador, até então desenvolvida, foi suportada pela *DARPA* através do *VINT Project, Xerox Palo Alto Research Center (PARC), University of California Berkeley (UCB)* e *University of Southern California/Information Sciences Institute (USC/ISI)*, entre outros. Atualmente o *NS* está na versão 3 *(NS-3)* [12], entretanto, o *NS-2* ainda é o simulador mais usado na avaliação de redes de computadores, principalmente na avaliação de *Redes Móveis Ad-Hoc (MANETs)*.

Características do Simulador *NS-2*

Dentre as características do simulador destacam-se:

- **Baixo custo**: não requer equipamentos caros.

- **Implementado em C++**: linguagem de programação desenvolvida por *Bjarne Stroustrup[11]*, orientada a objetos e muito utilizada na academia. Além disso, é amplamente aplicada no desenvolvimento de protocolos de redes (ex.: *TCP, IP, OLSR*, entre outros). O fato de ser utilizada para desenvolver protocolos de redes facilita a portabilidade destes protocolos para o *NS-2*.

- **Front End para Criação de Scripts de Simulação**: Usa a linguagem *Object TCL*, criada por David Wetherall[12]

---

11 Disponível em: https://en.wikipedia.org/wiki/Bjarne_Stroustrup.
12 Disponível em: https://en.wikipedia.org/wiki/OTCL.

no *Massachusetts Institute of Technology (MIT)* (ex.: um *front end* para manipular funções do C++), como meio de acesso direto ao simulador, isto é, facilita a programação do *NS-2* do ponto de vista do usuário.

- **Complexidade**: cenários complexos podem ser facilmente testados.

- **Controle experimental de condições**: experimentos podem ser repetidos de modo a corrigir bugs (teste de sanidade).

- **Suporte a diversos protocolos**: camada de aplicação e transporte ⇒ HTTP, TCP, UDP etc.; Camada de Redes ⇒ IP, ARP, protocolos de roteamento (OLSR, AODV, DSDV, DSR, TORA etc.); Camada de Enlace de Dados ⇒ Ethernet IEEE 802.3, IEEE 802.11, IEEE 802.15, redes de satélites, entre outras.

- **Rádio, energia e mobilidade**: modelo de propagação de sinal e mobilidade. Possui modelos de propagação de rádio, consumo de energia e controle de mobilidade.

- **Ferramentas**: gerador de tráfego (cbrgen), gerador de modelo de mobilidade (*setdest*), gerador de potência de recepção (*threshold.cc*), animação da simulação (*Network Animator (NAM)*)[13] e gráfico (*Xgraph*).

- **Extensibilidade**: permite ao pesquisador desenvolver e testar sua própria extensão.

- **Exemplos**: Infinidade de exemplos de simulações para redes sem fio que estão localizadas na pasta ~/ns-allinone-2.34/ns-2.34/tcl/ex/.

---

13 O NAM é um gerador de animações de simulações do NS-2. Ele vem por padrão na versão allinone. Todavia, se o usuário do NS-2 optar pela versão do repositório do Linux Ubuntu, por exemplo, o NAM deverá ser instalado via download ou por meio do apt-get: apt-get install nam.

A arquitetura do *NS-2* é composta por três partes que são: entrada, processamento e saída, Figura 1.3. A entrada é passada pelo usuário através de scripts OTCL. Já o processamento é feito dentro do *NS-2* por meio da interação entre códigos C++ e códigos OTCL, suas classes, objetos e funções. E a saída, resultado da simulação, pode ser analisada por diversas ferramentas como: *Network Animator* (NAM), animação da simulação; *Xgraph*, que gera gráficos para análise de resultados. Além disso, outras ferramentas podem ser usadas para analisar o *trace*, por exemplo, *GnuPlot, Shell Script* etc.

Figura 1.3 – Arquitetura do *NS-2* é composta por três partes: Entrada, Processamento e Saída (Resultado).

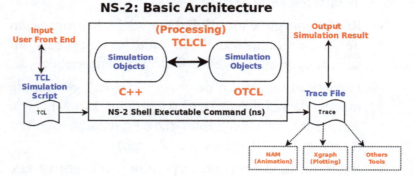

Fonte: Baseado em: [36].

1.2 Atividade Sugerida

Exercício 1. Além do *NS-2* existem diversos outros simuladores, como também existem mais modelos analíticos de redes e *testbeds*. Portanto, pesquise e faça uma lista descrevendo pelo menos cinco outros simuladores, modelos analíticos de redes e *testbeds*.

1.3 Considerações Finais do Capítulo

Neste capítulo foram apresentados o conceito de avaliação de redes de computadores e os três principais métodos de avaliação: *testbed*, modelos analíticos e simulação. Além disso, foi apresentada uma breve introdução sobre o simulador *NS-2*, por exemplo, sua definição, principais características, recursos e aplicação.

2. INSTALAÇÃO, CONFIGURAÇÃO E BUGS

O *NS-2* possui suporte na maioria dos sistemas operacionais do mercado como: *Linux, Windows, MAC OS* etc. Todavia, dependendo da versão do *SO* (ie. pois há diferentes distribuições *Linux*) as bibliotecas necessárias podem variar em nome e versões e, em função disso, muitos erros podem ocorrer durante a instalação do *NS-2*. Portanto, as próximas seções descrevem, de forma simples e objetiva, como instalar, configurar e resolver *bugs* de instalação do *NS-2* em distribuições *Linux Based Debian*, por exemplo, *Ubuntu Linux*, em versões como *ns-allinone 2.33, 2.34 e 2.35*.

2.1 Instalação e Configuração

1. A instalação completa do *NS-2* necessita dos seguintes pacotes:

2. *Tcl release 8.5.10* (componente necessário);

3. *Tk release 8.5.10* (componente necessário);

4. *OTCL release 1.14* (componente necessário);

5. *TclCL release 1.20* (componente necessário);

6. *NS release 2.34* (componente necessário);

7. *NAM release 1.15* (componente opcional);

8. *Xgraph version 12* (componente opcional);

9. *CWeb version 3.4g* (componente opcional);

10. *SGB version 1.0 (?)* (componente opcional);

11. *Gt-itm gt-itm and sgb2ns 1.1* (componente opcional);

12. *Zlib version 1.2.3* (opcional, mas necessário se for usar o NAM).

Requisitos mínimos de sistema:

1. **Sistema Operacional**: pode ser instalado em sistemas *Linux, Microsoft Windows* e *MAC OS*;

2. **Quantidade Mínima de Memória RAM**: é possível utilizar o *NS-2* em sistemas com 2 GB de *RAM* se o usuário for realizar simulações simples e com poucos nós. No caso de simulações complexas, por exemplo, criação de extensões para protocolos de redes que demandam muitos nós (ex.: acima de 50 nós) recomenda-se, no mínimo, 4 GB de *RAM*;

3. **Armazenamento**: quanto aos requisitos de armazenamento recomenda-se pelo menos um *HD* de 40 GB com no mínimo 10 GB de espaço livre;

4. **Processador**: um processador *Intel Pentium 4* ou superior.

> Os requisitos de sistema não são absolutos é possível usar o *NS-2* com configurações mais modestas. Todavia, para não ter problemas de desempenho recomenda-se as configurações supramencionadas.

A versão mais recente do *NS-2*, última versão, é a 2.35 [51], todavia a versão 2.34 tem sido muito utilizada na avaliação de MANETs. Em sistemas *Linux*, no caso do *Ubuntu*, há a possibilidade de instalar o simulador via *apt-get* → *apt-get install ns2*. Entretanto, caso o usuário queira criar seus próprios módulos, recomenda-se a instalação manual do simulador, em especial a versão *allinone*. Nesse sentido, apresenta-se aqui a instalação da versão *ns-allinone-2.34*. Os passos para a instalação em distribuições *Linux* baseadas no *Debian* (ex.: qualquer uma), versões como o *Ubuntu 20.04 Focal Fossa*, o *Ubuntu 19.10 Eoan Ermine* e o *Ubuntu 18.04 LTS Bionic Beaver 64 Bits*, até em outras mais antigas a partir do *Ubuntu 12.04 LTS Precise Pangolin 64/32 Bits* é como segue:

1. Abra o terminal e digite o seguinte comando → *"sudo apt-get update; sudo apt-get install build-essential autoconf automake libxmu-dev xorg-dev gcc g++ xgraph*[14]*"*;

2. Baixe o *NS-2* do site oficial: https://sourceforge.net/projects/nsnam/files/allinone/ns-allinone-2.34/ ou, se preferir, baixe ele do *GitHub:* https://github.com/dioxfile/ns-2.34-allinone;

3. Copie o arquivo *ns-allinone-2.34.tar.gz* para /home/<USER> e descompacte;

4. Abra o terminal e navegue para o diretório /home/<USER>. Ex.: *"cd /home/<usuário corrente>"*. Não é recomendado instalar o *NS-2* como *root*, mas se quiser é por sua própria conta e risco;

5. Entre na pasta "cd ns-allinone-2.34" e execute o seguinte comando *"./install"*. Se tudo ocorrer bem, após alguns minutos de instalação, a seguinte tela será exibida, conforme a Figura 2.1.

---

14 Versões do *Ubuntu* a partir da *19.x* não possuem mais o *xgraph* em seu repositório oficial. Além disso, na versão do *NS-2* disponível no nosso *GitHub*, nós retiramos o *xgraph*. Portanto, será necessário baixá-lo do site oficial http://www.xgraph.org/linux/index.html.

Figura 2.1 – Resultado positivo da compilação do *NS-2* versão 2.34.

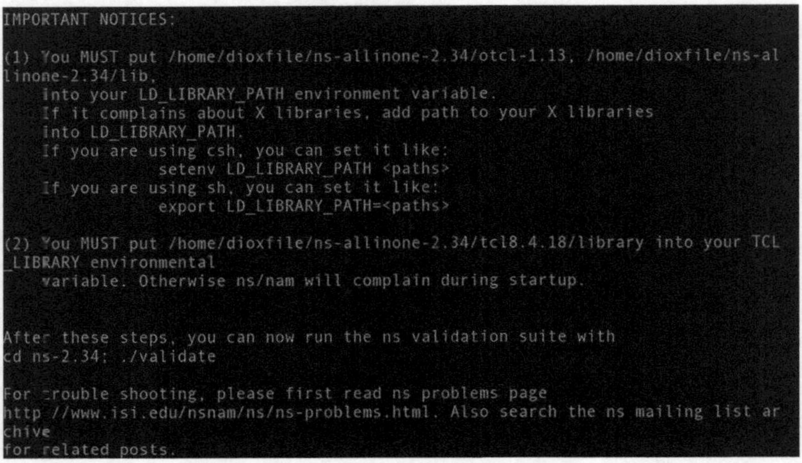

```
IMPORTANT NOTICES:

(1) You MUST put /home/dioxfile/ns-allinone-2.34/otcl-1.13, /home/dioxfile/ns-al
linone-2.34/lib,
    into your LD_LIBRARY_PATH environment variable.
    If it complains about X libraries, add path to your X libraries
    into LD_LIBRARY_PATH.
    If you are using csh, you can set it like:
            setenv LD_LIBRARY_PATH <paths>
    If you are using sh, you can set it like:
            export LD_LIBRARY_PATH=<paths>

(2) You MUST put /home/dioxfile/ns-allinone-2.34/tcl8.4.18/library into your TCL
_LIBRARY environmental
    variable. Otherwise ns/nam will complain during startup.


After these steps, you can now run the ns validation suite with
cd ns-2.34; ./validate

For trouble shooting, please first read ns problems page
http://www.isi.edu/nsnam/ns/ns-problems.html. Also search the ns mailing list ar
chive
for related posts.
```

Fonte: Elaborada pelo autor.

Nesse contexto, é necessário adicionar alguns caminhos para as variáveis de ambiente *LD_LIBRARY_PATH*, *TCL_LIBRARY* e *PATH* no arquivo *~/.bashrc* (Figura 2.2):

Figura 2.2 – Código para ser configurado no arquivo .bashrc. Variáveis de ambiente do *NS-2*.

```
##############################NS-2.34#######################
OTCL_LIB=/home/dioxfile/ns-allinone-2.34/otcl-1.3
NS2_LIB=/home/dioxfile/ns-allinone-2.34/lib
X11_LIB=/usr/X11R6/lib
USR_LOCAL_LIB=/usr/local/lib
export LD_LIBRARY_PATH=$LD_LIBRARY_PATH:$OTCL_LIB:$NS2_LIB:$X11_LIB:$USR_LOCAL_LIB

##########################TCL##########################
TCL_LIB=/home/dioxfile/ns-allinone-2.34/tcl8.4.18/library
USR_LIB=/usr/lib
export TCL_LIBRARY=$TCL_LIB:$USR_LIB

#######################PATH#########################
TCL8=/home/dioxfile/ns-allinone-2.34/tcl8.4.18/unix
TK8=/home/dioxfile/ns-allinone-2.34/tk8.4.18/unix
NS=/home/dioxfile/ns-allinone-2.34/ns-2.34
NAM=/home/dioxfile/ns-allinone-2.34/nam-1.14
export PATH=$PATH:$TCL8:$TK8:$NS:$NAM
alias xgraph=/home/dioxfile/XGraph4.38_linux64/bin/xgraph
```

Fonte: Elaborada pelo autor.

O caminho */home/dioxfile/* deve ser substituído pelo caminho correto no qual o *NS-2* foi instalado. Após a instalação e configuração das variáveis de ambiente, execute no terminal o seguinte comando → *"ns"*, deve aparecer o caractere *"%"*, isso indica que o *NS-2* está pronto para ser usado. Um exemplo do arquivo $PATH para inserir no final do arquivo .bashrc está disponível no *GitHub*: https://github.com/dioxfile/NS-2_Scripts/blob/master/Chapter_2_Install_Setup_Bugs/Path_NS2

2.2 Bugs

Durante a instalação do *NS-2* podem ocorrer muitos erros, não somente na instalação como também ao recompilar algum módulo do *NS-2*, por exemplo, o módulo de protocolos de roteamento (ex.: olsr). Em função disso, foram apresentados nesse livro a resolução de alguns *bugs* comuns de instalação do *NS-2*, os quais podem ocorrer quando o *NS-2* é instalado em sistemas *Linux Based Debian*. Portanto, em caso de erros na instalação do *NS-2* em distribuições baseadas no *Debian*, por exemplo, *Linux Mint, Ubuntu*, ou ainda no sistema operacional *Windows*, siga os seguintes passos:

a. Erros ao instalar o *NS-2* em sistemas operacionais baseados no *Linux Debian* [35]→

Erro 1:

1. - ld: libOTCL.so: hidden symbol '__stack_chk_fail_local' isn't defined
2. - ld: final link failed: Bad value
3. - make: *** [libOTCL.so] Error 1
4. - OTCL-1.13 make failed! Exiting ...

Solução do Erro 1:

1. - Em OTCL-1.13/configure, na linha número 6304
2. - ##Substitua ->
3. - SHLIB_LD="ld -shared"
4. - ##Com ->
5. - SHLIB_LD="gcc -shared"

Erro 2:

1. - tools/ranvar.cc: In member function 'virtual double GammaRandomVariable::value()':

2. - tools/ranvar.cc:219:70: error: cannot call constructor 'GammaRandomVariable::GammaRandomVariable'

3. directly [-fpermissive]

4. - tools/ranvar.cc:219:70: error: for a function-style cast, remove the redundant '::GammaRandomVariable'

5. [-fpermissive]

6. - make: *** [tools/ranvar.o] Error 1

Solução do Erro 2:

1. - Em ns-2.34/tools/ranvar.cc, na linha número 219

2. - ##Substitua ->

3. - return GammaRandomVariable::GammaRandomVariable(1.0 + alpha_, beta_).value()*pow(u, 1.0 / alpha_);

4. - ##Com ->

5. - return GammaRandomVariable(1.0 + alpha_, beta_).value()*pow(u, 1.0 / alpha_);

Erro 3:

1. - In file included from mac/mac-802_11Ext.cc:66:0:

2. - mac/mac-802_11Ext.h: In member function 'u_int32_t PHY_MIBExt::getHdrLen11()':

3. - mac/mac-802_11Ext.h:175:19: error: expected primary-expression before 'struct'

4. - mac/mac-802_11Ext.h:175:41: error: 'dh_body' was not declared in this scope

5. - mac/mac-802_11Ext.h:175:51: error: 'offsetof' was not declared in this scope

6. - mac/mac-802_11Ext.h:177:3: warning: control reaches end of non-void function [-Wreturn-type]

7. - make: *** [mac/mac-802_11Ext.o] Error 1

8. - Ns make failed!

Solução do Erro 3:

1. - Em mac/mac-802_Ext.h, na linha número 65

2. - ##Insira ->

3. - #include<cstddef>

Erro 4:

1. - mobile/nakagami.cc: In member function 'virtua double Nakagami::Pr(PacketStamp*, PacketStamp*, WirelessPhy*)':

2. - mobile/nakagami.cc:183:73: error: cannot call constructor 'ErlangRandomVariable::ErlangRandomVariable' directly [-fpermissive]

3. - mobile/nakagami.cc:183:73: error: for a function-style cast, remove the redundant '::ErlangRandomVariable' [-fpermissive]

4. - mobile/nakagami.cc:185:67: error: cannot call constructor 'GammaRandomVariable::GammaRandomVariable' directly

[-fpermissive]

5. - mobile/nakagami.cc:185:67: error: for a function-style cast, remove the redundant '::GammaRandomVariable' [-fpermissive]

6. - make: *** [mobile/nakagami.o] Error 1

Solução do Erro 4:

1. - Em ns-2.34/mobile/nakagami.cc, na linha número 182

2. - ##Substitua o seguinte código ->

3. - if (int_m == m) {

4. - resultPower = ErlangRandomVariable::ErlangRandomVariable(Pr/m, int_m).value();

5. - } else {

6. - resultPower = GammaRandomVariable::GammaRandomVariable(m, Pr/m).value();

7. - }

8. - return resultPower;}

9. - ##Pelo seguinte código ->

10. - if (int_m == m) {

11. - resultPower = ErlangRandomVariable(Pr/m, int_m).value();

12. - } else {

13. - resultPower = GammaRandomVariable(m, Pr/m).value();

14. - }

15. - return resultPower;}

Erro 5:

1. - In file included from linkstate/ls.cc:67:0:

2. - linkstate/ls.h: In instantiation of 'void LsMap<Key, T>::eraseAll() [with Key = int; T = LsIdSeq]':

3. - linkstate/ls.cc:396:28: required from here linkstate/ls.h:137:25: error: 'erase' was not declared in this scope, and no declarations were found by

4. - argument-dependent lookup at the point of instantiation [-fpermissive]

5. - void eraseAll() { erase(baseMap::begin(), baseMap::end());}

6. -   ^

7. - linkstate/ls.h:137:25: note: declarations in dependent base 'std::map<int, LsIdSeq, std::less<int>, std::allocator<std::pair<const int, LsIdSeq> >>' are not found by unqualified lookup linkstate/ls.h:137:25: note: use 'this->erase' instead

8. - make: *** [linkstate/ls.o] Error 1

9. - Ns make failed!

Solução do Erro 5:

1. - Em ns-2.35/linkstate/ls.h, linha número 137

2. - ##Substitua o seguinte código ->

3. - void eraseAll() {erase(baseMap::begin(), baseMap::end()); }

4. - ##Com ->

5. - void eraseAll() { baseMap::erase(baseMap::begin(), baseMap::end()); }

b. Erros de instalação do *NS-2* em distribuições *Linux Based Debian* que estão relacionados com a versão do compilador [33]→

Erro 1:

1. - Erros de compilação relacionados com o GCC/G++ em versões do NS-2 2.33 e 2.34, allinone.

Solução do Erro 1:

1. - Antes de instalar o NS-2 instale as seguintes versões do G++:

2. - sudo apt-get install g++ g++-4.4 g++-4.6 g++-4.7, NS-2.34.

3. - No caso do NS-2.33 faça o seguinte:

4. - sudo apt-get install gcc-4.4 g++-4.4

5. - No terminal Linux e dentro da pasta do NS-2 digite o seguinte:

6. - $ export CC=gcc-4.4 CXX=g++-4.4 && ./install (ex.: NS 2.34 e 2.35).

Erro 2:

1. - Qualquer erro dessa natureza ->

2. - ./bitmap/play.xbm:5:74: error: narrowing conversion of '252' from 'int' to 'char' inside { } [-Wnarrowing]xfc, 0x0f, 0xfc, 0x03, 0xfc, 0x00, 0x3c, 0x00, 0x0c, 0x00, 0x00, 0x00};

3. - error: narrowing conversion of '194' from 'int' to 'char' inside { }...

Solução do Erro 2:

1. - Nesse tipo de erro é necessário entrar dentro da pasta onde surgiu o erro e alterar o arquivo Makefile.in ou apenas Makefile, na falta do Makefile.in.

2. - A alteração é na linha que contém a variável 'CCOPT = @V_CCOPT@', no caso do arquivo ~/ns-allinone-2.34/nam-1.14/Makefile.in, deve-se adicionar no final da linha o parâmetro -funsigned-char. Por exemplo 'CCOPT = @V_CCOPT@ -funsigned-char'.

3. - Em caso da falta do arquivo Maklefile.in a alteração deve ser feita no arquivo ~/ns-allinone-2.34/nam-1.14/Makefile, mudando a linha com 'CCOPT= -Wall -Wno-write-strings' par 'CCOPT= -Wall -Wno-write-strings -funsigned-char'.

c. Instruções de instalação do *NS-2.34* em sistemas *Windows* [34] →

1. - Baixe o cygwin de www-cygwin-com e após instalá-lo faça o seguinte:

2. - Execute o cygwin e na caixa de diálago selecione o seguinte:

   2.1. - Fonte de download

   2.2. - Diretório de instalação C:\cygwi

   2.3. - Selecione todos os usuários e os botões de opções UNIX/ binário

   2.4. - Selecione os seguintes pacotes, caso contrário o NS-2 não funcionará:

   2.4.1. - gc2.4.2

2.4.2. - gcc-g+2.4.3

2.4.3. - gnuplot

2.4.4. - fazer

2.4.5. - patch

2.4.6. - perl

2.4.7. - tar

2.4.8. - X-startup-scripts

2.4.9. - xorg-x11-base

2.4.10. - xorg-x11-bin

2.4.11. - xorg-x11-devel

2.4.12. - xorg-x11-bin-dlls

2.4.13. - xorg-x11-bin-lndir

2.4.14. - xorg-x11-etc

2.4.15. - xorg- x11-fenc

2.4.16. - xorg-x11-fnts

2.4.17. - xorg-x11-libs-data

2.4.18. - xorg-x11-xwin

3. - Após isso baixe o NS-2 de https://sourceforge.net/projects/nsnam/files/allinone/ns-allinone-2.34/

4. - Copie o NS-2 para C:\cygwin\home\<YOUR_PATH>

5. - Extraia o NS-2: "$ tar xvfz ns-allinone-2.34.tar.gz"

6. - Modifique o arquivo C:\cygwin\home\<YOUR_PATH>\ ns-allinone-2.34\nam-1.11\agent.h.
Na linha 73 digite como NULL 0.

7. - Entre na pasta do NS-2: "$ cd /home/<YOUR_PATH>/ ns-allinone-2.34/ ns-2.34"

8. - Configure o NS-2: "$ ./configure; make clean; make depend; make"

9. - Entre dentro do seu PATH, por exemplo, C:\cygwin\home\<YOUR_PATH> e edite o arquivo .bashrc, adicionando na última linha o seguinte código:

   9.1. - export NS_HOME="/home/YOUR_PATH/ns-allinone-2.34"

   9.2. - export

   9.3. - PATH="$NS_HOME/nam-1.11:$NS_HOME/tcl8.4.11/unix: $NS_HOME/tk8.4.11/unix:$NS_HOME/bin:$PATH"

   9.4. - export LD_LIBRARY_PATH="$NS_HOME/tcl8.4.11/unix: $NS_HOME/tk8.4.11/

   9.5. - unix:$NS_HOME/OTCL-1.11:$NS_HOME/ lib:$LD_LIBRARY_PATH"

   9.6. - export TCL_LIBRARY="$NS_HOME/tcl8.4.11/library"

10. - Execute o seguinte comando no shell cygwin: "$ startxwin.bat"

11. - Teste o NS-2 executando o seguinte exemplo:

    11.1. - "$ cd /ns-allinone-2.34/ns-2.34/tcl/ex/"

    11.2. - "$ ns wireless-pkt-demo.tcl"

    d. NEW Error em Linux Mint e Derivados → (ERROR / usr/include/c++/11/bits/stl_al gobase.h) →

Este erro acontece após uma atualização do *Linux Mint 21* ou download de uma versão atualizada diretamente do site oficial: https://www.linuxmint.com/download.php. Por exemplo, ao compilar o *NS-2* nessa nova versão do *Linux Mint* aparecerá o seguinte erro:

1. - /usr/include/c++/11/bits/stl_algobase.h:259:15: error: no match for 'operator<' (operand types are 'const TracedInt' and 'const TracedInt') 259 | if (__a < __b)

Isso acontece porque, após a atualização do SO, a biblioteca /usr/include/c++/11/bits/stl_algobase.h recebe funções max() e min() que têm os mesmos nomes de funções utilizadas pelo protocolo *TCP* no *NS-2*. Os arquivos prejudicados estão localizados dentro das pastas ~/ns-allinone-2.34/ns-2.34/tcp: template.h, tcp-asym-sink.cc,tcp-asym.cc, tcp-full.cc, tcp-linux.cc, tcp-session.cc, chost.cc, ack-recons.cc e snoop.h; ~/ns-allinone-2.34/ns-2.34/baytcp/: tcp-full-bay.cc;~/ns-allinone-2.34/ns-2.34/rap/: media-app.cc; e ~/ns-allinone-2.34/ns-2.34/queue/: red.cc.

Solução do Erro em Linux Mint e Derivados:

Abra os seguintes arquivos: template.h, tcp-asym-sink.cc, tcp-asym.cc, tcp-full.cc, tcp-linux.cc, tcp-session.cc, chost.cc, ack-recons.cc. snoop.cc, tcp-full-bay.cc, media-app.cc e red.cc (ex.: localizados em ~/nsallinone-2.34/ns-2.34/tcp; ~/ns-allinone-2.34/ns-2.34/baytcp/, ~/ns-allinone- 2.34/ns-2.34/rap/ e ~/ns-allinone-2.34/ns-2.34/queue/) e substitua as funções max() e min() por max_() e min_(). Ex: Substitua max(latest_ susp_loss, cur->sessionSeqno_) por max_(latest_susp_loss,cur->sessionSeqno_).

Após fazer todas as substituições recompile o *NS-2* e o problema será resolvido;

a. Mais Bugs e soluções de Bugs → http://www.isi.edu/nsnam/ns/ns-problems.html;

b. Para dicas, *scripts* e resoluções de problemas no *NS-2*, acesse o grupo *NS-2 Users* → https://groups.google.com/u/0/g/ns-users ou envie um e-mail para ns-users@googlegroups.com. Sem sombra de dúvidas, este é um dos melhores grupos sobre o *Network Simulator 2*.

> O *NS-2* versão 2.34 que está no *GitHub* (ex.: https://github.com/dioxfile/ns-2.34-allinone) já possui todos os erros supramencionados sanados, ou seja, ele foi testado nos sistemas *Linux Debian 11* e *Linux Mint 20.3/21* e não apresentou nenhum erro ao ser instalado.
>
> OBS: Não esqueça, após fazer qualquer alteração no *NS-2* o mesmo deve ser reinstalado ou recompilado. Por exemplo: "$ sudo ./install"ou, no caso de alterar apenas um único módulo, digite dentro da pasta do módulo → "$ sudo make clean && sudo make distclean && sudo ./ configure && sudo make && sudo make install".

2.3   Atividade Sugerida

Exercício 2. Nesta seção é mencionada uma versão do *NS-2* sem erros, disponibilizada no seguinte endereço: https://github.com/dioxfile/ns-2.34-allinone. Diante do exposto, baixe da *Internet* as versões do *NS-2* 2.33 e 2.35, faça a instalação delas e veja se possuem erros de instalação como os descritos nesse capítulo. Além disso, fixe os erros dessas versões e as disponibilize sem erros no *GitHub*.

2.4   Considerações Finais do Capítulo

Neste capítulo foram apresentados os passos para a instalação, configuração e correção de bugs de instalação do *NS-2*. A abordagem de instalação apresentada nesse capítulo levou em consideração a instalação do simulador a partir do pacote *ns-allinone-2.34* em distribuições *Linux Based Debian*. Além disso, também foi descrito como instalar o *NS-2* nessas distribuições a partir do repositório oficial da própria distribuição por meio do comando *apt-get install ns2*. Também foi abordado a instalação do *NS-2* em sistemas *Microsoft Windows*, pois, a maioria dos códigos apresentados nesse livro também podem ser executados em sistemas *Microsoft Windows* ou adaptados para tal.

PARTE 2:
REDES CABEADAS, TRÁFEGO E ARQUIVO DE TRACE

3. REDE ETHERNET, TRÁFEGO E TRACE

O padrão de rede cabeada *Ethernet* foi Criado por Robert (Bob) Metcalf no *Palo Alto Research Center* (*PARC*) em 1976, e em 1983 foi ratificada pelo *IEEE* como padrão 802.3. A *Ethernet* é o principal padrão de rede cabeada usado atualmente por empresas, universidades etc. A sua topologia física pode ser barramento ou estrela, e o meio de transmissão utilizado é o cabo de cobre (ex.: STP, *twin-axial*, *InfiniBand*, entre outros) e a fibra ótica [17]. Atualmente a *Ethernet* está na versão de *10GB IEEE 802.3ae* e opera apenas no modo full-duplex, isso significa que o CSMA/CD não é necessário. As quatro implementações mais comuns são: *10GBase-SR* (ex.: fibra óptica), *10GBase-LR* (ex.: fibra óptica), *10GBase-EW* (ex.: fibra óptica) e *10GBase-X4* (ex.: cabo de cobre). Versões mais antigas da Ethernet são as mostradas na Figura 3.1.

Figura 3.1 – Evolução da Ethernet.

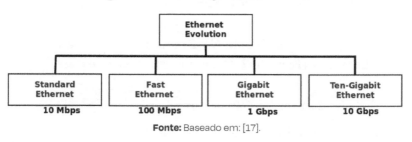

Fonte: Baseado em: [17].

3.1 Rede Cabeada no *NS-2*

O *NS-2* oferece suporte ao padrão *Ethernet* tanto no modo *Full-Duplex* como no modo *Half-Duplex* (ie. no modo *Half-Duplex* é necessário detectar colisões e para isso o protocolo *CSMA/CD* deve ser utilizado).

A rede ilustrada na Figura 3.2 apresenta um modelo de configuração para uma rede *Ethernet*, por exemplo, ela mostra um cenário de rede com seis nós (ex.: *N0* a *N5*). Nesse cenário, diferentes tipos de enlace e banda passante são apresentados. No Código 3.1 é descrito exatamente como montar uma simulação para esse cenário no *NS-2*.

Figura 3.2 – Modelo de Rede Ethernet conforme o Código 3.1.

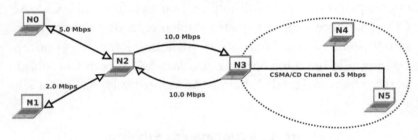

Fonte: Baseado em: : [22].

Código 3.1 – Código do *NS-2* da Criação de Enlaces para Rede Ethernet (IEEE 802.3), sem e com o CSMA/CD.

1. 1$ns duplex-link $n0 $n2 5Mb 10ms DropTail

2. $ns duplex-link $n1 $n2 2Mb 10ms DropTail

3. $ns simplex-link $n2 $n3 10Mb 100ms DropTail

4. $ns simplex-link $n3 $n2 10Mb 100ms DropTail

5. set lan [$ns newLan "$n3 $n4 $n5" 0.5Mb 40ms \

6. LL Queue/DropTail MAC/Csma/Cd Channel]

O Código 3.1 é explicado a seguir, as linhas 5 e 6 representam apenas uma única linha de código que foi dividida apenas com propósito de organização.

1. **$ns duplex-link (linhas 1 e 2)**: cria um enlace bidirecional entre os nós **$n0**↔ **$n2 e $n1**↔ **$n2**;

2. **5Mb (linha 1) e 2Mb (linha 2)**: largura de banda do enlace;

3. **10ms (linhas 1 e 2)**: atraso do enlace;

4. **$ns simplex-link (linhas 3 e 4)**: cria um enlace unidirecional entre os nós **$n2**→**$n3 e $n3**→**$n2**;

5. **10.0Mb (linhas 3 e 4)**: largura de banda do enlace simplex;

6. **100ms (linhas 3 e 4)**: atraso do enlace simplex;

7. **dropTail (linhas 1, 2, 3, 4 e 6)**: tipo de fila utilizada pelo Ethernet no *NS-2*. Essa fila é do tipo *First In First Out* (*FIFO*), ou seja, sua estrutura considera que o primeiro pacote que chegar à fila é o primeiro a ser tratado por ela. Além disso, quando a fila está cheia, os pacotes excedentes são descartados. Esse tipo de gerenciamento de fila é muito comum nos roteadores presentes na *Internet* hoje [16];

8. **set lan [$ns newLan "$n3 $n4 $n5"0.5Mb 40ms LL Queue/DropTail MAC/Csma/Cd Channel] (linhas 5 e 6)**: cria uma *LAN* com os nós *$n3*, *$n4* e *$n5*, usa o mesmo tipo de fila supramencionada, utiliza o *CSMA/CD* com largura de banda de 0.5Mb e atraso de 40*ms*.

3.2 Criando Tráfego

Há diversos tipos de tráfegos (ex.: *Variable Bit Rate (VBR)*[15], *Unspecified Bit Rate* (UBR)[16], *Constant Bit Rate (CBR)*, entre outros) que são gerados por diferentes protocolos e aplicações. Nesse contexto, um protocolo muito usado na avaliação de redes, principalmente no *NS-2*, é o *User Datagram Protocol (UDP)* (ie. Protocolo de camada de transporte). A simplicidade do *UDP* faz com que ele seja o preferido para avaliação de *MANETs*. Isso se deve ao fato dele não possuir mecanismos de confirmação, o que o torna ideal para o uso em aplicações com requisitos mínimos de atraso. Assim, com o *UDP* é possível usar o modelo de tráfego *CBR*. Segundo Forouzan [17], o *CBR* é um tipo de tráfego que possui velocidade fixa e taxa de dados que não muda, isto é, a taxa média de dados e a taxa de pico são iguais. Isso possibilita que a rede lide com ele de forma fácil uma vez que é previsível.

O *Transmission Control Protocol (TCP)* é um protocolo orientado à conexão que cria conexões virtuais entre dois pontos *TCP*. Além disso, o *TCP* possui mecanismos de controle de fluxo, janela de controle de congestionamento e pacotes de confirmação de recebimento. Assim, se uma aplicação precisar de confiabilidade e não se preocupar com atraso o *TCP* é o protocolo ideal [17]. Para estabelecer uma conexão o *TCP* envia um pacote *SYN*, dessa forma, se a outra ponta concordar em estabelecer uma conexão ela retornará um pacote com os *flags SYN+ACK* ativados. Portanto, o nó *TCP* que originou a conexão confirmará os *flags SYN+ACK* com um novo *ACK*, e somente após essas três etapas é que os dados serão enviados. Essa fase de estabelecimento de conexão é chamada de aperto

---

15 Categoria de serviço que suporta taxa de dados variável com parâmetros de tráfego médio e de pico.

16 Tipo de tráfego que não especifica nenhum nível de qualidade e que geralmente é usado para transmissão de arquivos de texto.

de mão triplo, Figura 3.3. Muitas aplicações usam o *TCP* como protocolo de transporte, por exemplo, o *HTTP* e o *File Transfer Protocol* (*FTP*). O *NS-2*, por padrão, ao gerar tráfego *TCP* com a ferramenta *cbrgen.tcl* utiliza, como aplicação, o protocolo *FTP*, Código 3.3. O *FTP* é utilizado para transferência de dados, download e upload de arquivos, sendo muito comum na *Internet*.

Figura 3.3 – Aperto de Mão Triplo do protocolo TCP.

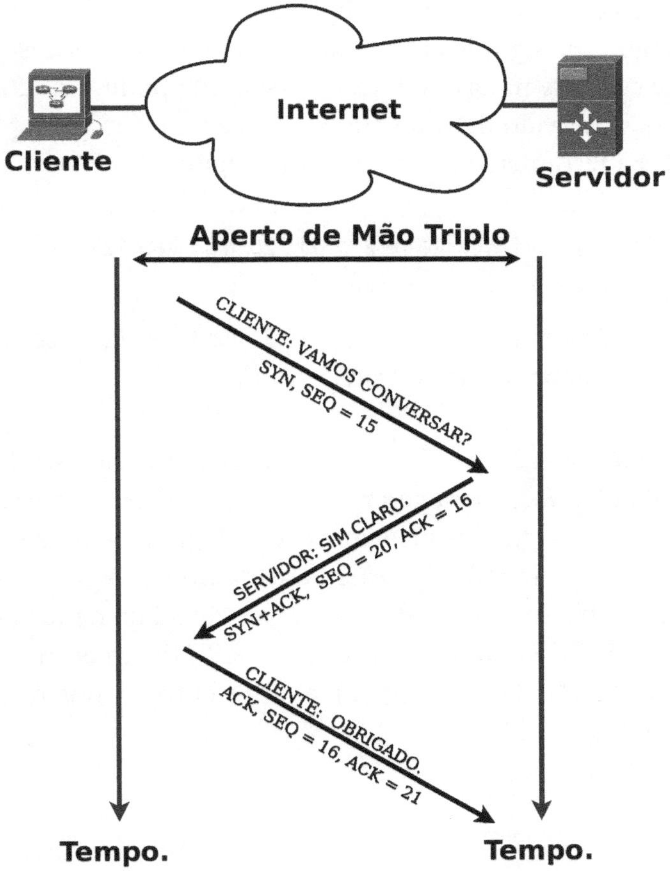

Fonte: Baseado em: [3, 17].

Para gerar tráfego no *NS-2* é necessário usar o aplicativo *cbrgen.tcl*, que está disponível na pasta *~/ns-allinone-2.34/ns-2.34/indep-utils/cmu-scen-gen/*. Com ele, é possível gerar tráfegos do tipo *CBR* e *Transmission Control Protocol (TCP)*. Dessa forma, para utilizá-lo, é preciso executar o seguinte comando no *prompt*: *ns cbrgen.tcl [-type cbr|tcp] [-nn nodes] [-seed seed] [-mc connections] [-rate rate]*, em que *ns* consiste no executável do simulador *NS-2*, *cbrgen.tcl* é o *Script OTCL* que gera o tráfego, *-type* é o tipo de tráfego a ser produzido, *-nn* é a quantidade de nós, *-seed* é a semente de distribuição aleatória usada para gerar o tráfego, *-mc* significa as quantidades de conexões desejadas e *-rate* consiste na taxa de transmissão que pode ser dada em *Kbps* ou intervalo de transmissão do pacote. Um exemplo de uso desta ferramenta pode ser visto a seguir:

1. ns cbrgen.tcl -type cbr -nn 2 -seed 0.25 -mc 1 -rate 128.0: comando usado para gerar o tráfego UDP;

2. ns cbrgen.tcl -type tcp -nn 2 -seed 0.25 -mc 1 -rate 128.0: comando usado para gerar o tráfego TCP;

Os Códigos 3.2 e 3.3 mostram o resultado de uso da ferramenta *cbrgen.tcl* para gerar tráfego *UDP/TCP*, utilizando os comandos previamente mencionados. A Figura 3.4 mostra uma representação de rede *Ethernet* baseada no Código 3.1. Nesse exemplo, diferentemente da Figura 3.2, são adicionados os tráfegos *UDP/TCP* com as aplicações *CBR/FTP*, um entre os nós *N0* e *N3* (ex.: *CBR* Código 3.2), e outro entre os nós *N1* e *N3* (ex.: *FTP* Código 3.3).

Figura 3.4 – Modelo de rede Ethernet, com tráfego, conforme Códigos 3.1, 3.2 e 3.3.

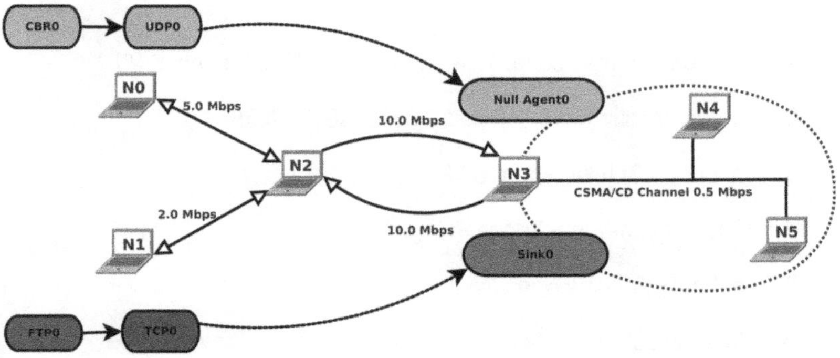

Fonte: Baseado em: [22].

É importante ressaltar que, no caso dos Códigos 3.2 e 3.3, os nós fontes e destino foram inseridos manualmente em função do aplicativo *cbrgen.tcl* gerar as fontes e destinos aleatoriamente. Nesse sentido, para atender as especificidades do cenário apresentado pelas Figuras 3.2 e 3.4 foi necessário indicar no arquivo de tráfego quem seriam os nós fonte e destino. Por exemplo, ao gerar tráfego utilizando o aplicativo *cbrgen.tcl* o mesmo insere os nós aleatoriamente em ordem crescente. Dessa forma, por exemplo, se for preciso criar um tráfego originando do $N23$ para o nó $N8$ é necessário alterar a variável nó, tanto na fonte quanto no destino (ex.: Fonte $node\_(m) \Rightarrow$ Destino $node\_(n)$), para o valor que se deseja (ex.: Fonte $node\_(23) \Rightarrow$ Destino $node\_(8)$).

Código 3.2 – Tráfego UDP Gerado com a Ferramenta cbrgen.tcl.

1. # nodes: 2, max conn: 1, send rate: 0.0078125, seed: 0.25
2. # 0 connecting to 3 at time 10.05950489242538
3. set udp_(0) [new Agent/UDP]
4. $ns_ attach-agent $node_(0) $udp_(0)
5. set null_(0) [new Agent/Null]
6. $ns_ attach-agent $node_(3) $null_(0)
7. set cbr_(0) [new Application/Traffic/CBR]
8. $cbr_(0) set packetSize_ 1000
9. $cbr_(0) set rate_ 128.0kb
10. $cbr_(0) set random_ 1
11. $cbr_(0) set maxpkts_ 1000
12. $cbr_(0) attach-agent $udp_(0)
13. $ns_ connect $udp_(0) $null_(0)
14. $ns_ at 10.05950489242538 "$cbr_(0) start"
15. #Total sources/connections: 1/1

Com relação ao Código 3.2 de tráfego *CBR* os significados de cada uma das linhas são como segue:

1. **# nodes: 2, max conn: 1, send rate: 0.0078125, seed: 0.25 (linha 1)**: número de nós, quantidade de conexões, taxa de envio (ex.: nesse caso o intervalo de transmissão) e semente de distribuição;

2. **0 connecting to 3 at time 10.05950489242538 (linha 2)**: essa linha indica que o nó 0 conecta ao nó 3 no tempo 10.05950489242538;

3. **set udp_(0) [new Agent/UDP] (linha 3)**: cria um agente *UDP*;

4. **$ns_ attach-agent $node_(0) $udp_(0) (linha 4)**: liga o nó 0 ao agente *UDP*;

5. **set null_(0) [new Agent/Null] (linha 5)**: cria um agente de recepção *NULL*;

6. **$ns_ attach-agent $node_(3) $null_(0) (linha 6)**: liga o nó 3 ao agente de recepção;

7. **set cbr_(0) [new Application/Traffic/CBR] (linha 7)**: cria um tráfego *CBR*;

8. **$cbr_(0) set packetSize_ 1000 (linha 8)**: configura o tamanho do pacote *CBR*;

9. **$cbr_(0) set rate_ 128.0kb (linha 9)**: configura a taxa de transmissão;

10. **$cbr_(0) set random_ 1 (linha 10)**: introduz um ruído aleatório no tráfego de saída;

11. **$cbr_(0) set maxpkts_ 1000 (linha 11)**: o número máximo de pacotes a enviar;

12. **$cbr_(0) attach-agent $udp_(0) (linha 12)**: conecta o agente tráfego ao agente *UDP*;

13. **$ns_ connect $udp_(0) $null_(0) (linha 13)**: conecta o agente *UDP* ao agente *NULL* ;

14. **$ns_ at 10.05950489242538 "$cbr_(0) start"(linha 14)**: tempo de início da transmissão;

15. **#Total sources/connections: 1/1 (linha 15)**: resumo de fonte/conexão, isto é, há uma única fonte de tráfego e apenas uma conexão, nó 0 → nó 3.

Código 3.3 – Tráfego TCP Gerado com a Ferramenta cbr-gen.tcl.

1. `# nodes: 2, max conn: 1, send rate: 0.0, seed: 0.25`
2. `# 1 connecting to 3 at time 11.711099746502516`
3. `set tcp_(0) [$ns_ create-connection TCP $node_(1) TCPSink $node_(3) 0]`
4. `$tcp_(0) set window_ 32`
5. `$tcp_(0) set packetSize_ 1000`
6. `$tcp_(0) set rate_ 128.0kb`
7. `set ftp_(0) [$tcp_(0) attach-source FTP]`
8. `$ns_ at 11.711099746502516 "$ftp_(0) start"`
9. `#Total sources/connections: 1/1`

A explicação do Código 3.3 é como segue:

1. **# nodes: 2, max conn: 1, send rate: 0.0, seed: 0.25 (linha 1)**: número de nós, quantidade de conexões, taxa de envio (ex.: nesse caso o intervalo de transmissão) e semente de distribuição;

2. **# 1 connecting to 3 at time 11.711099746502516 (linha 2)**: essa linha indica que o nó 1 conecta ao nó 3 no tempo 11.711099746502516;

3. **set tcp_(0) [$ns_ create-connection TCP $node_(1) TCPSink $node_(3) 0] (linha 3)**: cria agentes

TCP|TCPSink e, ao mesmo tempo, conecta os nós 1 e 3 neles, respectivamente;

4. **$tcp_(0) set window_ 32 (linha 4)**: configura o tamanho da janela *TCP*;

5. **$tcp_(0) set packetSize_ 1000 (linha 5)**: configura o tamanho do pacote *TCP*;

6. **$tcp_(0) set rate_ 128.0kb (linha 6)**: configura a taxa de transmissão;

7. **set ftp_(0) [$tcp_(0) attach-source FTP] (linha 7)**: cria o agente de tráfego *FTP* e, ao mesmo tempo, conecta o agente *TCP* ao *FTP*;

8. **$ns_ at 11.711099746502516 "$ftp_(0) start"(linha 8)**: inicia o agente de tráfego em 11.711099746502516;

9. **#Total sources/connections: 1/1 (linha 9)**: resumo de fonte/conexão, isto é, há uma única fonte de tráfego e apenas uma conexão, nó 1 → nó 3.

3.2.1 Controlando a Saída do Tráfego

Há situações em que é necessário, em função da pesquisa a ser realizada, gerar saídas de tráfego específicas. Por exemplo, ao gerar um arquivo de tráfego a ferramenta *cbrgen.tcl* pode gerar diferentes conexões oriundas da mesma fonte e isso pode ser um problema se em sua pesquisa for necessário gerar dez diferentes fontes de tráfego para dez destinos. Um exemplo disso seria esta saída: #Total sources/connections: 6/10, gerada após executar este comando "ns cbrgen.tcl -type tcp -nn 20 -seed 0.25 -mc 10 -rate 128.0". Isso significa que este comando gera um arquivo de tráfego com seis fontes e dez destinos. Ou seja, algumas fontes de tráfego se repetem e se o pesquisador quiser mudar isso ele teria que alterar o arquivo de tráfego manualmente.

Entretanto, é possível criar um *script (automatic.sh)* usando programação *shell* para resolver essa questão. O Código 3.4 possibilita gerar arquivos de tráfego com quantidades iguais de fonte e destino sem repetir os nós fonte e destino. Por exemplo, as saídas geradas pelo Código 3.4 seriam apenas do seguinte tipo: #Total sources/connections: n/n, isto é, se n = 10 então 10/10.

Código 3.4 Gerador Automático de Tráfego (automatic. sh) que Gera quantidades de Nós Fontes e Nós Destinos Iguais (ex.: #Total sources/connections: nn).

1. #!/bin/sh
2. TYPE_T="$1"
3. NN="$2"
4. SEED="$3"
5. MC="$4"
6. RATE="$5"
7. if [-z "$TYPE_T"]; then
8. echo "USAGE: <TYPE_TRAFFIC> <N- NODES> <VAL SEED> <N-CONNCT> <RATE_KBPS>"
9. exit 1
10. fi
11. if [-z "$NN"]; then
12. echo "USAGE: <TYPE_TRAFFIC> <N- NODES> <VAL SEED> <N-CONNCT> <RATE_KBPS>"
13. exit 1

14. fi

15. if [-z "$SEED"]; then

16. echo "USAGE: <TYPE_TRAFFIC> <N- NODES> <VAL SEED> <N-CONNCT> <RATE_KBPS>"

17. exit 1

18. fi

19. if [-z "$MC"]; then

20. echo "USAGE: <TYPE_TRAFFIC> <N- NODES> <VAL SEED> <N-CONNCT> <RATE_KBPS>"

21. exit 1

22. fi

23. if [-z "$RATE"]; then

24. echo "USAGE: <TYPE_TRAFFIC> <N- NODES> <VAL SEED> <N-CONNCT> <RATE_KBPS>"

25. exit 1

26. fi

27. while ["$sort" != "$MC/$MC"]

28. do

29. ns cbrgen.tcl -type $TYPE_T -nn $NN -seed $SEED -mc $MC \

30. -rate $RATE > traffic.tcl

31. export sort=$(cat traffic.tcl | egrep "#Total " | awk \

32. -F" " '{if($3=="'$MC/$MC'") {print $3}}')

33. echo $sort

34. done

Este script está disponível no GitHub para os leitores deste livro no seguinte endereço: https://github.com/dioxfile/NS-2_Scripts/tree/master/Chapter_3_Wired_Network. A explicação do funcionamento deste script é como segue:

1. **#!/bin/sh (linha 1)**: indica que é um *script shell*;

2. **TYPE_T="$1"... RATE="$5"(linhas de 2 a 6)**: nessas linhas são definidas as variáveis tipo de tráfego (TYPE_T), número de nós (NN), semente de distribuição (SEED), número de conexões (MC) e taxa de transmissão (RATE);

3. **if [-z "$NN"]; then . . . fi (linhas de 7 a 26)**: estas linhas tratam erros na digitação dos parâmetros. Por exemplo, no caso de algum erro, falta do parâmetro, a seguinte mensagem será exibida "USAGE: <TYPE_TRAFFIC> <N°_NODES> <VAL_SEED> <N°_CONNCT><RATE_KBPS>";

4. **while ["$sort"!= "'$MC/$MC'"] (linha 27)**: compara a variável **$sort** com o padrão que se deseja encontrar, por exemplo, número de nós fonte/destino (ex.: **10/10**);

5. **do (linha 28)**: inicia o **loop while**;

6. **ns cbrgen.tcl -type $TYPE_T -nn $NN -seed $SEED -mc $MC -rate $RATE > traffic.tcl (linhas 29 e 30)**: essas linhas gravam o resultado da ferramenta *cbrgen.tcl* no arquivo traffic.tcl, previamente explicada, Código 3.2;

7. **export sort=$(cat traffic.tcl | egrep "#Total " | awk -F '{if($3=="'$MC/$MC'") {print $3}}') (linhas 31 e 32)**: exporta a variável **$sort** para o terminal no qual se executa o *script* e concatena o arquivo **traffic.tcl** para a entrada do programa egrep, então o programa egrep procura pelo padrão '**#Total**' e envia o resultado para o programa

AWK, o programa **AWK** busca na coluna **3 ($3)**, do resultado do programa egrep, o padrão **$MC/$MC** e o imprime na variável **$sort**;

8. **echo $sort (linha 33)**: imprime a variável **$sort** no terminal;

9. **done (linha 34)**: finaliza o **loop while**;

A Figura 3.5 apresenta a saída do (*script*) Código 3.4, que consiste em um arquivo de tráfego com dez fontes e dez destinos **"10/10"**.

Figura 3.5 – Execução do código 3.4 no Terminal Linux. Os parâmetros passados ao cbrgen.tcl foram: TYPE_T=cbr, NN=50, SEED=0.25, MC=10, RATE=128.0⇒ns cbrgen.tcl -type $TYPE_T -nn $NN -seed $SEED -mc $MC -rate $RATE.

Fonte: Elaborado pelo autor.

Uma questão interessante e que deve ser levada em consideração é o *script cbrgen.tcl*, que é usado pelo gerador automático de tráfego automatic.sh. Por exemplo, se for necessário mudar o tamanho do pacote e/ou alterar o tempo de início do tráfego, essas alterações devem ser feitas diretamente no cbrgen.tcl, ~ /ns--allinone-2.34/ns-2.34/indep-utils/cmu-scen-gen/cbrge n.tcl, nas linhas 52 (ex.: set opt(pktsize)) e 82 (ex.: set stime [$rng uniform 8.0 8.1])[17].

---

17   Linha 82 se o tráfego for do tipo cbr e se não for a linha deve ser a 109.

3.3 Formato de Trace Ethernet

O arquivo de *trace* é o responsável por armazenar todos os eventos ocorridos durante a simulação, por exemplo, se um pacote é enviado a rede, descartado, recebido ou redirecionado essas informações são armazenadas nesse arquivo. Assim, após a simulação toda a análise do que ocorreu na rede é totalmente dependente dele. A Figura 3.6 mostra os campos de *trace* que uma simulação *Ethernet* do *NS-2* pode gerar. O exemplo da Figura 3.6 pode ser aplicado ao seguinte trecho de *trace* (Código 3.5), que foi extraído de uma simulação baseada nas Figuras 3.2, 3.4 e Código 3.1, descritos previamente nesse capítulo.

Figura 3.6 – Explicação do Trace Ethernet do *NS-2*.

Event	Abbreviation	Type	Value
Normal Event	r: Receive d: Drop e: Error +: Enqueue -: Dequeue		%g %d %d %s %d %s %d %d.%d %d.%d %d %d
		double	Time
		int	(Link-layer) Source Node
		int	(Link-layer) Destination Node
		string	Packet Name
		int	Packet Size
		string	Flags
		int	Flow ID
		int	(Network-layer) Source Address
		int	Source Port
		int	(Network-layer) Destination Address
		int	Destination Port
		int	Sequence Number
		int	Unique Packet ID

Fonte: [1].

Código 3.5 Exemplo de trecho de trace.

1. r 1.186586 0 2 cbr 210 ------- 0 0.0 3.1 47 49

2. + 1.186586 2 3 cbr 210 ------- 0 0.0 3.1 47 49

3. - 1.186586 2 3 cbr 210 ------- 0 0.0 3.1 47 49

Explicação do *trace*, Código 3.5:

1. r 1.186586 0 2 cbr 210 - - - - 0 0.0 3.1 47 49 (linha 1):

- (r) → evento de recebimento;
- (1.186586) → tempo em que o evento ocorreu;
- (0) → nó emissor;
- (2) → nó receptor;
- (cbr) → tipo de aplicação;
- (210) → tamanho do pacote;
- (----) → *flag* que foi omitido;
- (0) → ID do fluxo de tráfego;
- (0.0) → nó origem e porta de origem;
- (3.1) → nó destino e porta de destino;
- (47) → número de sequência do pacote;
- (49) → ID do pacote.

2. + 1.186586 2 3 cbr 210 - - - - 0 0.0 3.1 47 49 (linha 2):

- (+) → evento de enfileiramento (recebimento) de pacote;
- (1.186586) → tempo em que o evento ocorreu;
- (2) → nó emissor;
- (3) → nó receptor;
- (cbr) → tipo de aplicação;
- (210) → tamanho do pacote;

- (----) → *flag* que foi omitido;
- (0) → ID do fluxo de tráfego;
- (0.0) → nó origem e porta de origem;
- (3.1) → nó destino e porta de destino;
- (47) → número de sequência do pacote;
- (49) → ID do pacote.

3. - 1.186586 2 3 cbr 210 - - - - 0 0.0 3.1 47 49 (linha 3):

- (-) → evento de desenfileiramento (envio) de pacote;
- (1.186586) → tempo em que o evento ocorreu;
- (2) → nó emissor;
- (3) → nó receptor;
- (cbr) → tipo de aplicação;
- (210) → tamanho do pacote;
- (----) → *flag* que foi omitido;
- (0) → ID do fluxo de tráfego;
- (0.0) → nó origem e porta de origem;
- (3.1) → nó destino e porta de destino;
- (47) → número de sequência do pacote;
- (49) → ID do pacote.

A Figura 3.7 mostra a simulação que originou o arquivo *trace* do Código 3.5.

Figura 3.7 – Simulação que originou o trace do Código 3.5.

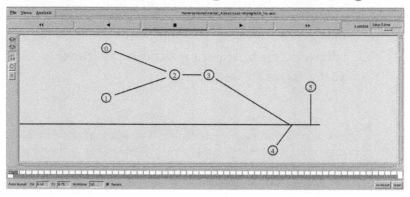

Fonte: Animação gerada pelo Network Animator (NAM). Baseado em: [22].

3.4 Atividade Sugerida

Exercício 3. Use o script automatic.sh[18] para criar um arquivo de tráfego com as seguintes características:

- Tráfego CBR;
- Cinquenta nós;
- Seed 0.75;
- Oito nós fontes e oito nós destino;
- Taxa de transmissão de 64Kb;
- Tamanho do pacote 512B (ex.: é necessário alterar o tamanho do pacote no arquivo cbrgen.tcl[19], na linha 52, por exemplo: set opt(pktsize) 512);

---

18 Disponível no GitHub para os leitores desse livro no seguinte endereço: https://github.com/dioxfile/NS-2_Scripts/tree/master/Chapter_3_Wired_Network.

19 Localizado em: ~/ns-allinone-2.34/ns-2.34/indep-utils/cmu-scen-gen/cbrgen.tcl.

- Início do tráfego em 8.0s (ex.: é necessário alterar o tempo de início e fim do tráfego no arquivo cbrgen.tcl, na linha 82, por exemplo: set stime [$rng uniform 8.0 8.1]);
- Códigos necessários para realizar o experimento: automatic.sh e cbrgen.tcl.

> Levando em consideração os parâmetros da atividade sugerida supramencionada e o arquivo cbrgen.tcl modificado adequadamente, assim, a execução do *script automatic.sh* no terminal *Linux* será como segue: $ ./automatic.sh cbr 50 0.75 8 64.0.

3.5 Considerações Finais do Capítulo

Neste capítulo foram apresentados os conceitos de rede cabeada *Ethernet*, tráfego de rede e arquivo *trace*. Além disso, foram apresentados os conceitos fundamentais dos principais protocolos de transporte *TCP/UDP*, por exemplo, como criar tráfego no *NS-2*, baseado neles, com a ferramenta *cbrgen.tcl*.

4. EXECUTANDO A PRIMEIRA SIMULAÇÃO

O *script* TCL é o responsável por receber todas as configurações da simulação, como tipo de fila, protocolo de roteamento, nós, arquivos de *trace*, tráfego, mobilidade, função principal (ex.: proc finish()), entre outras. Geralmente no início do arquivo *.tcl* são configurados os parâmetros e definições das variáveis principais que serão usadas durante toda simulação, essas variáveis podem ser globais ou não. De forma geral, o sucesso da simulação é extremamente dependente de como o *script* de simulação é configurado.

A Figura 4.1 apresenta a topologia *Ethernet*, em que os exemplos deste capítulo se baseiam.

Figura 4.1 – Topologia, Cabeada, para Execução do Primeiro Script TCL.

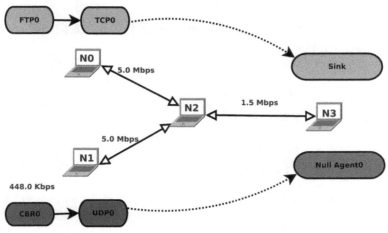

Fonte: Baseado em: [22].

4.1 Script TCL para Simulação de Rede Cabeada

O primeiro *script TCL* funcional apresentado nesse livro é baseado no exemplo proposto por Issaraiyakul e Hossain [22], e consiste em uma rede *Ethernet* composta por quatro nós (N0, N1, N2 e N3) com duas fontes de tráfego, *FTP* → *TCP* e *Constant Bit Rate (CBR)* → *UDP*, conforme a Figura 4.1.

As características do tráfego são as seguintes:

- Tráfego *UDP* e *TCP*;
- Aplicações *CBR* e *FTP*;
- Tempo de simulação 300s;
- Início do tráfego em 1s de simulação.

As características do *script* de simulação são como mostram os Códigos 4.1, 4.2 e 4.3.

Código 4.1 – Código do Primeiro Script de Simulação (ethernet.tcl), Parte 1.

```
1.   set    ns [new Simulator]
2.   set    n0 [$ns node]
3.   set    n1 [$ns node]
4.   set    n3 [$ns node]
5.   $n0    color red
6.   $n1    color red
7.   set    f [open saida.tr w]
8.   $ns    trace-all $f
9.   set    ArquivoNam [open NAM_file.nam w]
```

10. $ns   namtrace-all $ArquivoNam

11. $ns   duplex-link $n0 $n2 5Mb 2ms DropTail

12. $ns   duplex-link $n1 $n2 5Mb 2ms DropTail

13. $ns   duplex-link $n2 $n3 1.5Mb 10ms DropTail

O Código 4.1 apresenta diversas características para simulações em ambientes *cabeados*. Assim, as principais características dessa parte são as seguintes:

- **set ns [new Simulator] (linha 1)**: essa linha cria uma instância do simulador;
- **set n0 [$ns node] ... $n1 color red (linhas 2 a 7)**: cria e configura cores para os nós (ex.: o padrão de cor para o nó é preto);
- **set f [open saida.tr w] e $ns trace-all $f (linhas 8 e 9)**: configura o arquivo *trace*;
- **set ArquivoNam [open NAM_file.nam w] e $ns namtrace-all $ArquivoNam (linhas 10 e 9)**: configura o arquivo *NAM*, animação da simulação;
- **$ns duplex-link $n0 $n2 5Mb 2ms DropTail ... $ns duplex-link $n2 $n3 1.5Mb 10ms DropTail (linhas 12 a 14)**: configura os enlaces cabeados conforme explicado previamente no Capítulo 3, Seção 3.1 e Código 3.1.

Código 4.2 – Código do Primeiro Script de Simulação (ethernet.tcl), Parte 2.

1. set   tcp [new Agent/TCP]
1. $ns   attach-agent $n0 $tcp
2. set   udp [new Agent/UDP]
3. $ns   attach-agent $n1 $udp
4. set   sink [new Agent/TCPSink]

5. $ns   attach-agent $n3 $sink
6. set   null [new Agent/Null]
7. $ns   attach-agent $n3 $null
8. $ns   connect $tcp $sink
9. $ns   connect $udp $null
10. set   cbr [new Application/Traffic/CBR]
11. $cbr attach-agent $udp
12. set ftp [new Application/FTP]
13. $ftp attach-agent $tcp

A explicação da parte 2 do *script* de simulação, Código 4.2, é como segue:

- **set tcp [new Agent/TCP] ... $cbr attach-agent $udp (linhas de 1 a 10)**: configura os tráfegos *TCP/UDP*, conforme explicado previamente no Capítulo 3, Seção 3.2, Códigos 3.2 e 3.3;

- **set cbr [new Application/Traffic/CBR] ... $ftp attach--agent $tcp (linhas de 11 a 14)**: configura as aplicações *CBR/FTP*, conforme explicado previamente no Capítulo 3, Seção 3.2, Códigos 3.2 e 3.3.

Código 4.3 – Código do Primeiro Script de Simulação (ethernet.tcl), Parte 3.

1. $ns at 1.0 "$cbr start"
2. $ns at 1.0 "$ftp start"
3. $ns at 300.0 "finish"
4. proc finish {} {
5. global ns f ArquivoNam defaultRNG
6. $ns flush-trace
7. close $f

8. close $ArquivoNam

9. exec nam NAM_file.nam &

10. exit 0

11. }

12. $ns run

O *script* de simulação, parte 3, Código 4.3, é explicado como segue:

- **$ns at 1.0 "$cbr start". . . $ns at 1.0 "$ftp start"(linhas 1 e 2)**: nessas linhas são iniciadas, no primeiro segundo de simulação 1.0, as aplicações *CBR/FTP*;
- **$ns at 300.0 "finish"(linha 3)**: nessa linha é passado ao simulador que a execução da simulação para com 300.0 segundos de duração;
- **proc finish {} {. . . } (linhas de 5 a 11)**: nessas linhas é definida a função de finalização da simulação, padrão no *NS-2*. Nela são carregadas todas as variáveis globais (ex.: global ns f ArquivoNam), o *trace* é limpo da memória (ex.: $ns flush-trace) e programas podem ser executados (ex.: exec nam NAM_file.nam &);
- **$ns run (linha 12)**: inicialização da simulação.

Conforme mostra a Figura 4.1, o nó *N2* é o responsável por encaminhar os pacotes gerados pelos nós *N0* e *N1* para o nó N3. Observa-se que a largura de banda na qual os nós transmissores enviam seus pacotes é 5 *Mbps*, enquanto a largura de banda entre os nós *N2* e *N3* (ie. o destino final) é 1,5 *Mbps*. Isso fará com que o nó *N2* descarte muitos pacotes oriundos do *N1* que possui tráfego *UDP*, Figuras 4.2 e 4.3. Com a análise do *trace file* foi possível verificar que 2910 pacotes *CBR* foram descartados/perdidos, Figura 4.3. Fazendo a análise de uma linha do arquivo *trace*, por exemplo, d 1.512336 2 3 cbr 210 —— 0 1.0 3.1 136 284 (Figura 4.3) é possível verificar que o nó *N2* aos '1.512336' segundos de simulação descartou um pacote 'd' gerado pelo nó N1 na porta '0' '1.0' e cujo destino é o nó *N3* na porta '1' '3.1'.

Figura 4.2 – Perda de Pacotes CBR do Nó Dois (N2), Visualizada pelo NAM.

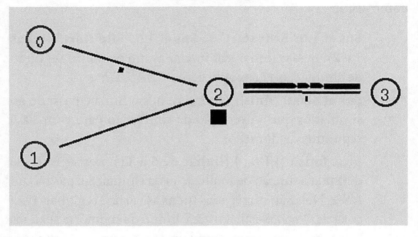

Fonte: Elaborada pelo autor.

Figura 4.3 – Perda de pacotes CBR do nó dois (N2), visualizada pelo arquivo trace. Foram perdidos 2910 pacotes.

```
saida.tr:1605: d 1.512336 2 3 cbr 210 ------- 0 1.0 3.1 136 284
saida.tr:1922: d 1.613586 2 3 cbr 210 ------- 0 1.0 3.1 163 337
saida.tr:2015: d 1.643586 2 3 cbr 210 ------- 0 1.0 3.1 171 353
saida.tr:2332: d 1.744836 2 3 cbr 210 ------- 0 1.0 3.1 198 406
saida.tr:2499: d 1.797336 2 3 cbr 210 ------- 0 1.0 3.1 212 434
saida.tr:2816: d 1.898586 2 3 cbr 210 ------- 0 1.0 3.1 239 487
saida.tr:3063: d 1.977336 2 3 cbr 210 ------- 0 1.0 3.1 260 528
saida.tr:3380: d 2.078586 2 3 cbr 210 ------- 0 1.0 3.1 287 581
saida.tr:3473: d 2.108586 2 3 cbr 210 ------- 0 1.0 3.1 295 597
saida.tr:3790: d 2.209836 2 3 cbr 210 ------- 0 1.0 3.1 322 650
saida.tr:3957: d 2.262336 2 3 cbr 210 ------- 0 1.0 3.1 336 678
saida.tr:4274: d 2.363586 2 3 cbr 210 ------- 0 1.0 3.1 363 731
saida.tr:4521: d 2.442336 2 3 cbr 210 ------- 0 1.0 3.1 384 772
saida.tr:4838: d 2.543586 2 3 cbr 210 ------- 0 1.0 3.1 411 825
saida.tr:4931: d 2.573586 2 3 cbr 210 ------- 0 1.0 3.1 419 841
```
Found 2910 matches for "^d".

Fonte: Elaborada pelo autor.

É importante salientar que o tráfego do Código 4.2 (ex.: linhas de 1 a 16), foi gerado utilizando o *cbrgen.tcl* com o seguinte comando, conforme descrito no Capítulo 3, Seção 3.2: ns cbrgen.tcl [-type cbr|tcp] [-nn nodes] [-seed seed] [-mc connections] [-rate rate]. Todavia, ao usar o *cbrgen.tcl* diversas características de tráfego são adicionadas, por exemplo:

- $cbr_(0) set packetSize_ 1000 (ex.: # tamanho do pacote);
- $cbr_(0) set rate_ 128.0kb (ex.: # taxa de transmissão);
- $cbr_(0) set random_ 1 (ex.: # introduz ruído ao tráfego);
- $cbr_(0) set maxpkts_ 1000 (ex.: # máximo número de pacotes a enviar);
- $tcp_(0) set window_ 32 (ex.: # O limite superior da janela anunciada para a conexão TCP);

- $tcp_(0) set packetSize_ 1000 (ex.: # tamanho do pacote TCP);
- $tcp_(0) set rate_ 128.0kb (ex.: # taxa de transmissão TCP).

Entretanto, as características supramencionadas foram retiradas porque elas não são necessárias nesse caso. Além disso, internamente, o *NS-2*, para essas características, utiliza valores *defaults*[20].

4.2 Atividade Sugerida

Exercício 4. Use o script ethernet.tcl[21] e substitua os agentes de tráfego originais, dos nós N0/N1, por novos com as seguintes características:

- Tráfego CBR;
- Taxa de transmissão de 64 Kb
- Tamanho do pacote 512 B (ex.: é necessário alterar o tamanho do pacote no arquivo cbrgen.tcl);
- Altere o tempo de simulação para 400s;
- Execute o arquivo (ex.: $ns ethernet.tcl) e quando a simulação acabar use um editor de textos de sua preferência para achar todas as ocorrências de pacotes perdidos, por exemplo: eventos que inicie com d;

---

20 Para detalhes mais específicos consulte a última versão do manual do NS-2 em: https://github.com/dioxfile/NS-2_Scripts/tree/master/Chapter_4_Running_First_Script.

21 Disponível no GitHub para os leitores deste livro no seguinte endereço: https://github.com/dioxfile/NS-2_Scripts/tree/master/Chapter_4_Running_First_Script.

- Compare a quantidade de pacotes perdidos encontrados na Figura 4.3 com os do resultado desta tarefa;
- Códigos necessários para realizar o experimento: ethernet. tcl e cbrgen.tcl[22].

> Aproveite os conhecimentos prévios para realizar a tarefa e não esqueça de fazer as configurações necessárias nos arquivos de tráfego.

4.3 Considerações Finais do Capítulo

Neste capítulo foram apresentados os principais conceitos sobre *scripts* de simulação com ênfase em redes cabeadas. Dentre as explicações apresentadas destaca-se a análise do evento de descarte. Além disso, foi explicado, em detalhes, o *script* de simulação proposto em [22]. Diante do exposto, para ajudar os leitores desse livro a fixar o conteúdo apresentado nesse capítulo, foi proposto uma atividade prática que envolveu simulação de uma rede cabeada e análise de tráfego.

---

22 Localizado em: ~/ns-allinone-2.34/ns-2.34/indep-utils/cmu-scen-gen/cbrgen.tcl.

PARTE 3:
REDES SEM FIO AD-HOC, TRÁFEGO, MOBILIDADE E ARQUIVO DE TRACE

5. REDES SEM FIO ESTÁTICAS

Atualmente as redes sem fio (*Wireless*) tornaram-se uma das tecnologias de comunicação mais populares devido à sua fácil implementação e ao baixo custo dos dispositivos sem fio. Um dos padrões de redes *Wireless* mais utilizado é o *Wi-Fi* (ie. *Wireless Fidelity*) o qual foi definido pelo *Institute of Eletrical and Electronics Engineers (IEEE)* como *802.11*. Existem diversas variantes relacionadas às redes *802.11*, por exemplo, *IEEE 802.11a*, *IEEE 802.11b*, *IEEE 802.11g*, *IEEE 802.11n*, *IEEE 802.11i* etc.

O *IEEE 802.11* possui dois modos de operação que são: *Point Coordination Function (PCF)* (Figura 5.1(a)) e *Distributed Coordination Function (DCF)* (Figura 5.1(b)). No modo *PCF* um dispositivo central denominado *Access Point (AP)* gerencia a comunicação dos nós (ex.: estações). Já no modo *DCF* as estações, nós, são responsáveis por realizar roteamento multissalto, isto é, cada nó deve rodar um protocolo de roteamento de modo a encaminhar pacotes para nós que estão a mais de dois saltos do nó transmissor. Além disso, os nós podem se movimentar e/ou permanecerem estáticos [9]. Portanto, nesse universo de dados, conexões e tecnologia o padrão *Wireless 802.11* tem sido o principal meio de acesso à *Internet*, pois está presente nas residências, empresas, aeroportos, universidades, órgãos governamentais etc.

A versão do *NS-2 2.34*, usada nesse livro, possui a implementação do *IEEE* 802.11. Dessa forma, com esta versão também é possível configurar diversas características do *IEEE* 802.11 como: potência do sinal, canal, antena do rádio, preâmbulo do pacote, largura de banda do canal, frequência do canal, janela de disputa (ex.: *CWmin/CWmax*), tempos de transmissão (ex.: *Slot Time*, *DIFS* e *SIFS*), entre outras. Assim, antes de iniciar o estudo do script de simulação é preciso descrever alguns conceitos sobre o funcionamento do 802.11, de modo que ao explicar o *script* de simulação *Wireless* no NS-2 o leitor não se sinta perdido. Em função disso, a próxima seção (ex.: Seção 5.1) apresentará algumas características essenciais do padrão IEEE 802.11.

Figura 5.1 – Exemplo de BSS em redes *Wireless* 802.11.

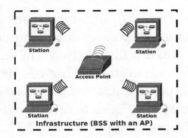
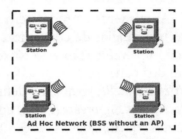

(a) Basic Service Set (BSS) infraes-   (b) Basic Service Set (BSS)
truturado, com AP.   Ad-Hoc.

Fonte: Baseado em: [17].

5.1 Funcionamento do Padrão IEEE 802.11

O princípio de funcionamento do *IEEE* 802.11 é baseado em seus modos de operação *PCF/DCF*. Porém, o NS-2 não possui implementação funcional para o modo PCF. Apesar disso, é possível, no NS-2, implementar algo similar que é chamado de *Wired-Cum-Wireless* e o qual será tratado em uma seção específica nesse livro. Portanto, nesta seção, enfatiza-se o modo de operação *DCF*.

5.1.1 Modo DCF

No modo *DCF* (Figuras 5.2 e 5.3) quando dois nós querem trocar informações eles podem usar frames especiais chamados: *Request to Send* (RTS) e *Clear to Send* (CTS). Dessa forma, uma mensagem RTS é transmitida pelo nó fonte como uma requisição de transmissão, depois de esperar por um período chamado *DCF InterFrame Space* (DIFS). Assim, se o nó destino aceitar o pedido de requisição, uma mensagem CTS é enviada ao nó fonte, como resposta à solicitação após esperar por um período chamado *Short InterFrame Space* (SIFS). Só então os dados são enviados. Após receber os dados, o nó destino envia um *ACK* confirmando o recebimento. O *Network Allocation Vector* (NAV), apresentado nas Figuras 5.2 e 5.3, consiste em um mecanismo utilizado por nós sem fio para gerenciar a disputa pelo canal de transmissão. Por exemplo, nele é armazenado o tempo em que os nós ficarão inertes sem disputar o canal.

Figura 5.2 – Modo DCF opcional.

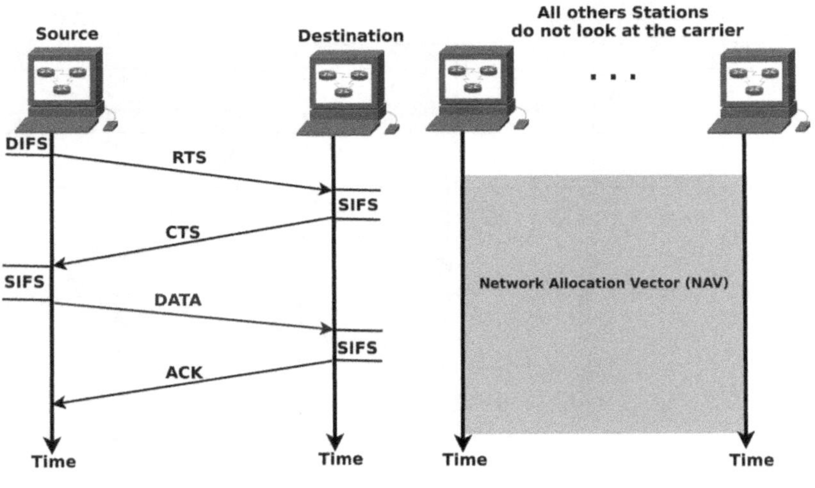

Fonte: Baseado em: [17].

Como as redes Wireless não conseguem detectar colisões, porque nem todos os nós da rede podem ser percebidos pelo nó transmissor[23], um protocolo chamado *Carrier Sense Multiple Access with Collision Avoidance* (CSMA/CA) é usado [17]. O protocolo CSMA/CA funciona utilizando uma das estratégias de persistência (ex.: *p-persistent*) que possibilita ouvir o meio.

---

23 Para maiores detalhes veja o problema do nó escondido em [17].

Portanto, como não é possível detectar colisões a transmissão só será bem-sucedida se o nó transmissor receber um *ACK* do nó receptor antes de seu temporizador expirar. Se o *ACK* não for recebido o nó transmissor saberá que algo está errado. A Figura 5.4 mostra o fluxograma do funcionamento do *CSMA/CA*.

Figura 5.3 – Envio de Frames RTS, CTS e ACK, e Janela de Disputa (CW).

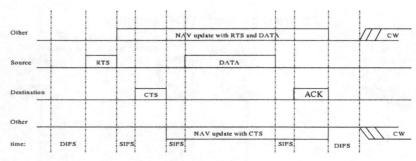

Fonte: [7].

Figura 5.4 – Funcionamento do CSMA/CA.

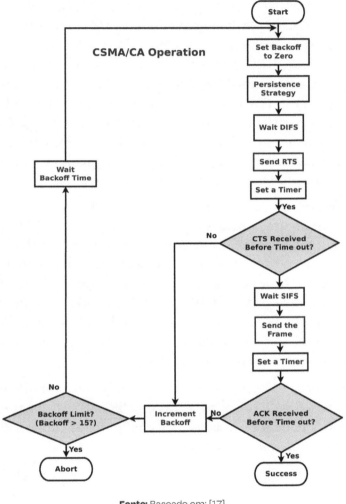

Fonte: Baseado em: [17].

Uma *Janela de Contenção CW* (ex.: janela de disputa), Figura 5.3, é um intervalo de tempo que precede a transmissão de um *frame*. Durante essa janela de tempo, as várias estações da rede competem pelo acesso ao meio de transmissão, mas as estações não podem tentar apoderar-se do meio exatamente após o fim da transmissão de um pacote de dados. Assim, para evitar colisões, o protocolo *Medium Access Control (MAC)* requer que cada estação espere primeiro por um período aleatório denominado *Backoff time* [7] (Figura 5.4). Dessa forma, se o canal estiver ocupado, então um *Backoff time* é escolhido aleatoriamente entre [0, CW]. *CW* é uma faixa de inteiro que é determinado pelas características da camada física, em que CW_{min} e CW_{max} são os tamanhos mínimos e máximos de *CW*. Portanto, a cada transmissão malsucedida a *CW* tem seu tamanho dobrado até o valor máximo que é definido por $CW_{max} + 1$ [7].

Por exemplo, conforme descrito em [7, 17], a *CW* é inicialmente configurada para CW_{min} (ex.: 15, veja Tabela 5.1). Dessa forma, a cada ocorrência de colisão, as estações envolvidas na colisão aceleram sua taxa de transmissão dobrando o tamanho de sua *CW*. Nesse contexto, a *CW* pode chegar a valores como: 31, 63, 127, 255, 511, até CW_{max} = 1023. *CW* grandes diminuem a transmissão de pacotes e reduzem a probabilidade de colisões. Na outra mão, se não há colisões, os nós transmissores trazem de volta o valor da sua *CW* para CW_{min}.

A Tabela 5.1 apresenta os tempos dos *frames* em diferentes especificações de camadas físicas do *IEEE 802.11*. Essas especificações podem ser usadas para configurar as características físicas das interfaces dos nós no *NS-2*.

Tabela 5.1 – Tempos de Interframe Space (IFS) e Contention Window (CW) para Diferentes Camadas Físicas.

Parâmetros	802.11a (OFDM)	802.11b (FHSS)	802.11b (DSSS)	802.11b (IR)	802.11b (HR-DSSS)
TS(μs)	9	50	20	8	20
$SIFS$ (μs)	16	28	10	10	10
$DIFS$ (μs)	34	128	50	26	50
$CW_{min}(TS)$	15	15	31	63	31
$CW_{max}(TS)$	1023	1023	1023	1023	1023

Fonte: [7].

* Legenda:

OF → Ortogonal Frequency Division Multiplexed (OFDM)
FH → Frequency Hopping Spread Spectrum (FHSS)

DS → Direct Sequency Spread Spectrum (DSSS)

IR → Infrared

HR → Hight Rate DSSS

TS → Time Slot

Se for necessário configurar uma versão específica do *802.11* no *NS-2*, por exemplo, o *802.11a*, os seguintes parâmetros devem ser configurados: *Limiar da portadora, potência de transmissão, frequência de transmissão, CW_{min}, CW_{max}, Time Slot, SIFS, DIFS, Limiar de RTS, taxa de transmissão etc.* O código 5.1 apresenta um exemplo do *802.11a* no *NS-2*.

Código 5.1 – Código IEEE 802.11a no NS-2.

```
1.   Phy/WirelessPhyExt set CSThresh_        6.31e-12
2.   Phy/WirelessPhyExt set Pt_              0.001
3.   Phy/WirelessPhyExt set freq_            5.18e+9
```

4. Mac/802_11Ext set CWMin_	15
5. Mac/802_11Ext set CWMax_	1023
6. Mac/802_11Ext set SlotTime_	0.000009
7. Mac/802_11Ext set SIFS_	0.000016
8. Mac/802_11Ext set DIFS_	0.000034
9. Mac/802_11Ext set RTSThreshold_	2346
10. Mac/802_11Ext set dataRate_	54.0e6
11. Mac/802_11Ext set basicRate_	24.0e6

A explicação do Código 5.1 é como segue:

1. **Phy/WirelessPhyExt set CSThresh_ 6.31e-12 (linha 1)**: indica que a potência mínima para sentir a portadora do sinal deve ser $6.31*10^{-12}W$;

2. **Phy/WirelessPhyExt set Pt_ 0.001 (linha 2)**: potência do transmissor, $1mW$;

3. **Phy/WirelessPhyExt set freq_ 5.18e+9 (linha 3)**: frequência de operação do *802.11a*, $5.18GHz$;

4. **Mac/802_11Ext set CWMin_ 15 (linha 4)**: *CW* mínima;

5. **Mac/802_11Ext set CWMax_ 1023 (linha 5)**: *CW* máxima;

6. **Mac/802_11Ext set SlotTime_ 0.000009 (linha 6)**: duração de um *Time Slot*, *9us*;

7. **Mac/802_11Ext set SIFS_ 0.000016 (linha 7)**: duração de um *SIFS*, *16us*;

8. **Mac/802_11Ext set DIFS_ 0.000034 (linha 8)**: duração de um *DIFS*, *34us*;

9. **Mac/802_11Ext set RTSThreshold_ 2346 (linha 9)**: configura o tamanho mínimo de um pacote para o qual o nó envia um *RTS*;

10. **Mac/802_11Ext dataRate_ 54.0e6 (linha 10)**: taxa de transmissão do *802.11a*, 54*Mb*;

11. **Mac/802_11Ext set basicRate_ 24.0e6 (linha 11)**: taxa básica de transmissão do *802.11a*, 24*Mb*, poderia ser 6*Mb*.

Se o padrão fosse o *802.11b* os parâmetros principais seriam como mostra o Código 5.2.

Código 5.2 – Código IEEE 802.11b no *NS-2*.

1. Mac/802_11   set SlotTime_ 0.000020

2. Mac/802_11   set SIFS_   0.000010

3. Mac/802_11   set DIFS_   0.000050

4. Mac/802_11   set CWMin_   31

5. Mac/802_11   set CWMax_ 1023

6. Mac/802_11   set dataRate_ 11.0e6

7. Phy/WirelessPhy set freq_   2.4e9

8. Phy/WirelessPhy set Pt_   3.3962527e-2

9. Phy/WirelessPhy set CSThresh_ 6.309573e-12

10. Phy/WirelessPhy set RTSThreshold_ 3000

A explicação do Código 5.2 é como segue:

1. **Mac/802_11 set SlotTime_ 0.000010 (linha 1)**: duração de um *Time Slot*, 10*us*;

2. **Mac/802_11 set SIFS_ 0.000020 (linha 2)**: duração de um *SIFS*, 20*us*;

3. **Mac/802_11 set DIFS_ 0.000050 (linha 3)**: duração de um *DIFS*, 50*us*;

4. **Mac/802_11 set CWMin_ 31 (linha 4)**: *CW* mínima;

5. **Mac/802_11 set CWMax_ 1023 (linha 5)**: *CW* máxima;

6. **Mac/802_11 dataRate_ 11.0e6 (linha 6)**: taxa de transmissão do *802.11b*, 11*Mb*.

7. **Phy/WirelessPhy set freq_ 2.4e+9 (linha 7)**: frequência de operação do *802.11b*, 2.4*GHz*;

8. **Phy/WirelessPhy set Pt_ 3.3962527e-2 (linha 8)**: potência do transmissor, 0.033962527m*W* ;

9. **Phy/WirelessPhy set CSThresh_ 6.309573e-12 (linha 9)**: indica que a potência mínima para sentir a portadora do sinal deve ser $6.309573*10^{-12}W$;

10. **Mac/802_11 set RTSThreshold_ 3000 (linha 10)**: configura o tamanho mínimo de um pacote para o qual o nó envia um *RTS*.

Essas configurações foram baseadas nos exemplos do *NS-2*[24].

Os Códigos 5.1 e 5.2 apresentados mostram apenas os parâmetros principais, isso significa que outros parâmetros devem ser adicionados para que eles se tornem funcionais no *NS-2*[25].

5.2   Redes sem Fio 802.11 Estáticas

A segunda simulação a ser executada nesse livro é baseada no trabalho de José [24], e consiste em um ambiente *Wireless* com dez nós estáticos conforme apresenta a Figura 5.5.

Figura 5.5 – Ambiente Wireless Ad-Hoc com dez nós estáticos, Área 1000m(x) × 1000m(y). Nesse ambiente há quatro conexões em andamento (ex.: linhas tracejadas em vermelho): N0⇒N1, N1⇒N2, N3⇒N4 e N4⇒N5.

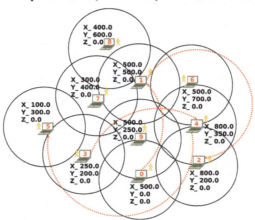

Fonte: Baseado em: [24].

---

24   ~/ns-allinone-2.34/ns-2.34/tcl/ex/802.11.
25   Os Códigos 5.1 e 5.2 completos, funcionais, estão disponíveis para download no *GitHub*: https://github.com/dioxfile/NS-2_Scripts/tree/master/Chapter_5_Setup_Static_Wi-Fi.

O posicionamento dos nós foi criado conforme mostra a Figura 5.5. Além do arquivo de posicionamento dos nós (Código 5.3), um arquivo de tráfego (Códigos 5.4 e 5.5) também foi criado para ser usado com o *script* principal de simulação.

Código 5.3 – Arquivo de Posicionamento do Nós na Simulação.

1. $node_(0) set X_ 500.0 $node_(0) set Y_ 0.0
2. $node_(1) set X_ 500.0 $node_(1) set Y_ 500.0
3. $node_(2) set X_ 800.0 $node_(2) set Y_ 200.0
4. $node_(3) set X_ 250.0 $node_(3) set Y_ 200.0
5. $node_(4) set X_ 800.0 $node_(4) set Y_ 350.0
6. $node_(5) set X_ 100.0 $node_(5) set Y_ 300.0
7. $node_(6) set X_ 700.0 $node_(6) set Y_ 500.0
8. $node_(7) set X_ 300.0 $node_(7) set Y_ 400.0
9. $node_(8) set X_ 400.0 $node_(8) set Y_ 600.0
10. $node_(9) set X_ 500.0 $node_(9) set Y_ 250.0

Conforme apresenta o Código 5.3 as linhas de 1 a 10 mostram as posições dos nós na área de simulação exatamente como na Figura 5.5. É importante enfatizar que esse código não está como é usado na simulação, pois foi retirado o eixo $Z_$ dos nós (ex.: $node_(0) set Z_ 0.0) com propósito de simplificação. Todavia, o código funcional se encontra disponível no *GitHub* para *download* no seguinte endereço: https://github.com/dioxfile/NS-2_Scripts/tree/master/Chapter_5_Setup_Static_Wi-Fi.

Por conseguinte, as características de tráfego[26] a serem usadas nesse exemplo são as seguintes (Códigos 5.4 e 5.5):

a. Tráfego *CBR*;

b. Taxa de transmissão de 64*Kb*;

c. Tamanho de Pacote *512B*;

d. Fontes/Destinos de tráfego 4/4 (ex.: foi usado o Código 3.4, previamente descrito no Capítulo 3 e Subseção 3.2.1, para gerar o tráfego);

e. Tempo de simulação 60*s*; e

f. Início de tráfego em 7*s*.

Código 5.4 – Tráfego UDP/CBR, Segunda Simulação (PARTE 1).

1. # nodes: 10, max conn: 4, send rate: 0.015625, seed: 0.75

2. # 0 connecting to 1 at time 7.0322529910748139

3. set udp_(0) [new Agent/UDP]

4. $ns_ attach-agent $node_(0) $udp_(0)

5. set null_(0) [new Agent/Null]

6. $ns_ attach-agent $node_(1) $null_(0)

7. set cbr_(0) [new Application/Traffic/CBR]

8. $cbr_(0) set packetSize_ 512

9. $cbr_(0) set rate_ 64.0kb

10. $cbr_(0) attach-agent $udp_(0)

---

26 Foi necessário alterar as seguintes linhas no arquivo *cbrgen.tcl*: linha 52 → *set opt(pktsize)* 512 e linha 82 → *set stime [$rng uniform 7.0 7.1]*. Além disso, os parâmetros do Código 3.4 devem ser alterados conforme as características do tráfego.

11. $ns_ connect $udp_(0) $null_(0)

12. $ns_ at 7.0322529910748139 "$cbr_(0) start"

13. # 1 connecting to 2 at time 7.0561181971133307

14. set udp_(1) [new Agent/UDP]

15. $ns_ attach-agent $node_(1) $udp_(1)

16. set null_(1) [new Agent/Null]

17. $ns_ attach-agent $node_(2) $null_(1)

18. set cbr_(1) [new Application/Traffic/CBR]

19. $cbr_(1) set packetSize_ 512

20. $cbr_(1) set rate_ 64.0kb

21. $cbr_(1) attach-agent $udp_(1)

22. $ns_ connect $udp_(1) $null_(1)

23. $ns_ at 7.0561181971133307 "$cbr_(1) start"

Código 5.5 – Tráfego UDP/CBR, Segunda Simulação (PARTE 2).

1. # 3 connecting to 4 at time 7.094137685044732

2. set udp_(2) [new Agent/UDP]

3. $ns_ attach-agent $node_(3) $udp_(2)

4. set null_(2) [new Agent/Null]

5. $ns_ attach-agent $node_(4) $null_(2)

6. set cbr_(2) [new Application/Traffic/CBR]

7. $cbr_(2) set packetSize_ 512

8. $cbr_(2) set rate_ 64.0kb

9. $cbr_(2) attach-agent $udp_(2)

10. $ns_ connect $udp_(2) $null_(2)

11. $ns_ at 7.094137685044732 "$cbr_(2) start"

12. # 4 connecting to 5 at time 7.0170415855092187

13. set udp_(3) [new Agent/UDP]

14. $ns_ attach-agent $node_(4) $udp_(3)

15. set null_(3) [new Agent/Null]

16. $ns_ attach-agent $node_(5) $null_(3)

17. set cbr_(3) [new Application/Traffic/CBR]

18. $cbr_(3) set packetSize_ 512

19. $cbr_(3) set rate_ 64.0kb

20. $cbr_(3) attach-agent $udp_(3)

21. $ns_ connect $udp_(3) $null_(3)

22. $ns_ at 7.0170415855092187 "$cbr_(3) start"

23. #Total sources/connections: 4/4

Com essas características pretende-se construir uma topologia *DCF* como mostrado na Figura 5.5. Além disso, são realizadas transmissões do tipo *CBR* de 64 *kbps* entre os nós $N0 \Rightarrow N1$, $N1 \Rightarrow N2$, $N3 \Rightarrow N4$ e $N4 \Rightarrow N5$, conforme a Figura 5.6.

Figura 5.6 – Quatro fluxos de tráfego CBR em andamento. Nós: N0⇒N1, N1⇒N2, N3⇒N4 e N4⇒N5, Códigos 5.4 e 5.5.

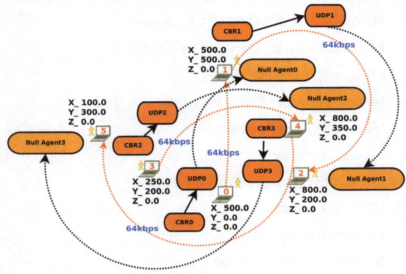

Fonte: Elaborada pelo autor.

O *script* de simulação que é apresentado nesse capítulo foi dividido em quatro partes, pois o mesmo possui muitas linhas e não pode ser apresentado em uma única página. Ele consiste de uma rede *Wireless Ad-Hoc* composta por dez nós, Figura 5.5.

Código 5.6 – Exemplo de Script de Simulação para Redes Wireless (Parte 1).

1. global val
2. global defaultRNG ;# RNG Global Var
3. set val(canal)   Channel/WirelessChannel ;# Channel(1-11)
4. set val(propacacao) Propagation/TwoRayGround ;# Radio Propagation

5. set val(antena)   Antenna/OmniAntenna   ;#Aerial (omni/straight)

6. set val(layer2)   LL   ;# Link Layer

7. set val(drop)   Queue/DropTail/PriQueue ;# Queue type

8. set val(fileSize)   50   ;# Queue size

9. set val(wlan0)   Phy/WirelessPhy ;# DSSS

10. set val(mac)   Mac/802_11   ;# MAC Type

11. set val(routP)   AODV   ;# Routing Protocol

12. if { $val(routP) == "DSR" } {   ;# Only DSR

13. set val(drop)   CMUPriQueue

14. } else {

15. set val(drop)   Queue/DropTail/PriQueue ;# FIFO Drop Queue

16. }

17. set val(node_)   10   ;# Node Number

18. set val(x) 1000   ;# Axis X

19. set val(y) 1000   ;# Axis Y

20. set val(TX)   1.2W   ;# Default 0.000509W/PKT

21. set val(RX)   0.6W   ;# Default 0.000156W/PKT

22. set val(IniEner)   100   ;# Initial Energy

23. set val(ModEner)   EnergyModel   ;# Energy Model

24. set val(termina)   60   ;# Simulation Time

O Código 5.6 (parte 1) apresenta diversas características para simulações em ambientes *Wireless*. E com ele é possível utilizar tanto o padrão *802.11a* como o *802.11b* (ex.: Códigos 5.1 e 5.2). A maioria das linhas possuem explicações, comentários (ex.: trechos precedidos pelo caractere # ou pelos caracteres ;#).

Entretanto, algumas dessas características devem ser destacadas, nesse caso as principais da primeira parte do *script* de simulação (Código 5.6) são as seguintes:

- A linha 2 apresenta a variável global aleatória, que tem a função de gerar resultados diferentes para cada simulação. Esses valores gerados pela variável aleatória são produtos de funções estatísticas que possibilitam diferentes valores (ie. se a vazão extraída de uma simulação tiver o seguinte valor 108,256 *Kbps*, então na próxima simulação o valor será diferente, por exemplo, 115,987 *Kbps*) e, portanto, torna as simulações mais confiáveis, pois permite ao usuário do *NS-2* tratar os resultados utilizando métodos estatísticos como o intervalo de confiança. Dessa forma, para usar a variável aleatória é necessário criar o seguinte código no início do *script TCL*→ global defaultRNG. Assim, para chamar esta variável é necessário inserir o seguinte código após instanciar o simulador: $defaultRNG seed NEW_SEED (linha 6 do Código 5.7);
- A linha 4 apresenta o modelo de propagação de sinal TwoRayGround, esse modelo considera a reflexão do chão no caminho de transmissão em ambas as direções, o que não ocorre em outros modelos. Portanto, apesar de ser pouco preciso em curtas distâncias, ele consegue melhor acurácia na previsão do sinal em caminhos com longas distâncias [16];
- A linha 10 apresenta que o *MAC* utilizado é o Mac/802_11;
- As linhas de 11 a 16 indicam qual protocolo de roteamento é usado na simulação e qual o tipo de fila. Por exemplo, nesse *script* está sendo utilizado o *Ad-hoc On-Demand Distance Vector (AODV)* proposto por Perkins

et al. [42]. No *NS-2* há diversas implementações de protocolos de roteamento para redes *Wireless*, nesse livro serão abordados alguns desses protocolos no Capítulo 7. Além disso, é possível observar que há dois tipos de filas a serem utilizadas como a CMUPriQueue, usada pelo *Dynamic Source Routing (DSR)* e a Queue/DropTail/PriQueue, que é usada por outros protocolos como *AODV*;

- As linhas de 20 a 23 mostram as potências do transmissor e do receptor do nó (ex.: 1.2 *We* 0.6 *W*), configuram a energia inicial do nó (ex.: 100 Joules) e o modelo de energia (ex.: EnergyModel). Sem o modelo de energia não é possível manipular características como ligar e desligar um nó durante a simulação.

Código 5.7 – Exemplo de Script de Simulação para Redes Wireless (Parte 2).

1. source "olsr-estension.tcl"

2. # NIC Specification Ex.: 802.11a, 802.11b etc.

3. source "802-11b.tcl"

4. #begin Simulation

5. set ns_ [new Simulator]

6. $defaultRNG seed NEW_SEED

7. # Trace File Writing

8. set ArquivoTrace [open TRACE_Arquivo.tr w]

9. $ns_ trace-all $ArquivoTrace

10. # NAM File Writing

11. set ArquivoNam [open NAM_Arquivo.nam w]

12. $ns_ namtrace-all $ArquivoNam

13. $ns_ namtrace-all-wireless $ArquivoNam $val(x) $val(y)

14. # Topology

15. set topologia [new Topography]

16. $topologia load_flatgrid $val(x) $val(y)

17. # "GOD (General Operations Director)"

18. set god_ [create-god $val(node)]

19. #Starting Channel 1

20. set chan_11_ [new $val(canal)]

A explicação do Código 5.7 (parte 2) é como segue:

- A linha 1 mostra a palavra reservada source, que é usada quando se quer chamar um arquivo externo ao arquivo principal de simulação. Aqui o arquivo chamado é "olsr-extension.tcl". Esse arquivo contém parâmetros específicos do protocolo *Optimized Link State Routing (OLSR)*, que devem ser configurados caso ele seja usado. O *OLSR* será abordado no Capítulo 7;

- A linha 3 carrega o arquivo "802-11b.tcl" descrito previamente e que configura o padrão *802.11b*, Código 5.2;

- As linhas 5 e 6 configuram respectivamente o simulador (set ns_ [new Simulator]) e a variável global $defaultRNG seed NEW_SEED que gera resultados diferentes para cada execução da simulação;

- As linhas 8 e 9 configuram o *trace file*;

- As linhas 11 e 12 configuram o *NAM file*, gerando a animação da simulação;

- A linha 18 ativa o *General Operations Director (GOD)* que é um objeto central que armazena todas as informações sobre a topologia da rede (ex.: movimentação dos nós, rotas, número de saltos, a conectividade da rede etc.);
- A linha 20 configura o canal 11 através da variável chan_11_.

Código 5.8 – Exemplo de Script de Simulação para Redes Wireless (Parte 3).

1. ns_ node-config -adhocRouting $val(routP) \
2. -llType $val(layer2) \
3. -macType $val(mac) \
4. -ifqType $val(drop) \
5. -ifqLen $val(fileSize) \
6. -antType $val(antena) \
7. -propType $val(propacacao) \
8. -phyType $val(wlan0) \
9. -topoInstance $topologia \
10. -channel $chan_11_ \
11. -agentTrace ON \
12. -routerTrace ON \
13. -macTrace ON \
14. -movementTrace OFF \
15. -energyModel $val(ModEner) \
16. -initialEnergy $val(IniEner) \
17. -txPower $val(TX) \

18. -rxPower $val(RX) \

19. -wiredRouting OFF

20.

21. for {set i 0} {$i < $val(node)} {incr i} {

22. set node($i) [$ns_ node]

23. $node($i) color green

24. $ns_ at 0.0 "$node($i) label WN_$i"

25. $node($i) random-motion 0 ;# disable

26. }

Esta parte do código, Parte 3 (Código 5.8), configura um objeto 'nó' no *NS-2*, isto é, aqui são configurados parâmetros como: protocolo, camada de enlace, *trace* (ex.: camada de rede, movimentação, camada de enlace etc.), antena, fila e modelo de energia do nó. A explicação do Código 5.8 (parte 3) é como segue:

- As linhas de 11 a 14 ativam quais eventos de camadas devem ser gravados no arquivo de *trace*, por exemplo, a linha 14 aponta que eventos relacionados à movimentação dos nós não devem ser monitorados;

- A linha 15 indica que está sendo usado o modelo de energia -energyModel, ele permite que a energia dos nós seja monitorada e manipulada durante a simulação;

- A linha 19 desativa o roteamento cabeado. Além disso, ela não possui o caractere " \ " porque nesse trecho de código a última linha deve possuir apenas a variável a ser configurada;

- Nas linhas de 21 a 26 são criados todos os nós que serão usados na simulação. A explicação do Código 5.9 (parte 4) é como segue:

Código 5.9 – Exemplo de Script de Simulação para Redes Wireless (Parte 4).

```
1.  source "10-nodes_statics.tcl"
2.  source "traffic.tcl"
3.  for {set n 0} {$n < $val(node_) } {incr n} {
4.  $ns_ initial_node_pos $node_($n) 20
5.  }
6.  for {set n 0} {$n < $val(node_) } {incr n} {
7.  $ns_ at $val(termina).000 "$node_($n) reset";
8.  }
9.  proc final {} {
10. global ns_ ArquivoTrace ArquivoNam val geral
11. $ns_ flush-trace
12. close $ArquivoTrace
13. close $ArquivoNam
14. exec nam NAM_Arquivo.nam &
15. exit 0
16. }
17. puts "Starting Simulation"
18. $ns_ at $val(termina).001 "$ns_ nam-end-wireless $val(termina)"
```

19. $ns\_$ at $val(termina).002 "puts \"END SIMULATION...\"; final"

20. $ns\_$ at $val(termina).003 "$ns_$ halt"

21. $ns\_$ run

- As linhas de 1 a 8 configuram o arquivo de posição dos nós "10-nodes_statics.tcl" (Código 5.3), o arquivo de tráfego "traffic.tcl" (Códigos 5.4 e 5.5), a posição inicial e o tamanho dos nós no *NAM* (ex.: na área de simulação X Y);
- As linhas de 18 a 20 realizam o seguinte: termina a simulação sem fio do *NAM*, finaliza a simulação do *NS-2* e para a instância do simulador $ns\_$.

O código completo do *script* de simulação principal (ex.: IEEE802-11.tcl), previamente descrito, está disponível no *GitHub* (https://github.com/dioxfile/NS-2_Scripts/tree/master/Chapter_5_Setup_Static_Wi-Fi). A Figura 5.7(a)(b) mostra os resultados das simulações com os padrões de redes sem fio *802.11a/802.11b* através da animação gerada pelo *NAM*. Esses resultados foram obtidos utilizando todos os códigos previamente descritos nesse capítulo. Dessa forma, se o leitor desejar realizar simulações é necessário baixar do *GitHub* (https://github.com/dioxfile/NS-2_Scripts/tree/master/Chapter_5_Setup_Static_Wi-Fi/) os seguintes códigos:

1. IEEE802-11.tcl, arquivo principal;

2. 802-11b_functional.tcl, arquivo de configuração do padrão *IEEE 802.11b*;

3. olsr-extension.tcl, arquivo de configuração do protocolo *OLSR*, no caso de usá-lo[27];

---

27 Este protocolo é tratado nesse livro em capítulo específico.

4. 10_Nodes_Wi-Fi_statics.tcl, arquivo de posicionamento dos nós (Figura 5.5);

5. traffic.tcl, arquivo de tráfego;

6. 802-11a_functional.tcl, arquivo de configuração do padrão *IEEE 802.11a*. Todavia, para utilizá-lo é necessário fazer as seguintes alterações no *script* principal:

> » Nas linhas 11 e 12 alterar Phy/WirelessPhy para Phy/WirelessPhyExt e Mac/802_11 para Mac/802_11Ext;
> » Comentar as linhas 22 (set val(TX)) e 23 (set val(RX)), exemplo, #set val(RX);
> » Mudar a linha 33 de source "802-11b_functional.tcl" para o seguinte, source "802-11a_functional.tcl";
> » Comentar as linhas 76 (-txPower $val(TX)) e 77 (-rxPower $val(RX)), exemplo, #-txPower $val(TX). Além disso, na linha 75 deve-se retirar o caractere " \ ".

Ao baixar estes arquivos é necessário colocá-los, todos, na mesma pasta. Além disso, é imperativo que os leitores desse livro não fiquem presos apenas aos exemplos apresentados aqui. Procurem outras fontes de informações e desenvolvam seus próprios cenários de simulação.

Figura 5.7 – Animação gerada pelo NAM, resultado das simulações realizadas (Figura 5.8). O cenário apresentado pelo NAM é o mesmo mostrado na Figura 5.5. É possível observar na Figura 5.7(a), padrão *IEEE 802.11a*, que as transmissões ainda não iniciaram. Todavia, na Figura 5.7(b) observa-se exatamente o contrário, nesse cenário, com o padrão *IEEE 802.11b*, as transmissões já iniciaram e estas envolvem os nós N0, N1, N9 e N4.

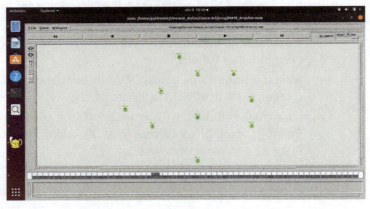

(a) Animação (NAM) da Simulação do 802.11a.

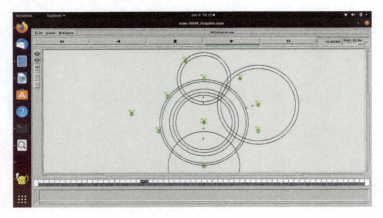

(b) Animação (NAM) da Simulação do 802.11b.
Fonte: Elaborada pelo autor.

Figura 5.8 – Simulação dos padrões IEEE 802.11a/b no NS-2.

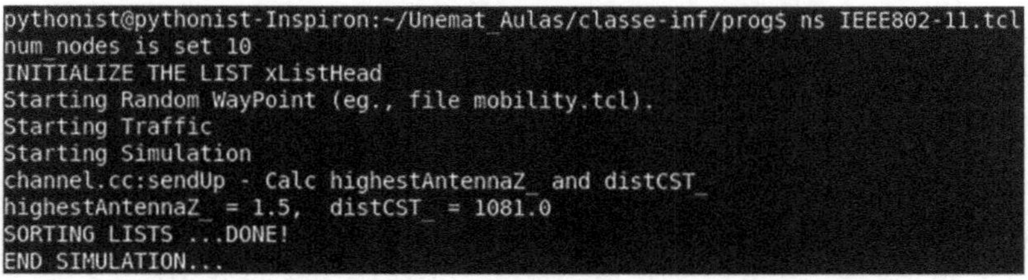

```
pythonist@pythonist-Inspiron:~/Unemat_Aulas/classe-inf/prog$ ns IEEE802-11.tcl
num_nodes is set 10
INITIALIZE THE LIST xListHead
Starting Random WayPoint (eg., file mobility.tcl).
Starting Traffic
Starting Simulation
channel.cc:sendUp - Calc highestAntennaZ_ and distCST_
highestAntennaZ_ = 1.5,  distCST_ = 1081.0
SORTING LISTS ...DONE!
END SIMULATION...
```

(a) Execução da Simulação do 802.11a no *NS-2*, Via Terminal Linux.

```
pythonist@pythonist-Inspiron:~/Unemat_Aulas/classe-inf/prog$ ns IEEE802-11.tcl
num_nodes is set 10
INITIALIZE THE LIST xListHead
Starting Random WayPoint (eg., file mobility.tcl).
Starting Traffic
Starting Simulation
channel.cc:sendUp - Calc highestAntennaZ_ and distCST_
highestAntennaZ_ = 1.5,  distCST_ = 406.3
SORTING LISTS ...DONE!
END SIMULATION...
```

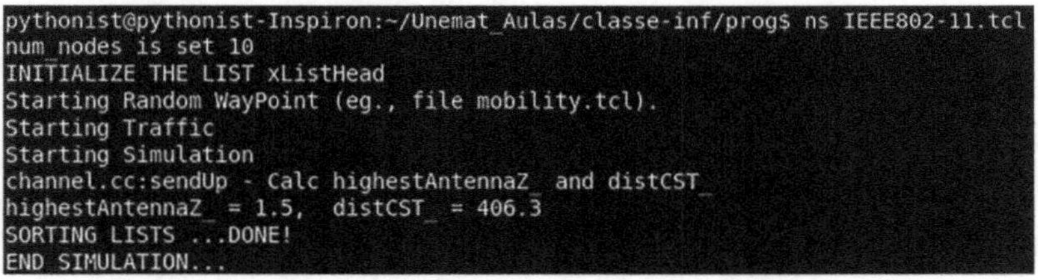

(b) Execução da Simulação do 802.11b no *NS-2*, Via Terminal Linux.
Fonte: Elaborada pelo autor.

Figura 5.9 – Análise da quantidade de pacotes descartados com o editor Geany, cenário da Figura 5.5.

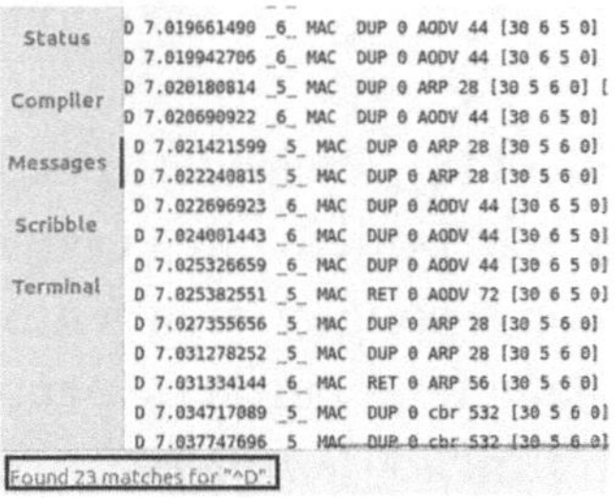

(a) Quantidade de Pacotes Descartados na Simulação do 802.11a.

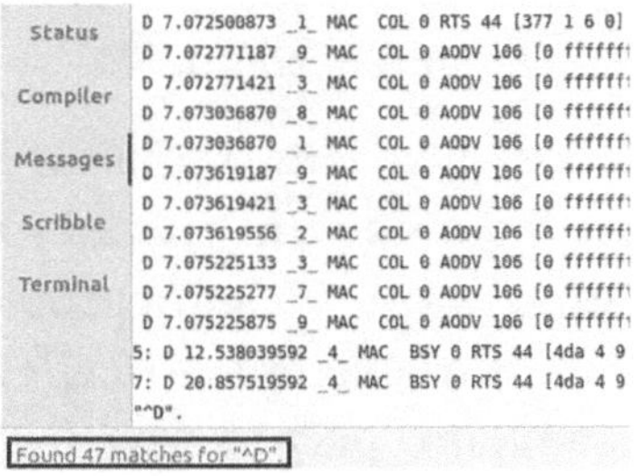

(b) Quantidade de Pacotes Descartados na Simulação do 802.11b

Fonte: Elaborada pelo autor.

Conforme mostra a Figura 5.8 (a)(b) é possível verificar a diferença de alcance do sinal dos dois padrões de comunicação (ex.: *IEEE 802.11a/b*). O alcance do *802.11a* é 1081.0*mts* (ex.: distCST_ = 1081.0), já no *802.11b* é 406.3*mts* (ex.: distCST_ = 406.3). Essa diferença é devido às configurações de camada física efetuadas nos Códigos 5.1 e 5.2. Além disso, conforme mostra a Figura 5.9 observa-se que a simulação com *802.11b* perde mais pacotes (ex.: 47, Figura 5.9 (b)) que o *802.11a* (ex.: 23, Figura 5.9 (a)), isso pode acontecer em função do sinal, que no *802.11b* sofre mais interferência e consequentemente pode ter mais colisões. Por exemplo, os pacotes descartados na simulação do *802.11b* possuem mais descartes por colisões (ex.: *flag COL*, Figura 5.9 (b)) na camada de enlace de dados.

Uma questão que deve ser enfatizada é a diferença entre pacotes descartados e perdidos. Pacotes podem ser descartados por diversos motivos, por exemplo, pacotes duplicados, *ttl* atingido, rotas não encontradas, *buffer* cheio etc. Isto é, os pacotes descartados foram retirados por um motivo, que pode ser intencional, e dependendo do motivo a camada de enlace pode reenviar o pacote novamente (ex.: isso também pode acontecer na camada de transporte com o *TCP*) e pacotes que são reenviados podem chegar ao destino e serem entregues a aplicação. Isso significa que mesmo se o *trace file* gravar o evento de descarte D, o pacote pode ter sido entregue.

Por outro lado, segundo Teimouri [48], a perda de pacotes ocorre quando um ou mais pacotes não podem chegar ao seu destino devido a algum problema, como congestionamento do enlace. Por exemplo, o *TCP* pode detectar a perda de pacotes e reenviar o pacote novamente em função de *timers* e *ACKs*, mas a perda de pacotes tem impacto nos usuários que estão usando aplicativos de mídia de *streaming* e que usam protocolos não confiáveis, como *UDP*. Portanto, no *NS-2*, não se deve confiar que pacotes não foram entregues apenas analisando eventos de descarte (D).

5.3 Descrição do Old Trace

Como previamente mencionado no Capítulo 3 na Seção 3.3 (ex.: *trace* de redes cabeadas), o arquivo de *trace* armazena todos os eventos ocorridos durante a simulação (ex.: envio/ recebimento de pacotes, encaminhamento de pacotes, descarte de pacotes etc). Nas redes sem fio não é diferente, no *NS-2* há suporte para dois formatos de *trace*: *old trace* e *new trace*. Nesse livro é descrito apenas o antigo formado (ex.: *old trace*), pois ele é o mais usado para fazer a análise da simulação de redes sem fio no *NS-2*. Nesse contexto, o resultado do trace de simulação pode retornar diversas informações e *flags* dependendo do tipo de protocolo simulado (ex.: *AODV, DSR, OLSR,* entre outros)[28], do tipo de camada *Open System Interconnection (OSI)* analisada e dos eventos que podem ocorrer durante a simulação [16].

A Figura 5.10 mostra os principais campos do *old trace*, que podem ser aplicados ao seguinte trecho de *trace* (Código 5.10), extraído de uma simulação realizada com os códigos de simulação apresentados na Seção 5.2.

---

28 https://www.isi.edu/websites/nsnam/ns/doc/node184.html.

Figura 5.10 – Explicação do old trace Wireless.

Event	Abbreviation	Type	Value
Wireless Event	s: Send r: Receive d: Drop f: Forward		%.9f %d (%6.2f %6.2f) %3s %4s %d %s %d [%x %x %x %x]
			%.9f _%d_ %3s %4s %d %s %d [%x %x %x %x]
		double	Time
		int	Node ID
		double	X Coordinate (If Logging Position)
		double	Y Coordinate (If Logging Position)
		string	Trace Name
		string	Reason
		int	Event Identifier
		string	Packet Type
		int	Packet Size
		hexadecimal	Time To Send Data
		hexadecimal	Destination MAC Address
		hexadecimal	Source MAC Address
		hexadecimal	Type (ARP, IP)

Fonte: [1].

Código 5.10 – Exemplo de Trecho do old trace Wireless para o Protocolo AODV.

1. r 10.167531553 _0_ RTR --- 0 AODV 48 [0 ffffffff 3 800] [...]

2. [3:255 -1:255 30 0] [0x2 1 1 [4 0] [3 4]] (REQUEST)

3. s 10.222944875 _3_ AGT --- 10 tcp 1040 [...] [energy 99.973967 ei

4. 0.000   es 0.000 et 0.011 er 0.015] ------- [3:0 4:0 32 0] [6 0] 0 0

As linhas de 1 a 2 e de 3 a 4 representam apenas duas linhas de *trace* cujos inícios são **r** e **s**, respectivamente. Nesse sentido, utilizando tabulação de espaço vazio para separar os campos, as linhas 1 e 2, da esquerda para direita significam:

1. **r**: evento de recebimento de pacote;

2. **10.167531553**: tempo em que o evento ocorreu;

3. **_0_**: nó em que o evento aconteceu;

4. **RTR**: indica que o evento ocorreu na camada de rede;

5. **- - -**: espaço para recebimento de *flags*, nesse caso, não há sinalizações;

6. **0**: identificador único de pacote;

7. **AODV**: indica o protocolo de roteamento utilizado;

8. **48**: tamanho do pacote em *bytes*;

9. **0**: o protocolo *MAC* assume que o atraso sob o canal *Wireless* é zero, este campo é dado em segundos;

10. **ffffffff**: indica que este é um pacote *broadcast*, *MAC address*;

11. **3**: endereço *MAC* da fonte;

12. **800**: indica que este é um pacote *IP* sendo transportado pela subcamada *MAC*;

13. **...** (grifo nosso): indica que campos do *trace* foram omitidos;

14. **3:255 -1:255 30 0**: campos *IP*, indicam que o nó enviador do pacote é o nó 3 e 255 indica a porta de saída. -1 indica o destino (*broadcast*) e 255 a porta de recebimento do destino (*broadcast*). 30 e 0 são as quantidades de saltos em que o pacote pode passar e que o próximo salto não é o destino, respectivamente;

15. **0x2 1 1 4 0 3 4**: 0x2 consiste em uma mensagem *AODV Route Request (RREQ)*, 1 é o número de saltos e 1 a ID do *broadcast*, 4 e 0 são o *IP* destino e número de sequência, 3 e 4 são *IP* de origem/número de sequência e (REQUEST) confirma a mensagem *RREQ*.

As linhas 3 e 4, da esquerda para direita, utilizando tabulação de espaço vazio para separar os campos, significam:

1. **s**: evento de envio de pacote;

2. **10.222944875**: tempo em que o evento ocorreu;

3. **_3_**: nó em que o evento aconteceu;

4. **AGT**: indica que o evento ocorreu na camada de aplicação;

5. **- - -**: espaço para recebimento de flags, nesse caso, não há sinalizações;

6. **10**: identificador único de pacote;

7. **tcp**: indica o protocolo de transporte utilizado;

8. **1040**: tamanho do pacote em *bytes*;

9. **...** (grifo nosso): indica que campos do *trace* foram omitidos;

10. **energy**: energia total do nó, nesse instante, 99.973967 *Joules. ei* energia ociosa (*energy idle*). *es* energia em *standby* (*energy sleep*). *et* energia de transmissão (*energy transmission*). *er* energia de recepção (*energy receive*);

11. **3:0 4:0 32 0**: campos *IP*, indicam que o nó enviador do pacote é o nó 3 e 0 indica a porta de saída. 4 indica o nó destino e 0 a porta de recebimento do destino. 32 e 0 são as quantidades de saltos em que o pacote pode passar e que o próximo salto não é o destino, respectivamente;

12. **6 0 0 0**: 6 consiste no número de sequência *TCP* e 0 é o número do *ACK*. 0 significa quantas vezes o pacote foi redirecionado e o segundo 0 indica um número ótimo de vezes que o pacote deve ser redirecionado.

Para maiores detalhes sobre o formato de traces consulte o manual do *NS-2* [16] e formatos de *traces* do *NS-2* em [1].

5.4 Atividade Sugerida

Exercício 5. Execute uma simulação usando os arquivos disponíveis em: https://github.com/dioxfile/NS-2_Scripts/tree/master/Chapter_5_Setup_Static_Wi-Fi. As características da simulação sugerida deve ser as seguintes:

- Tráfego CBR com taxa de transmissão de 128 Kb;
- Tamanho do pacote 1000 B (ex.: é necessário alterar o tamanho do pacote no arquivo cbrgen.tcl);
- Protocolo de roteamento a ser usado: AODV;
- Troque a posição dos nós no arquivo 10-nodes-statics.tcl;
- Execute o arquivo (ex.: $ns EEE802-11.tcl) e quando a simulação acabar use um editor de textos de sua preferência para achar todas as ocorrências de pacotes perdidos, por exemplo: eventos que inicie com D;
- Compare a quantidade de pacotes perdidos encontrados na Figura 5.9 com os do resultado desta tarefa, tanto no padrão 802.11a quanto no padrão 802.11b;

Códigos necessários para realizar o experimento:

1. IEEE802-11.tcl;

2. traffic.tcl. Deve ser gerado um novo arquivo de tráfego;

3. 10-nodes-statics.tcl;

4. 802-11a_functional.tcl;

5. 802-11b_functional.tcl;

6. olsr-extension.tcl. Comente a linha na qual o OLSR é chamado se não for usar. Ex: #source "olsr-extension.tcl".

> Aproveite os conhecimentos prévios para realizar a tarefa e não esqueça de fazer as configurações necessárias. Além disso, todos os arquivos devem estar na mesma pasta, por exemplo, arquivo principal de simulação (ex.: IEEE802-11.tcl), arquivo de tráfego (ex.: *traffic.tcl*), arquivo de posicionamento dos nós (ex.: *10-nodes-statics.tcl*), arquivos de parâmetros de configuração de camada física dos padrões *802.11a/b*[29] e arquivo do protocolo *OLSR* (ex.: olsr-extension.tcl, opcional, ele pode ser comentado por enquanto).

5.5 Considerações Finais do Capítulo

Nesse capítulo foram apresentados os conceitos fundamentais sobre redes sem fio, Infraestruturada, *Ad-Hoc* e *trace files* em redes sem fio. Dentre as principais características apresentadas destacam-se: o modo de operação (*PCF/DCF*) (ie. com ênfase no modo *DCF*); a descrição do padrão *802.11* e suas configurações no *NS-2* (ex.: *802.11a/b*); a simulação de um ambiente de redes sem fio *Ad-Hoc* com a explicação de todos os arquivos de

---

29 802-11a_functional.tcl e 802-11b_functional.tcl.

simulação utilizados; a análise da perda de pacotes nos padrões 802.11a/b; a utilização do *old* trace para análise da simulação; uma proposta de atividade de simulação, que envolve todos os conceitos apresentados no capítulo.

6. REDES SEM FIO MÓVEIS

Neste capítulo é descrito como utilizar a mobilidade no *NS-2*. Nesse contexto, são abordados o conceito de mobilidade dos nós em um ambiente sem fio e padrões de movimentação. Por conseguinte, dando continuidade ao capítulo anterior, o leitor é guiado a desenvolver uma simulação com três nós móveis baseada na Figura 6.1.

Figura 6.1 – Ambiente Wireless Ad-Hoc Móvel com três nós móveis, área 1000m(x) × 1000m(y). Nesse ambiente há duas conexões em andamento (ex.: linhas tracejadas em vermelho): N0 ⇒N2 e N2⇒ N1. Além disso, as linhas tracejadas em azul significam o sentido de movimentação dos nós.

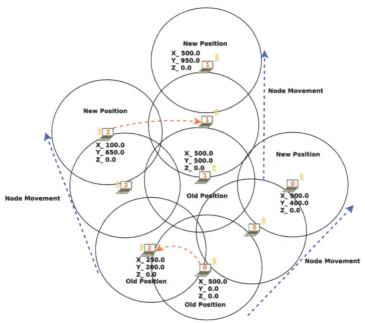

Fonte: Elaborada pelo autor.

6.1 Mobilidade em Redes Wireless

Um fator importante na simulação é a mobilidade dos nós. As redes *Wireless* podem ser móveis, isto é, os nós nessas redes podem se movimentar enquanto ocorre a comunicação. Muitas redes sem fio são móveis, por exemplo, *drones*, sensores em animais, veículos, pessoas com dispositivos de comunicação em trânsito etc. Assim, as redes *Wireless* passam a ser denominadas *Mobile Ad-Hoc Networks (MANETs)*.

Há na literatura diversos modelos de mobilidade propostos, por exemplo, em [5] é apresentado um modelo genérico de mobilidade para gerar cenários realísticos utilizando os modelos de mobilidade *Random Waypoint* e *Random Walk*. Além destes, há também modelos de movimentação militar (ex.: *Mixed Waypoint*) [29]. Dentre as diversas possibilidades de modelos de mobilidade, destaca-se o *Random Waypoint*. Nesse modelo os nós móveis escolhem um destino uniformemente em uma área retangular de forma aleatória e se movem até ele. O caminho de transição até o destino é direto, ao alcançar esse destino o nó faz uma pausa por um tempo aleatório, após esta pausa ele escolhe uma nova direção para outro destino, recomeçando todo o processo. Este padrão de movimentação consiste na base da maioria das avaliações de *MANETs* [40].

Para construir o movimento dos nós no *NS-2* utiliza-se o aplicativo *setdest*. O *setdest* acompanha o *NS-2* e está disponível no seguinte diretório: *~/ns-allinone-2.34/ns-2.34/indep-utils/cmu-scen-gen/setdest/*. O aplicativo em questão tem como função produzir a mobilidade dos nós no ambiente de simulação e possui como *default* o modelo de mobilidade *Random Waypoint*. Assim, para gerar o *script* contido nos Códigos 6.1, 6.2 e 6.3, utiliza-se do seguinte comando no terminal: *./setdest -v <1> -n <nodes> -p <pause time> -M <max speed> -t <simulation time> -x <max X> -y <max Y>*, em que *-v* indica a versão do *setdest* (ex.: neste caso é a versão 1), -*n* é a quantidade de nós, -*p* o tempo de pausa de cada nó, -*M* a velocidade máxima dos nós que é dada em $\frac{m}{s}$ (metros por segundo), -*t* o tempo de simulação, –*x* a coordenada máxima de *x* e -*y* a coordenada máxima de *y*. Por exemplo, um comando válido seria: ./setdest -v1 -n 3 -p 3 -M 20.0 -t 50 -x 1000 -y 1000. O Código 6.1 apresenta a primeira parte do *script* de mobilidade gerado com o *setdest* para três nós.

Código 6.1 – Modelo de Mobilidade Gerado pelo setdest (PARTE 1), Movimentação e Posição dos Nós.

1. #nodes: 3, speed type: 1, min speed: 5.00, max speed: 20.00
2. #avg speed: 10.19, pause type: 1, pause: 3.00, max x: 1000.00,
3. #max y: 1000.00
4. $node_(0) set X_ 300.000000000000
5. $node_(0) set Y_ 50.000000000000
6. $node_(0) set Z_ 0.000000000000
7. $node_(1) set X_ 900.000000000000
8. $node_(1) set Y_ 900.000000000000
9. $node_(1) set Z_ 0.000000000000
10. $node_(2) set X_ 500.000000000000
11. $node_(2) set Y_ 500.000000000000
12. $node_(2) set Z_ 0.000000000000

A explicação do Código 6.1 (Parte 1) é como segue:

- **#nodes: 3, speed type: 1, min speed: 5.00, max speed: 20.00 2 #avg speed: 10.19, pause type: 1, pause: 3.00, max x: 1000.00 (linhas 1, 2 e 3)**: essas linhas significam respectivamente, o número de nós, o tipo de velocidade (1), a velocidade mínima do nó (5 m/s), a velocidade máxima do nó (20 m/s), a velocidade média do nó (10.19 m/s), o tipo de pausa (1), o tempo de pausa do nó (3s), o valor de x na área de simulação (1000 m) e o valor de y na área de simulação;

- **$node_(0) set X_ 300.000000000000, $node_(0) set Y_ 50.000000000000 e $node_(0) set Z_ 0.000000000000 ... (linhas de 4 a 12)**: essas linhas apresentam a posição inicial dos nós na área de simulação (ex.: 1000$m(x)$ × 1000$m(y)$).

Código 6.2 – Modelo de Mobilidade Gerado pelo setdest (PARTE 2), Movimentação e Velocidade.

1. $ns_ at 0.000000000000 "$node_(0) setdest 132.493959869897 \

2. 232.432901474192   7.877060257231"

3. $ns_ at 0.000000000000 "$node_(1) setdest 37.490348051766 \

4. 960.543227100976   10.314614129122"

5. $ns_ at 0.000000000000 "$node_(2) setdest 633.549928613563 \

6. 603.605263994517   9.293105009237"

7. $god_ set-dist 0 1 16777215

8. $god_ set-dist 0 2 1

9. $god_ set-dist 1 2 16777215

10. $ns_ at 14.644108582841 "$node_(0) setdest 132.493959869897 \

11. 232.432901474192   0.000000000000"

12. $ns_ at 17.644108582841 "$node_(0) setdest 940.793540255413 \

13. 438.049090121456   10.701127853439"

A explicação da segunda parte do *script* de simulação, Código 6.2, é como segue:

- **$ns_ at 0.000000000000 "$node_(0) set-dest 132.493959869897 232.432901474192 . . . 9.293105009237"(linhas de 1 a 6)**: essas linhas representam três linhas, com o mesmo significado. Portanto, é explicada apenas a primeira delas (linhas 1 e 2), isso significa que no tempo 0.0s o nó '0' irá para a posição (x)132.493959869897 e (y)232.432901474192 a uma velocidade de 7.877060257231m/s;

- **$god_ set-dist '0' '1' '16777215' (linha 7)**: essa linha apresenta o *General Operations Director (GOD)* registrando que entre os nós 0 e 1 não há rotas disponíveis (ex.: o valor 16777215 significa destino inalcançável);

- **$god_ set-dist '0' '2' '1' (linha 8)**: essa linha apresenta o *General Operations Director (GOD)* registrando a distância entre os nós '0' e '2', um salto '1';

- **$god_ set-dist '1' '2' '16777215' (linha 9)**: essa linha apresenta o *General Operations Director (GOD)* registrando que entre os nós 1 e 2 não há rotas disponíveis (ex.: o valor 16777215 significa destino inalcançável);

- **. . . $ns_ at 17.644108582841 "$node_ (0) setdest 940.793540255413 438.04909012145610.701127853439"(linhas de 10 a 13)**: essas linhas representam duas linhas, com o mesmo significado. Portanto, é explicada apenas a última delas (linhas 12 e 13), isso significa que no tempo 17.644108582841s o nó '0' irá para a posição (x)940.793540255413 e (y)438.049090121456 a uma velocidade de 10.701127853439 m/s.

Código 6.3 – Modelo de Mobilidade Gerado pelo setdest (PARTE 3), Mudança de Rotas, Enlaces e Destinos Inalcançáveis.

1. $ns_ at 40.228578482824 "$god_ set-dist 0 1 2"
2. $ns_ at 40.228578482824 "$god_ set-dist 1 2 1"
3. # Destination Unreachables: 2
4. # Route Changes: 2
5. # Link Changes: 1
6. #   Node | Route Changes | Link Changes
7. #   0 | 1 | 0
8. #   1 | 2 | 1
9. #   2 | 1 | 1

A explicação da terceira parte do *script* de simulação, Código 6.3, é como segue:

- **$ns_ at 40.228578482824 "$god_ set-dist 1 2 1"(linhas 1 e 2)**: essas linhas têm o mesmo significado, portanto, é explicada apenas a linha 2. Isso, significa que no tempo 40.228578482824*s* o objeto *GOD* registra a distância entre os nós '1' e '2', um salto '1';
- **# Destination Unreachables: 2 (linha 3)**: essa linha mostra quantos destinos inalcançáveis existem no cenário '2';
- **# Route Changes: 2 (linha 4)**: essa linha apresenta quantas vezes as rotas mudaram no cenário;
- **# Link Changes: 2 (linha 5)**: essa linha apresenta quantas vezes os enlaces mudaram no cenário;

- **# Node | Route Changes | Link Changes ... (linhas de 6 a 9)**: essas linhas mostram quantas vezes os enlaces e as rotas mudaram, no cenário, para cada nó.

Para testar o cenário móvel proposto nesse capítulo foi desenvolvida uma simulação com as seguintes características:

1. Protocolo de roteamento a ser usado: *AODV*;

2. Tráfego *CBR*, Código 6.4;

3. Taxa de transmissão de *64Kb*;

4. Tamanho de Pacote *512B*;

5. Fontes/Destinos de tráfego 2/2 (ex.: foi usado o Código 3.4, previamente descrito no Capítulo 3 e Subseção 3.2.1, para gerar o tráfego);

6. Tempo de simulação 50*s*;

7. Início de tráfego em 7*s*;

8. Padrão *IEEE 802.11a*.

Código 6.4 – Tráfego para Simulação de Cenário Móvel com Duas Fontes de Tráfego CBR.

1. # nodes: 10, max conn: 2, send rate: 0.015625, seed: 0.75

2. # 0 connecting to 2 at time 7.0322529910748139

3. set udp_(0) [new Agent/UDP]

4. $ns_ attach-agent $node_(0) $udp_(0)

5. set null_(0) [new Agent/Null]

6. $ns_ attach-agent $node_(2) $null_(0)

7. set cbr_(0) [new Application/Traffic/CBR]

8. $cbr_(0) set packetSize_ 512

9. $cbr_(0) set rate_ 64.0kb

10. $cbr_(0) attach-agent $udp_(0)

11. $ns_ connect $udp_(0) $null_(0)

12. $ns_ at 7.0322529910748139 "$cbr_(0) start"

13. # 2 connecting to 1 at time 7.0561181971133307

14. set udp_(1) [new Agent/UDP]

15. $ns_ attach-agent $node_(2) $udp_(1)

16. set null_(1) [new Agent/Null]

17. $ns_ attach-agent $node_(1) $null_(1)

18. set cbr_(1) [new Application/Traffic/CBR]

19. $cbr_(1) set packetSize_ 512

20. $cbr_(1) set rate_ 64.0kb

21. $cbr_(1) attach-agent $udp_(1)

22. $ns_ connect $udp_(1) $null_(1)

23. $ns\_$ at 7.0561181971133307 "$cbr\_(1)$ start"

24. #Total sources/connections: 2/2

Com essas características foi construída uma topologia *DCF*, Figura 6.1. Além disso, são realizadas duas transmissões do tipo *CBR* de 64 *kbps* entre os nós $N0 \Rightarrow N2$ e $N2 \Rightarrow N1$, conforme mostram as figuras 6.2 e 6.3.

Figura 6.2 – Dois fluxos de tráfego CBR em andamento. Nós: N0⇒N2 e N2⇒N1. Código 6.4.

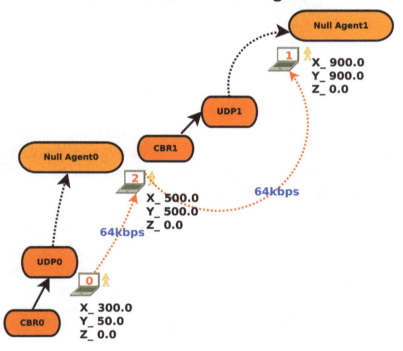

Fonte: Elaborada pelo autor.

Figura 6.3 – Animação de simulação com três nós móveis, 50s de duração e duas fontes de tráfego CBR.

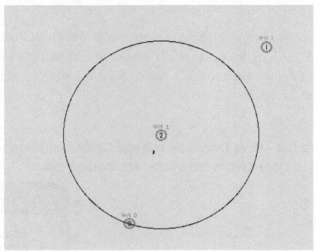

Fonte: Elaborada pelo autor.

A Figura 6.3 mostra o *print screen (NAM)* de uma simulação com o protocolo *AODV*, realizada com os *scripts* de simulação descritos no Capítulo 5 e com os códigos de mobilidade e tráfego apresentados previamente nesse capítulo (ex.: Códigos 6.1, 6.2, 6.3 e 6.4). As principais diferenças desta simulação com a do Capítulo 5 consistem no tráfego (ex.: traffic_2_sources.tcl), apenas duas fontes; no tempo de simulação, que aqui é de 50s; na quantidade de nós, apenas três; e na mobilidade, este cenário é móvel e usa o arquivo mobility.tcl (todos os códigos estão disponíveis no *GitHub*: https://github.com/dioxfile/NS-2_Scripts/tree/master/Chapter_6_Set_Wireless_MANET).

Em um cenário móvel pode ocorrer diversos eventos, principalmente a perda de pacotes, em função da mobilidade dos nós. Todavia, conforme descrito no trabalho de Grossglauser e Tse [20], em alguns casos, quando os nós são móveis, em situações nas quais as aplicações não são muito sensíveis ao atraso, a mobilidade pode melhorar métricas como a vazão, entre um nó fonte e um nó destino, se comparada à ambientes sem movimentação, isso acontece devido ao fato da mobilidade prover muitos nós retransmissores o que aumenta a probabilidade dos pacotes retransmitidos alcançarem o destino.

A vazão da rede está intrinsecamente relacionada à perda de pacotes, pois em ambientes com muitas perdas a vazão tende a diminuir. Nesse contexto, os protocolos de roteamento são os principais protagonistas no que se refere ao desempenho da rede. Há muitas métricas que avaliam o desempenho do protocolo de roteamento, por exemplo, a taxa de entrega de pacotes, a quantidade de pacotes encaminhados, o consumo de energia, a vazão, o atraso etc. O Capítulo 8 é dedicado às métricas de desempenho de redes e abordará este assunto em mais detalhes. A Figura 6.4 apresenta que nesta simulação não ocorreram perdas de pacotes. Por exemplo, como mostra a Figura 6.4, é possível observar que ao procurar pacotes perdidos com o editor de textos *Geany*, por meio de *Expressões Regulares* (ex.: Use regular Experssions), nenhum evento de descarte iniciado com o *flag* '^D' foi encontrado (ex.: No matches found for "^D").

Figura 6.4 – Análise da perda de pacotes utilizando o editor de textos Geany. Busca de eventos de perdas (D) Através de Expressões Regulares (^D).

```
2487   s 16.760252991 _0_ AGT  --- 304 cbr 512 [0 0 0 0] [energy 10€
2488   r 16.760252991 _0_ RTR  --- 304 cbr 512 [0 0 0 0] [energy 10€
2489   s 16.760252991 _0_ RTR  --- 304 cbr 532 [0 0 0 0] [energy 10€
2490   s 16.760277991 _0_ MAC  --- 304 cbr 560 [36 2 0 0] [energy 1€
2491   r 16.761050635 _2_ MAC  --- 304 cbr 532 [36 2 0 0] [energy 1€
2492   s 16.761060635 _2_ MAC  --- 0 ACK 14 [0 0 0 0] [energy 100.0€
2493   s 16.761060635 _2_ MAC  --- 0 ACK 14 [0 0 0 0] [energy 100.0€
2494   r 16.761075635 _2_ AGT  --- 304 cbr 532 [36 2 0 0] [energy 1€
2495   r 16.761105280 _0_ MAC  --- 0 ACK 14 [0 0 0 0] [energy 100.0€
2496   s 16.784118197 _2_ AGT  --- 305 cbr 512 [0 0 0 0] [energy 10€
2497   r 16.784118197 _2_ RTR  --- 305 cbr 512 [0 0 0 0] [energy 10€
```

Find

Search for: `^D`

- ☑ Use regular expressions   ☐ Case sensitive
- ☐ Use multi-line matching   ☐ Match only a whole word
- ☐ Use escape sequences   ☐ Match from start of word

▼ Find All
☑ Close dialog | Mark | In Session | In Document |
                  | Close | Previous | Next |

```
No matches found for "^D".
```

Messages

No matches found for "^D".

Fonte: Elaborada pelo autor.

6.2 Gerando Arquivos de Mobilidade com Nenhum ou Poucos Destinos Inalcançáveis

Há situações em que é necessário criar cenários de simulações com poucos ou nenhum destino inalcançável, principalmente em ambientes com muitos nós, por exemplo, cinquenta nós ou mais. Diante do exposto, é proposto um *script*, auto_mobility.sh (Códigos 6.5 e 6.6), que permite ao usuário do *NS-2* gerar cenários de mobilidade com o menor número possível de destinos inalcançáveis. Por exemplo, ao usar o *setdest* para gerar a mobilidade dos nós, os destinos inalcançáveis são marcados com o seguinte código 16777215. Portanto, o *script* proposto ajuda a diminuir e até a eliminar, dependendo da quantidade dos nós, esse problema.

Código 6.5 – Script de Geração de Mobilidade de Nós Sem Fio com Poucos Destinos Inalcançáveis (auto_mobility.sh) (PARTE 1).

1. `#!/bin/dash`
2. `NN="$1" SP_m="$2" SP_M="$3" SI_T="$4" P_T="$5" X_="$6" Y_="$7" MR_U="$8"`
3. `if [ -z "$NN" ]; then`
4. `echo "USAGE: <N- NODES> <MIN_Speed> <MAX_Speed> <TIME> <PAUSE> <X> <Y> <MIN U_Routes>"`
5. `exit 1`
6. `fi`
7. `if [ -z "$SP_m" ]; the`
8. `echo "USAGE: <N- NODES> <MIN_Speed> <MAX_Speed> <TIME> <PAUSE> <X> <Y> <MIN U_Routes>"`
9. `exit 1`
10. `fi`
11. `if [ -z "$SP_M" ]; then`
12. `echo "USAGE: <N- NODES> <MIN_Speed> <MAX_Speed> <TIME> <PAUSE> <X> <Y> <MIN U_Routes>"`
13. `exit 1`
14. `fi`
15. `if [ -z "$SI_T" ]; then`

16. echo "USAGE: <N- NODES> <MIN_Speed> <MAX_Speed> <TIME> <PAUSE> <X> <Y> <MIN U_Routes>"

17. exit 1

18. fi

19. if [-z "$P_T"]; then

20. echo "USAGE: <N- NODES> <MIN_Speed> <MAX_Speed> <TIME> <PAUSE> <X> <Y> <MIN U_Routes>"

21. exit 1

22. fi

23. if [-z "$X_"]; then

24. echo "USAGE: <N- NODES> <MIN_Speed> <MAX_Speed> <TIME> <PAUSE> <X> <Y> <MIN U_Routes>"

25. exit 1

26. fi

27. if [-z "$Y_"]; then

28. echo "USAGE: <N- NODES> <MIN_Speed> <MAX_Speed> <TIME> <PAUSE> <X> <Y> <MIN U_Routes>"

29. exit 1

30. fi

31. if [-z "$Y_"]; then

32. echo "USAGE: <N- NODES> <MIN_Speed> <MAX_Speed> <TIME> <PAUSE> <X> <Y> <MIN U_Routes>"

33. exit 1

34. fi

35. if [-z "$MR_U"]; then

36. echo "USAGE: <N- NODES> <MIN_Speed> <MAX_Speed> <TIME> <PAUSE> <X> <Y> <MIN U_Routes>"

37. exit 1

38. fi

A explicação do Código 6.5, *script*, é como segue:

1. **#!/bin/dash (linha 1)**: essa linha indica que este código é um *Shell Script*;

2. **NN="$1"SP_m="$2"... fi (linhas de 2 a 38)**: nessas linhas são definidas as variáveis de entrada, por exemplo, número de nós, velocidades mínima e máxima, tempos de simulação e pausa, área de simulação e a quantidade mínima de destinos inalcançáveis. Além disso, também são tratados erros de passagens de parâmetros, ou seja, na falta de algum parâmetro a seguinte mensagem será exibida "USAGE: <Nº NODES><MIN_Speed><MAX_Speed><TIME> <PAUSE> <X> <Y> <MIN U_Routes>".

Código 6.6 – Script de Geração de Mobilidade de Nós Sem Fio com Poucos Destinos Inalcançáveis (auto_mobility.sh) (PARTE 2).

1. export n=$MR_U

2. while [$n -ge $MR_U]

3. do

4. ./setdest -v2 -n$NN -m$SP_m -M$SP_M -t$SI_T -p$P_T -x$X_ -y$Y_ > mobility.tcl

5. export sort=$(cat mobility.tcl | egrep "# Destination " | awk -F" " '{{print

```
$4}}')
```

6. n='expr $sort + 0'

7. echo $n

8. done

A explicação do Código 6.6 é como segue:

1. **export n=$MR_U (linha 1)**: a variável de ambiente 'n' recebe a variável '$MR_U'. 'n' é a quantidade de destinos inalcançáveis que se quer mais um. Por exemplo, se em um arquivo de mobilidade o pesquisador quiser gerar menos de 200 destinos inalcançáveis o valor de n deverá ser 200, isto é, '$MR_U' que é passada como o último parâmetro do *script* será 200;

2. **while [$n -ge $MR_U] (linha 2)**: compara a variável 'n' ao valor passado por parâmetro à variável $MR_U, isto significa, que enquanto ela for maior ou igual a um determinado valor o *loop while* continuará a executar;

3. **do (linha 3)**: inicia o *loop while*;

4. **./setdest -v2 -n$NN -m$SP_m -M$SP_M -t$SI_T -p$P_T -x$X_ -y$Y_ > mobility.tcl (linha 4)**: executa a ferramenta setdest na versão 2 (ie., mais recente) e armazena o resultado no arquivo *mobility.tcl*;

5. **export sort=$(cat mobility.tcl | egrep "# Destination awk -F '{{print $4}}')** (linhas 5 e 6): cria uma variável de ambiente com o resultado dos comandos *cat, egrep* e *awk*, e exporta ela para ser compartilhada;

   » **cat**: concatena o conteúdo de *mobility.tcl* na entrada do comando *egrep*;

» **egrep**: procura na saída de *cat* o padrão *# Destination* e joga o resultado para o comando *awk*;

» **awk**: pega a saída de *egrep* e imprime a quarta coluna $4.

6. **n='expr $sort + 0' (linha 7)**: cria uma expressão matemática para armazenar o resultado de *$sort* em '*n*';

7. **echo $n (linha 8)**: imprime o conteúdo de *$n* na tela;

8. **done (linha 9)**: termina o *loop*.

A Figura 6.5 apresenta duas execuções do programa auto_mobility.sh com dois resultados que são: 29 destinos inalcançáveis; e 0 destinos inalcançáveis. Além disso, também é apresentado parte do arquivo mobility.tcl que mostra a quantidade de enlaces/rotas mudadas e destinos inalcançáveis zero (0).

Figura 6.5 – Execução do programa auto_mobility.sh com os seguintes parâmetros: 30 5.0 15.0 80 2.0 500 800 80.

Fonte: Elaborada pelo autor.

6.3 Atividade Sugerida

Exercício 6. Execute uma simulação usando os arquivos disponíveis em: https://github.com/dioxfile/NS-2_Scripts/tree/master/Chapter_6_Set_Wireless_MANET. As características da simulação sugerida devem ser as seguintes:

- Tráfego CBR com taxa de transmissão de 256 Kb;
- Tamanho do pacote 256B (ex.: é necessário alterar o tamanho do pacote no arquivo cbrgen.tcl);
- Tempo de simulação 100s;
- Quantidade de nós, 30;
- Protocolo de roteamento a ser usado: DSR;
- Fontes de tráfego, 5. Use o Código 3.4 para gerar o tráfego;
- Use os Códigos 6.5 e 6.6 para gerar a mobilidade com menos de 100 destinos inalcançáveis;
- Faça duas simulações uma com o padrão 802.11a e outra com o padrão 802.11b;
- Quando a simulação acabar use um editor de textos de sua preferência para achar todas as ocorrências de pacotes perdidos, por exemplo: eventos que inicie com D. Compare a perda de pacotes nos dois padrões, *802.11a/802.11b*;
- Compare a quantidade de pacotes perdidos encontrados na Figura 5.9 com os do resultado desta tarefa, tanto no padrão *802.11a* quanto no padrão *802.11b*;
- Códigos necessários para realizar o experimento:

  1. IEEE802-11.tcl;
  2. Traffic.tcl, deve ser gerado um arquivo novo com cinco fontes de tráfego;

3. Mobility.tcl, deve ser gerado um arquivo novo com menos de cem destinos inalcançáveis;

4. Olsr-extension.tcl. Comente a linha na qual o *OLSR* é chamado se não for usar. Ex: #source "olsr-extension.tcl";

5. Auto_mobility.sh;

6. 802-11a_functional.tcl;

7. 802-11b_functional.tcl.

> Aproveite os conhecimentos prévios para realizar tal tarefa e não esqueça de fazer as configurações necessárias no arquivo IEEE802-11.tcl.

6.4 Considerações Finais do Capítulo

Neste capítulo foram tratados os seguintes assuntos: o conceito e configuração de uma simulação com redes sem fio móveis; a análise de uma simulação com o protocolo *AODV*; a ferramenta *setdest* para gerar a mobilidade dos nós. Além disso, foi apresentado um *script* que permite criar a mobilidade dos nós com o mínimo de destinos inalcançáveis. Por conseguinte, para fixar os conhecimentos adquiridos com o capítulo, foi proposta uma atividade de simulação que possibilita ao leitor deste livro aplicar todos os conhecimentos aprendidos no capítulo.

PARTE 4: PROTOCOLOS DE ROTEAMENTO PARA REDES MÓVEIS AD-HOC (MANETS) E MÉTRICAS DE DESEMPENHO

7. PROTOCOLOS DE ROTEAMENTO MANETS

Neste capítulo é feita uma breve descrição dos protocolos *AODV*, *DSR*, *DSDV* e *OLSR*. Além disso, são realizadas simulações, com cada um dos protocolos, utilizando o cenário da Figura 7.1 como base. Assim, dando continuidade ao capítulo anterior, todos os *scripts* usados previamente serão usados aqui. Todavia, os parâmetros de simulação são alterados de modo a gerar novos resultados.

Figura 7.1 – Cenário com 50 nós móveis, 2 fontes de tráfego, área 1000m (x) 1000m (y) e padrão de mobilidade Random waypoint. Nesse ambiente há duas conexões em andamento (ex.: Linhas tracejadas em vermelho): N35⇒N3 e N49⇒ N16. Além disso, as linhas tracejadas em azul significam o sentido de movimentação dos nós.

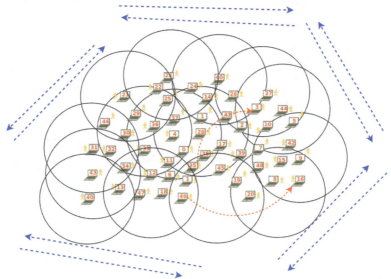

Fonte: Elaborada pelo autor.

Nas redes móveis *Ad-Hoc, ou MANETs*, ao contrário das redes cabeadas, os nós são móveis e atuam, ao mesmo tempo, como *hosts* e roteadores [3]. Devido à movimentação dos nós a topologia pode mudar todo o tempo e de forma imprevisível, o que afeta o desempenho da rede. Nessas circunstâncias, realizar o roteamento se torna um desafio [3]. Em função disso, diversos protocolos de roteamento têm sido propostos para as MANETs e a maioria deles possuem os mesmos objetivos, como: maximizar a vazão, diminuir a perda de pacotes, reduzir o *overhead* de mensagens e economizar energia. Segundo Boukerche *et al.* [6], os protocolos de roteamento para *MANETs* podem ser classificados em:

- Reativos (*on-demand*);
- Proativos (*Pro-active*);
- Híbridos (*Hybrid*);
- Baseados na Localização (*Location-aware*);
- Multicaminhos (*Multipath*);
- Hierárquicos (*Hierarchical*);
- Multidifusão (*Multicast*);
- Geográficos (*Geographical*); e
- Baseados na energia (*Power-aware*).

Dentre as classificações supracitadas, destacam-se os protocolos reativos, proativos e híbridos. A Figura 7.2 mostra alguns dos principais protocolos quanto as suas classificações como reativos, proativos e híbridos.

Figura 7.2 – Classificação dos protocolos de roteamento MANETS em reativos, proativos e híbridos.

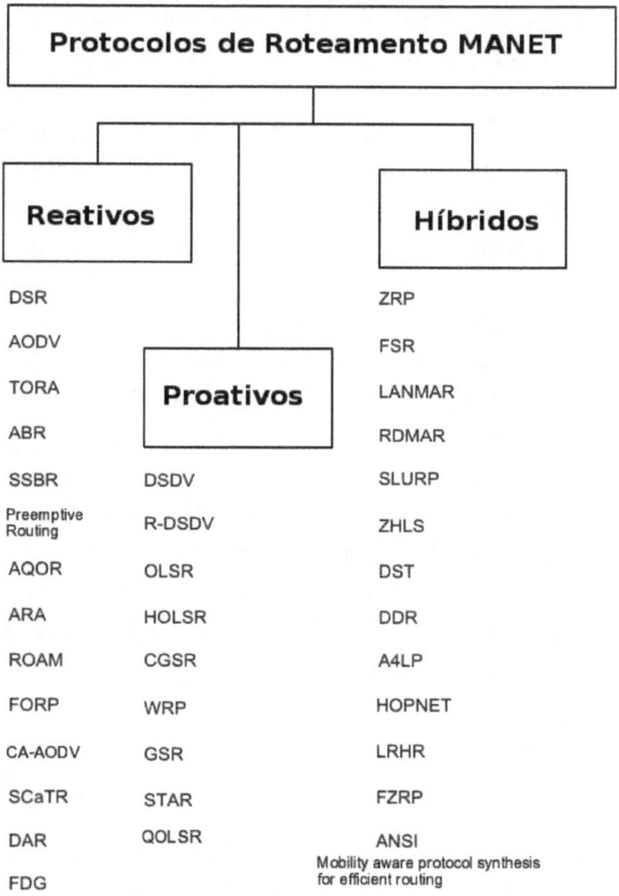

Protocolos de Roteamento MANET

Reativos

DSR	
AODV	
TORA	
ABR	
SSBR	
Preemptive Routing	
AQOR	
ARA	
ROAM	
FORP	
CA-AODV	
SCaTR	
DAR	
FDG	

Proativos

DSDV
R-DSDV
OLSR
HOLSR
CGSR
WRP
GSR
STAR
QOLSR

Híbridos

ZRP
FSR
LANMAR
RDMAR
SLURP
ZHLS
DST
DDR
A4LP
HOPNET
LRHR
FZRP
ANSI
Mobility aware protocol synthesis for efficient routing

Fonte: Baseado em [6].

Os protocolos reativos calculam uma rota para um destino apenas quando são solicitados. São exemplos de protocolos reativos o Ad-hoc On-Demand Distance Vector (AODV) [42] e o Dynamic Source Routing (DSR) [23]. Os protocolos reativos, em geral, têm baixo custo computacional, usam pouca memória e geram pouco *overhead*. Sua principal desvantagem consiste no aumento do atraso devido à sua natureza reativa [31]. De forma análoga, os protocolos proativos mantêm as rotas atualizadas todo o tempo, para isso enviam mensagens de controle em intervalos de tempo de modo a manter o conhecimento sobre a topologia da rede atualizado. São exemplos de protocolos proativos o *Destination-Sequenced Distance Vector* (DSDV) [43] e o *Optimized Link State Routing* (OLSR) [11]. A principal vantagem dos protocolos proativos consiste no fato de sempre possuírem rotas atualizadas, o que reduz o tempo de resposta no envio dos pacotes. Entretanto, possuem maior custo computacional, geram mais *overhead* e são inadequados para uso em redes altamente dinâmicas [6]. Os protocolos híbridos possuem tanto as características reativas quanto as proativas. Em geral, as características proativas são utilizadas em situações em que as conexões sofrem poucas mudanças. No outro extremo, em áreas com alta mobilidade, aplicam-se as características reativas. Nesse contexto, devido à combinação das duas características, a rede pode alcançar um alto desempenho [6]. Um exemplo de protocolo híbrido consiste no *Zone Routing Protocol* (ZRP) [21].

7.1 Ad hoc On-Demand Distance Vector (AODV)

O protocolo *AODV* foi desenvolvido por Perkins *et al.* *(RFC 3561)* [42] como uma melhora do protocolo *Destination-Sequenced Distance Vector (DSDV)* [43]. O objetivo do *AODV* consiste em reduzir o número de mensagens de controle enviadas através da rede. Para que isso seja possível, as rotas são descobertas, sob demanda, toda vez que algum nó quer enviar pacotes para um destino e apenas rotas ativas são mantidas. A principal vantagem do *AODV* consiste no fato dele não criar tráfego extra. Além disso, o algoritmo usado para encontrar as rotas é o vetor de distância[30], que consome pouca memória e tem baixo custo computacional [31]. O princípio de funcionamento do *AODV* é baseado em um mecanismo simples de solicitação/resposta por meio do uso de mensagens *Route Request (RREQ)* e *Route Reply (RREP)*. Além disso, ele utiliza mensagens *HELLO*, que são usadas para divulgar informações sobre a conectividade e sinalizar enlaces quebrados em rotas ativas. As informações das rotas possuem tempo de validade, que é associado com os números de sequência das mensagens, isso permite ao *AODV* detectar rotas fora do prazo de validade. Por exemplo, caso um nó A queira descobrir uma rota para um nó I, ele difundirá uma mensagem *RREQ* na rede. Os nós que recebem essa mensagem a processarão da seguinte forma:

- A rota na direção do salto de quem a mensagem *RREQ* foi recebida é criada ou atualizada;

- A *ID* da mensagem *RREQ* e o endereço de quem gerou a mensagem são checados com o objetivo de verificar se a mesma já foi recebida. Em caso positivo a mensagem *RREQ* é descartada;

- Um contador de saltos é incrementado;

- Caso o receptor da mensagem seja o destino solicitado (nó *I*), então uma mensagem *RREP* é enviada de volta ao nó gerador da mensagem através da rota reversa. Nesse processo, as tabelas de roteamento dos nós intermediários que fazem parte da rota encontrada são atualizadas;

---

30 Nos algoritmos de vetor de distância cada roteador mantém uma tabela (ou vetor) que fornece a melhor distância conhecida até cada destino. As tabelas são atualizadas por meio da troca de mensagens entre os roteadores da rede. São exemplos de algoritmos de vetor de distância o Algoritmo Bellman-Ford (1957) e o algoritmo Ford-Fulkerson (1962) [3].

1. De outra forma, se o receptor não for o nó *I*, mas esse receptor tem um caminho válido para ele, uma mensagem *RREP* é enviada para o nó *A*;

2. Caso uma mensagem *RREP* não seja recebida pelo nó *A*, a mensagem *RREQ* é atualizada e reenviada à rede, entretanto, isso só acontece se o *TTL* da mensagem for maior que 1.

A Figura 7.3 descreve a situação acima em que o nó A difunde uma mensagem *RREQ* (Figura 7.3 (a)). As setas pontilhadas (ex.: azul) representam as rotas reversas que os receptores da mensagem *RREQ* (nós sombreados) criam em direção ao A (Figura 7.3 (b)(c)). As setas solidas (ex.: vermelho) mostram a rota reversa por onde o nó I retornará a mensagem *RREP* ao nó A (Figura 7.3 (d)).

Figura 7.3 – Processo de descoberta de rotas no AODV.

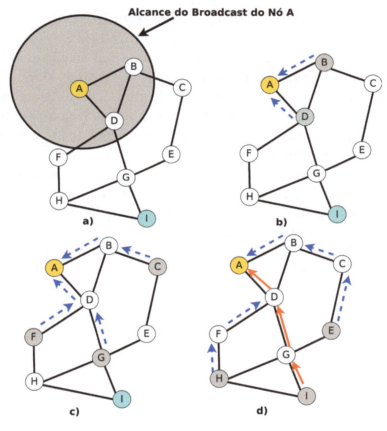

Fonte: Baseado em [3].

7.2 Dynamic Source Routing (DSR)

Proposto por Jhonson *et al.* [23], o *DSR* é um dos protocolos de roteamento *MANET* mais conhecidos [6]. Por ser reativo, o *DSR* possui duas fases de funcionamento: a descoberta de rotas e a manutenção de rotas. O processo de descoberta de rotas contém as mensagens *RREQ* e *RREP* como no *AODV*. Dessa forma, quando um nó quer enviar um pacote, ele primeiro difunde uma mensagem *RREQ* para seus vizinhos. Cada nó que recebe a mensagem *RREQ* adiciona sua *ID* a ela e a reenvia. Em algum momento a mensagem alcançará o nó destino ou um que contenha uma rota atualizada para o destino. Devido a isso, todos os nós mantêm um *cache* de roteamento e ao receber uma mensagem o *cache* é checado, assim, caso haja uma rota para o destino, uma mensagem *RREP* é retornada ao originador da mensagem *RREQ*. O uso do *cache* reduz o *overhead* gerado para a manutenção da rota. Nesse contexto, o *DSR* assume que a rota obtida é o caminho mais curto para o destino porque ele considera sempre a primeira mensagem que chega. Quando a mensagem *RREQ* alcança o nó destino, um pacote *RREP* é enviado de volta à fonte, que agora pode rotear pacotes de dados até o nó destino.

Figura 7.4 – Processo de descoberta de rotas no DSR.

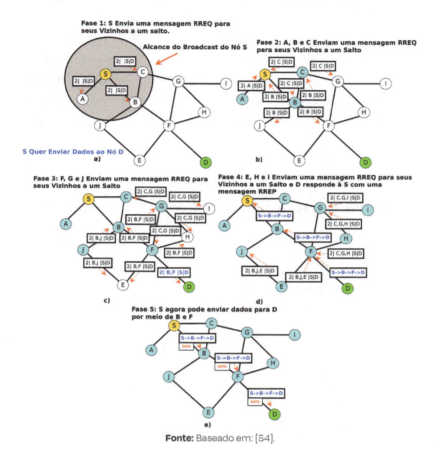

Fonte: Baseado em: [54].

A Figura 7.4 mostra o processo de descoberta de rotas no *DSR*. Por exemplo, o nó **S** quer enviar dados para o nó **D**, então ele envia mensagens *RREQ* para seus vizinhos a um salto (Figura 7.4 (a)). Uma *RREQ* é composta pelos campos id| Emissor(es)|Origem|Destino (ex.: 2| |S|D, Figura 7.4 (a)). Esse processo se repetirá até que o nó destino seja alcançado (Figura 7.4 (a) (b)(c)). A partir disso, o nó **D** responderá ao nó **S** com uma mensagem *RREP*, que contém o caminho até ele (Figura 7.4 (d)).

Dessa forma, o nó **S** poderá enviar dados ao nó **D** uma vez que a rota até ele é conhecida (Figura 7.4 (e)).

Além disso, conforme mostra a Figura 7.5 (a)(b), na fase de manutenção das rotas, caso uma rota se torne indisponível, pacotes de erro (*Route Error (RERR)*) e/ou de confirmação (*acknowledgements*) são usados. Assim, um pacote de erro é enviado à fonte, o cache da fonte é ajustado e se a fonte precisar enviar dados a este destino novamente, uma nova fase de descoberta de rotas é iniciada.

Figura 7.5 – Fase de manutenção de rotas no DSR.

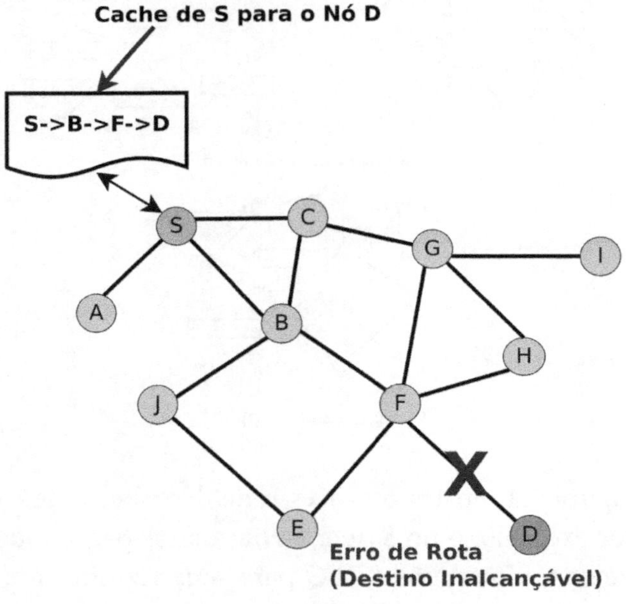

(a) Manutenção de Rotas DSR Fase 1.

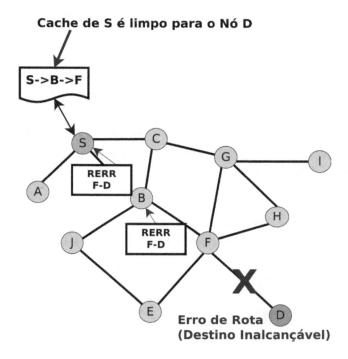

(b) Manutenção de Rotas DSR Fase 2.
Fonte: Baseado em: [54].

7.3 *Destination-Sequenced Distance Vector* (DSDV)

Desenvolvido por Perkins e Bhagwat [43], o DSDV consiste em um protocolo proativo que usa o algoritmo de vetor de distância de Bellman-Ford. Em um algoritmo de vetor de distância todo o nó i mantém, para cada destino x, um conjunto de distância $\{d_{ij}^x\}$, em que j é a faixa de nós vizinhos de i. O nó i se relaciona com o vizinho k como o próximo salto para um pacote destinado a x se $\{d_{ik}^x\}$ for igual ao $min(\{d_{ij}^x\})$. Em função disso, os próximos saltos no caminho até x, são escolhidos de forma a serem o caminho mais curto. Com o intuito de manter as distâncias estimadas atualizadas, cada nó monitora os custos dos enlaces de saída e periodicamente os difunde para cada um de seus vizinhos (Figura 7.6). Isso significa que cada nó cria uma matriz unidimensional vetor de modo a armazenar os custos (ex.: distância) para todos os outros nós da rede. Dessa forma, cada nó na rede conhece o custo do enlace de cada nó vizinho que está diretamente conectado a ele. Por conseguinte, se um enlace cair ou não é alcançável o custo para ele é definido como infinito, Figura 7.6 (a).

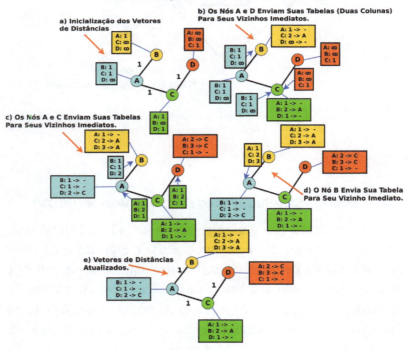

Figura 7.6 – Fase de criação e manutenção de rotas em roteamento por Vetor de Distância.

Fonte: Baseado em: [56].

A Figura 7.6(a) apresenta a inicialização dos vetores. Nesse contexto, destinos desconhecidos recebem distância infinita ∞. A Figura 7.6(b) apresenta os nós A e D enviando seus vetores aos seus vizinhos imediatos, que após isso atualizam suas tabelas de roteamento. A Figura 7.6(c) mostra a mesma ação de envio de vetores, porém, quem envia são os nós C e A, eles enviam seus vetores, respectivamente para os nós A/D e B, seus vizinhos imediatos, que agora atualizam seus vetores. A Figura 7.6(d) também mostra o nó B enviando seu vetor para seu vizinho imediato. E por fim, a Figura 7.6(e) apresenta todas as tabelas de roteamento atualizadas. É importante evidenciar que ao receber um vetor de distância de seu vizinho, o nó receptor confere a distância recebida com a distância armazenada localmente. Por conseguinte, o menor valor é escolhido e, então, a tabela é atualizada. Além disso, em uma rede que utiliza o *DSDV* todo o nó móvel mantém uma tabela de roteamento que contém os possíveis destinos da rede, com as respectivas distâncias em contagem de saltos. Nesse contexto, cada entrada da tabela armazena um número de sequência que está relacionado a algum destino na rede, Figuras 7.7, 7.8 e 7.9. Esses números de sequência são usados para detectar entradas antigas na tabela de modo a evitar *loops*. Por exemplo, em protocolos de vetor de distância convencionais como o *Rounting Information Protocol (RIP)* há o problema de *looping* [17]. Todavia, no *DSDV* esse problema é resolvido com o número de sequência da mensagem.

As atualizações no *DSDV* ocorrem de duas formas: *full dump* e *incremental*. Na atualização *full dump* toda a tabela de roteamento é enviada a rede, o que requer muitas transmissões e alto *overhead*. Já a atualização *incremental* é feita parcialmente, sendo utilizada apenas para transmitir entradas da tabela de roteamento que mudaram após uma atualização por *full dump*. Em rotas estáveis as atualizações são feitas quase sempre de forma *incremental* [6] (Figuras 7.7, 7.8 e 7.9). As atualizações *full dump* são mais frequentes em redes com alta mobilidade. Além disso, para cada atualização transmitida, há um número de sequência diferente que é assinado pelo transmissor da atualização, caso haja números iguais a rota a ser escolhida será a mais curta.

Figura 7.7 –Tabelas de roteamento dos nós A, B e C.

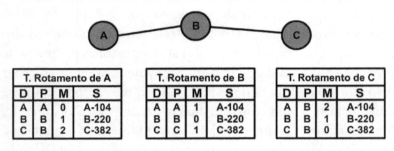

Fonte: [30].

A Figura 7.7 apresenta as tabelas de roteamento dos nós *A*, *B* e *C*. Os campos *D*, *P*, *M* e *S* são, respectivamente, destino, próximo salto, métrica (custo até o destino) e número de sequência.

Figura 7.8 – Atualização do número de sequência da tabela de roteamento do nó B.

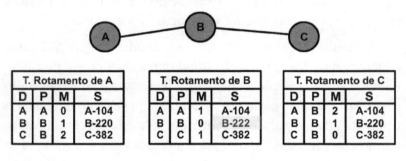

Fonte: [30].

Na Figura 7.8 o nó *B* atualiza o número de sequência da entrada relacionada a si mesmo e envia essa atualização aos seus vizinhos, de forma *incremental*.

Figura 7.9 – Processo de atualização incremental das tabelas de roteamento dos nós A e C.

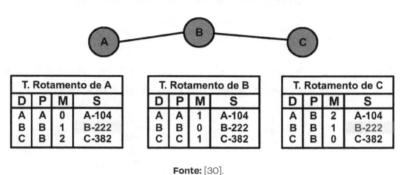

Fonte: [30].

Na Figura 7.9, após receberem de *B* a atualização, *A* e *C* atualizam suas tabelas com relação à mesma entrada.

7.4 Protocolo Optimized Link State Routing (OLSR)

O protocolo *OLSR*, *RFC* 3626 [11] consiste em um protocolo de roteamento projetado para uso em *MANETs* e redes *mesh* [50]. Ao contrário dos protocolos *DSR* e *AODV*, o *OLSR* é proativo, isto é, para obter informação sobre a topologia da rede e realizar a construção das tabelas de rotas o *OLSR* difunde informações sobre o estado dos enlaces em intervalos de tempos regulares através das mensagens *Topology Control (TC)* e *HELLO*.

O objetivo das mensagens *TC* consiste em divulgar informações sobre a topologia da rede a cada cinco segundos (Padrão na RFC 3626) e declarar um conjunto de *enlaces* chamados conjunto de enlaces anunciados, os quais devem incluir no mínimo os enlaces para todos os nós de seu conjunto de seletores de *MultiPoint Relays (MPRs)*, por exemplo, os vizinhos os quais têm selecionado o nó enviador como um *MPR*. Dessa forma, as tabelas de roteamento são construídas com base nas informações divulgadas na mensagem *TC*. Somente os nós *MPRs* retransmitem as mensagens *TC*, Figura 7.10.

Figura 7.10 – Propagação da mensagem TC do nó 3 para os nós do seu conjunto de seletores de MPRs.

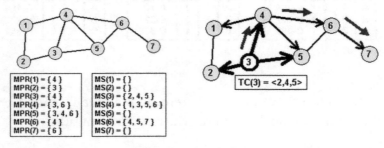

(a) MPRs e Seletores de MPR (MS)   (b) Conjunto de Seletores de MPR do Nó 3

Fonte: [47].

Como pode ser observado na Figura 7.10, o nó 3 gera a mensagem *TC* avisando os nós de seu conjunto de seletores de *MPR* ($MS(3) = \{2,4,5\}$). O nó 4 encaminha as mensagens *TC* do nó 3 se ele pertencer ao seu conjunto de seletores de *MPR* ($MS(4) = \{1,3,5,6\}$). Da mesma forma, o nó 6 encaminha as mensagens *TC* do nó 3, desde que o nó 4 pertença ao seu conjunto de seletores de *MPRs* ($MS(6) = \{4,5,7\}$).

A mesma situação pode ser observada na Figura 7.11, com os nós 4 e 6.

Figura 7.11 – Propagação da mensagem TC dos nós 4 e 6 para os nós de seus conjuntos de seletores de MPRs.

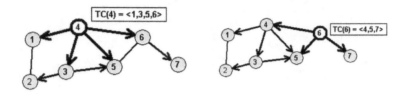

(a) Conjunto de Seletores de MPR (b) Conjunto de Seletores de MPR
                do Nó 4   do Nó 6

Fonte: [47].

Já a mensagem *HELLO* tem como objetivo sinalizar os *MPRs*, divulgar informações sobre o estado dos enlaces e detectar os nós vizinhos. Esta mensagem é difundida na rede a cada 2 segundos (Padrão na RFC 3626). Segundo Takei [47], uma mensagem *HELLO* sempre é difundida para seus vizinhos, mas nunca deve ser retransmitida (encaminhada) por eles. Cada nó usa a mensagem *HELLO* para determinar seu conjunto de *MPRs*. Além disso, cada nó que recebe uma mensagem *HELLO* constrói uma tabela de seletores de *MPRs*. Isto é, essa tabela contém todos os vizinhos que têm selecionado o receptor da *HELLO* como seu *MPR*. Por exemplo, a Figura 7.12 mostra o nó 4 difundindo a mensagem *HELLO* para seu conjunto de vizinhos a um salto.

Figura 7.12 – Difusão da mensagem HELLO.

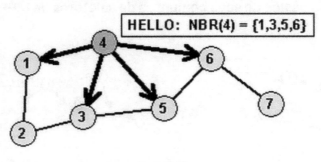

Fonte: [47].

Por conseguinte, usando a lista de vizinhos recebidos na mensagem *HELLO*, os nós podem determinar seus conjuntos de vizinhos a dois saltos e um ótimo, ou próximo de ótimo, conjunto de *MPRs*, Figura 7.13(a).

Figura 7.13 – (a) Nós 1, 3, 5 e 6 enviando ao nó 4 seus vizinhos a um salto e (b) vizinhos a um salto do nó 4 que estão no seu conjunto de nós MPRs.

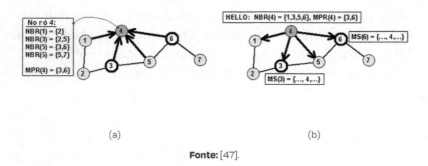

(a)   (b)

Fonte: [47].

Outro fator importante consiste no fato da mensagem *HELLO* indicar os vizinhos que estão no conjunto de *MPRs* dos nós, como mostra a Figura 7.13(b). Dessa forma, se uma mudança ocorre na vizinhança (a um e/ou a dois saltos) o conjunto de nós *MPRs* é recalculado.

A principal vantagem do *OLSR* consiste no uso dos nós *MPR*. Os nós *MPRs* são selecionados por seus vizinhos a um salto de distância para retransmitir mensagens com informações da topologia da rede. O fato do *OLSR* usar *MPRs* reduz a quantidade de mensagens de controle difundidas na rede porque diminui o número de mensagens de controle duplicadas. Esta característica torna o *OLSR* adequado para ser usado em redes com altas densidades de nós [11]. A Figura 7.14, mostra a vantagem do *OLSR* com relação aos outros protocolos proativos.

Figura 7.14 – Flooding OLSR.

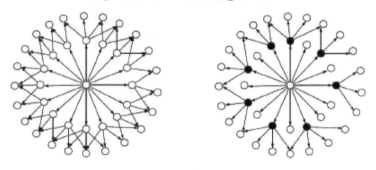

Fonte: [14].

Na Figura 7.14, o grafo com nós pretos usa o *OLSR*. Dessa forma, quando o nó central deseja enviar informações do estado de seus enlaces para seus vizinhos a dois saltos de distância ele usa os nós pretos que são os *MPRs*. O *OLSR* não necessita entregar as mensagens na ordem, porque o número de sequência da mensagem impede que a informação seja recebida fora do tempo de validade. Além disso, o roteamento é realizado salto a salto, isto é, as rotas são construídas baseadas em tabelas de entradas dinâmicas mantidas pelos nós intermediários [47, 55].

Para selecionar um nó *MPR* o *OLSR* executa o seguinte algoritmo:

1. Selecione nós, os quais o *willingness*[31] é *WILL_ALWAYS*, de *N1*[32] como membros de um conjunto de *MPRs*. Então, remova todos os nós vizinhos a dois saltos de *N2*, os quais são cobertos pelos nós selecionados (Figura 7.15);

Figura 7.15 – Algoritmo de seleção de MPRs executado pelo nó 0, passo 1. W(3) → Valor do willingness; NBR → Conjunto de vizinhos a um salto; NBR2 → Conjunto de vizinhos a dois saltos; MS → Conjunto de seletores de MPR; e MPRs → Conjunto de nós MPRs.

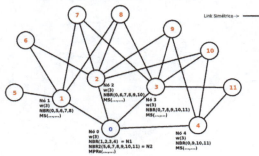

Fonte: Elaborada pelo autor.

---

31 willingness: nível de concordância de um nó em redirecionar pacotes em favor de outros nós na rede. No OLSR o willingness pode ser: WILL_NEVER, WILL_LOW, WILL_DEFAULT, WILL_HIGH ou WILL_ALWAYS.
32 N1 e N2 são os conjuntos de vizinhos a um e a dois saltos do nó X.

2. Para cada nó *y* em *N*1, com *y* = 1,...,*n*, calcule o grau $D(y)$, o qual é definido como o número de vizinhos simétricos a um salto (Figura 7.16);

Figura 7.16 – Algoritmo de seleção de MPRs executado pelo nó 0, passo 2. D → Valor do grau dos vizinhos a um salto.

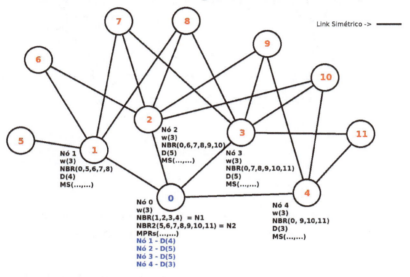

Fonte: Elaborada pelo autor.

3. Adicione nós em *N*1 para o conjunto de *MPRs*, os quais são apenas nós que provêm alcançabilidade para um nó vizinho a dois saltos em *N*2. Então, remova os nós vizinhos a dois saltos de *N*2, os quais são cobertos pelos nós selecionados no conjunto de *MPRs* (Figura 7.17);

Figura 7.17 – Algoritmo de seleção de MPRs executado pelo nó 0, passo 3.

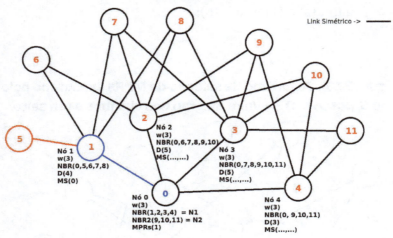

Fonte: Elaborada pelo autor.

4. A menos que o conjunto de vizinhos a dois saltos seja vazio, os seguintes passos devem ser repetidos:

   a. Para cada nó y em $N1$, calcule a alcançabilidade $R(y)$. A alcançabilidade consiste no número de nos em $N2$ os quais ainda não são cobertos por pelo menos um *MPR* no conjunto de *MPRs* e os quais são alcançáveis através do nó y (Figura 7.18);

Figura 7.18 – Algoritmo de seleção de MPRs executado pelo Nó 0, passo 4a. AL → Valor da alcançabilidade dos vizinhos a um salto restante.

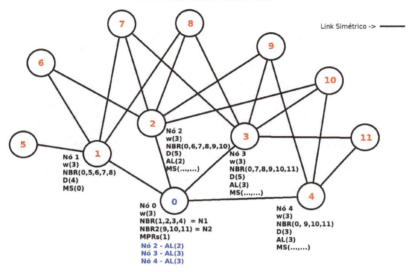

Fonte: Elaborada pelo autor.

b. Selecione o nó *y* com o mais alto *willingness* dos nós com alcançabilidade diferente de zero no conjunto *N*1. No caso de múltiplas escolhas, selecione o nó com a maior alcançabilidade R(y). Se há múltiplos nós com alta alcançabilidade, selecione o com mais alto grau D(y) destes nós. Então adicione o nó selecionado ao conjunto de MPRs, e remova os nós vizinhos a dois saltos de N2, os quais são cobertos pelo nó selecionado (Figura 7.19);

Figura 7.19 – Algoritmo de seleção de MPRs executado pelo nó 0, passo 4b.

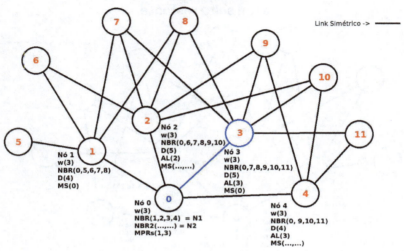

Fonte: Elaborada pelo autor.

5. Para otimização, os nós *MPRs* podem ser removidos do conjunto de *MPRs* se os nós *MPRs* restantes no conjunto de *MPRs* ainda cobrir todos os vizinhos a dois saltos (Figura 7.20).

Figura 7.20 – Algoritmo de seleção de MPRs executado pelo nó 0, passo 5.

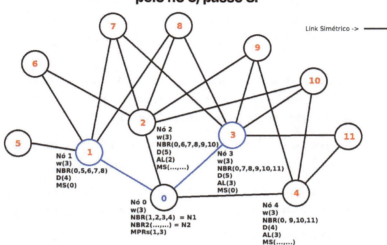

Fonte: Elaborada pelo autor.

Um *MPR* é selecionado tal que todos os vizinhos a dois saltos do nó que executa o algoritmo de seleção de *MPR* sejam cobertos por ele. Exemplo, *MPR(4)*[33] [47], Figura 7.21.

Figura 7.21 – Conjunto de MPRs do nó 4.

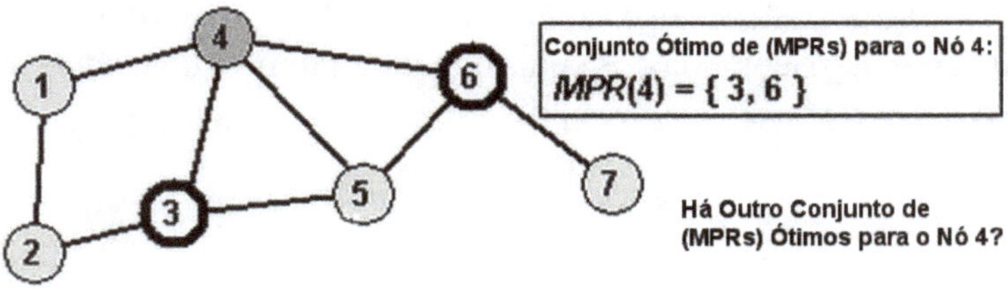

Fonte: [47].

---

33 Conjunto de MPRs do nó 4.

Por que os nós *MPR* são importantes? Porque eles são responsáveis por encaminhar pacotes para os vizinhos que distam a mais de um salto de um nó transmissor. Nesse contexto, o roteamento no *OLSR* é realizado da seguinte forma, Figura 7.22:

1. Cada nó mantém uma tabela de rotas para todos os destinos conhecidos criada após ser executado um algoritmo de menor caminho (ex.: *Hop Count*), Tabela 7.1;

2. Se um nó recebe uma mensagem *TC* ele armazena uma *2-tupla (último nó para o destino, nó destino)*;

3. Toda tabela de roteamento, no *OLSR*, é baseada em duas fontes, as tabelas dos nós vizinhos e a tupla de topologia;

4. Uma tabela no *OLSR* é composta por: nó destino, próximo salto, interface de rede e número de saltos;

5. A tabela é recalculada a cada mudança nas tabelas dos nós vizinhos e na tupla de topologia.

A Tabela 7.1 mostra a tabela de roteamento do nó 2. A topologia da rede cuja Tabela 7.1 foi gerada é como mostra a Figura 7.22. O resultado da rota escolhida pelo nó 2 até o nó 7 é como mostra a Figura 7.23.

Na Figura 7.22 os nós cujas ligações são representadas por setas são simétricos e os nós cujas ligações não possuem setas são assimétricos. Nesse caso, o *enlace* entre os nós **2** e **8** é assimétrico.

Figura7.22 –Topologia de rede do nó 2.

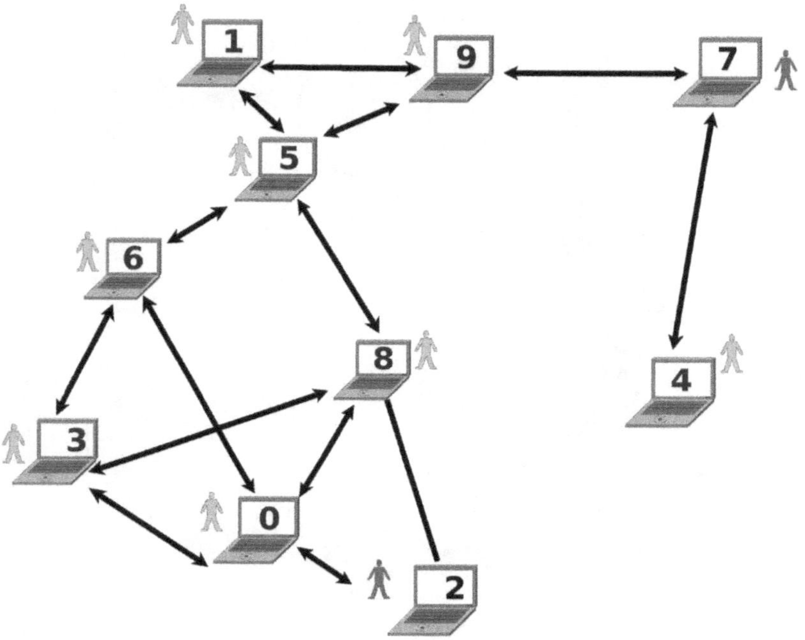

Fonte: Elaborada pelo autor.

Tabela 7.1 – Tabela de roteamento do nó 2.

R_dest_addr	R_next_addr	R_iface_addr	R_dist
0	0	2	1
1	0	2	4
3	0	2	2
5	0	2	3
6	0	2	2
7	0	2	5
8	0	2	2
9	0	2	5

Fonte: Elaborada pelo autor.

Figura 7.23 – Rota de rede do nó 2 ao nó 7, baseada na Tabela 7.1.

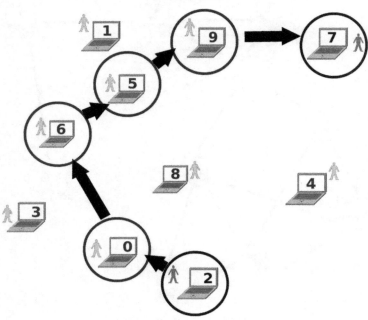

Fonte: Elaborada pelo autor.

7.4.1 Instalação do OLSR no *NS-2*

Conforme consta na tabela **5.11** da página **51** do manual do *NS-2* [16], o protocolo *OLSR* não vem instalado por padrão. Portanto, é necessário baixá-lo manualmente e instalá-lo. Nesse livro é utilizada a versão do *NS-2* 2.34 que é disponibilizada para os leitores do livro no ***GitHub***[34], com o protocolo *OLSR* instalado. Todavia, para aqueles leitores que querem usar uma versão do *NS-2* limpa ou para aqueles que querem utilizar uma outra

---

34 Disponível em: https://github.com/dioxfile/ns-2.34-allinone.

versão do *NS-2*, as próximas seções descrevem como instalar o protocolo *OLSR*.

UM-OLSR

O *University of Murcia Optimized Link State Routing (UM-OLSR)* consiste em uma adaptação do *OLSR* para o *NS-2*, que foi criada por Francisco J. Ros [44] como parte de seu trabalho para se graduar como Bacharel em Ciência da Computação pela Universidade de Múrcia, na Espanha. Seu código foi lançado sob os termos *GNU is Not Unix (GNU) General Public License (GPL)*. Todavia, em função de indisponibilidade de tempo Francisco J. Ros não está mais envolvido com o projeto do *UM-OLSR*. Dessa forma, esse projeto pode ser mantido/revisado/melhorado por qualquer um que se sinta interessado [37].

O *UM-OLSR* está de acordo com a *RFC 3626*[35] suportando todas as funcionalidades base do *OLSR* original. Além disso, há diversos *patches* para diversas versões do *NS*, por exemplo, *ns-2.33*, *ns-2.34*, *ns-2.35*, *NS-3*, entre outras [37].

Dentre suas principais características encontram-se:

- Suporte para feedback da camada de enlace;
- Configuração a partir de *scripts OTCL*, que permite alterar características do *OLSR* sem recompilar o *NS-2*, Código 7.1[36], por exemplo:
  - » Modo de depuração, *true/false*;
  - » Manipular tempo das mensagens de controle (ex.: *TC*, *HELLO* e *MID*);

---

35 http://www.ietf.org/rfc/rfc3626.txt.

36 O caminho completo do arquivo ns-default.tc é: ~/ns-allinone-2.34/ns-2.34/tcl/lib/ns-default.tcl.

» Manipular o nível de concordância do nó em encaminhar pacotes em nome de outros nós, *willingness*;

» Redundância de mensagens *TC*;

» Imprimir qualquer estrutura de dados gerenciada por um nó em um determinado momento, por exemplo, imprimir a tabela de roteamento do nó *OLSR* (Tabela 7.1) através do comando 'ns_ at 10.142046604371652 "[$node_(2) agent 255] print_rtable"[37].

Código 7.1 – Parâmetros do OLSR Configurados no NS-2 (ex.: ns-default.tcl).

1.	# Defaults defined for OLSR	
2.	Agent/OLSR set debug_	false
3.	Agent/OLSR set willingness_	3
4.	Agent/OLSR set hello_ival_	2
5.	Agent/OLSR set tc_ival_	5
6.	Agent/OLSR set mid_ival_	5
7.	Agent/OLSR set tc_redundancy_	3

Instalação

Os passos de instalação e teste do *UM-OLSR* apresentados nesse livro foram realizados em um ambiente de produção com *Ubuntu Mate 16.04*. Todavia, apesar de usar como modelo o *ns-allinone-2.34* é possível reproduzir os passos de instalação em outras versões do *NS-2* como *ns-allinone-2.35*. Sendo assim, os passos para a instalação do *UM-OLSR* no *ns-allinone-2.34* é como segue:

1. Baixar a versão limpa do *NS-2* do seguinte link: ht-

---

37 Este comando faz com que no tempo 10.142046604371652 o nó dois $node_(2) (x3.4 agente de roteamento do OLSR **agent 255**) imprimirá a tabela de roteamento **print_rtable**.

2. Baixar o *UM-OLSR* do *GitHub*: https://github.com/dio-xfile/NS-2_Scripts/blob/master/Chapter_7_Protocols/um-olsr-1.0.tgz;

3. Mover o *ns-allinone-2.3x.tar.gz* para o diretório do usuário (ex.: */home/<USER>/*). Por conseguinte, descompacte ele com o comando 'tar xzvf ns-allinone-2.3x.tar.gz;

4. Mova o *um-olsr-1.0.tgz* para a pasta do ns-allinone-2.3x/ e o descompacte lá, por exemplo, 'tar xzvf um-olsr-1.0.tgz';

5. Antes de instalar o *NS-2* atualize o sistema operacional com os seguintes comandos 'sudo apt update && sudo apt upgrade';

6. Instale os seguintes pacotes ⇒ 'sudo apt install build-essential autoconf automake libxmu-dev xorg-dev g++ xgraph';

7. Após descompactar o *um-olsr* mova ele para dentro da pasta '*ns-2.3x*' e altere seu nome para **olsr**, por exemplo, 'mv -f um-olsr ns-2.3x/olsr';

8. Abra o arquivo *ls.h*, por exemplo, 'geany[38] ~/ns-allinone-2.3x/ns-2.3x/linkstate/ls.h' e na linha 137 mude o código de 'void eraseAll() {erase(baseMap::begin(), baseMap::end());}' para 'void eraseAll() {this->erase(baseMap::begin(),baseMap::end());}'. Em caso de *bugs* de instalação volte ao Capítulo 2;

---

38 Pode ser qualquer editor de texto, por exemplo, *nano, gedit, pluma, vim* etc.

9. Agora, adicione o *patch* do *OLSR* ao *NS-2*. Para isso, entre na pasta do *NS-2* usando o seguinte comando 'cd ~/ns-allinone-2.3x/ns-2.3x/' e no terminal digite o comando 'patch-p1<olsr/um-olsr_ns-2.3x_v1.0.patch;

10. Saia da pasta ns-2.3x/ com o comando 'cd ..' e instale o *NS-2* executando o *script* install, por exemplo, './install';

> Se tudo ocorrer bem, após a instalação, é possível ver uma mensagem como apresenta a Figura 2.1, Capítulo 2. Além disso, é necessário configurar o *Bash Path* do *NS-2* conforme apresentado pela Figura 2.2, Capítulo 2. Em caso de erros de instalação consulte o Capítulo 2, Seção 2.2.

11. Agora para testar se o *patch* do *OLSR* foi instalado com sucesso baixe os seguintes arquivos do *GitHub*[39] e os coloque dentro de uma mesma pasta:

   » **IEEE802-11.tcl**: arquivo de simulação, explicado no Capítulo 5;
   » **traffic.tcl**: arquivo de tráfego, explicado no Capítulo 3;
   » **10-nodes-statics.tcl**: arquivo de posicionamento dos nós, explicado nos Capítulos 5 (ex.: posição fixa dos nós) e 6 (ex.: mobilidade);
   » **802-11b_functional.tcl**: arquivo de configuração do padrão de funcionamento de redes sem fio *IEEE 802.11b*, explicado no Capítulo 5;
   » **olsr-extension.tcl**: parâmetros do funcionamento do Protocolo *OLSR*, explicado nesse capítulo.

---

39 Disponível em: https://github.com/dioxfile/NS-2_Scripts/blob/master/Chapter_7_Protocols/.

12. Abra o arquivo **IEEE802-11.tcl** com o seu editor de texto preferido e verifique se algumas linhas estão como apresentadas a seguir:

- » Linha 13 set val(routP) OLSR;
- » Linha 19 set val(node_) 10;
- » Linha 26 set val(termina) 50;
- » Linha 30 source "olsr-extension.tcl";
- » Linha 33 source "802-11b_functional.tcl";
- » Linha 89 source "10-nodes_statics.tcl";
- » Linha 91 source "traffic.tcl".

13. Certifique-se de que todos os arquivos supracitados estejam na mesma pasta e execute o comando 'ns IEEE802-11. tcl'. Após a execução abra o arquivo trace (ex.: TRACE_ Arquivo.tr) e procure por uma linha como a apresentada pelo Código 7.2. Se for parecida com a apresentada pelo código, o *patch* do *OLSR* foi instalado no NS-2 com sucesso.

Código 7.2 – Trace do OLSR Para o Envio de uma Mensagem HELLO.

1. s 0.083119682 _1_ RTR --- 2 OLSR 48 [0 0 0 0] [energy 100.000000 ei \
2. 0.000   es 0.000 et 0.000 er 0.000] ------- [1:255 -1:255 32 0] [1 0 [HELLO \
3. 1 0 0]]

A linha de *trace*, apresentada no Código 7.2, informa que o nó _1_ está enviando um pacote OLSR (ex.: tamanho = 48bytes) o qual contém uma mensagem *HELLO*. Além disso, este pacote especifica informações sobre o *OLSR*, por exemplo, o número de mensagens contidas no pacote (ex.: 1), o número de sequência do pacote (ex.: 2) e uma lista de mensagens do *OLSR* (ex.: nesse caso apenas a *HELLO* [HELLO 1 0 0]). Além disso, é possível extrair outras informações como o tipo da mensagem (ex.: *broadcast* 255), o endereço da fonte (ex.: 1), o endereço do destino (ex.: *broadcast* -1) e o *TTL* (ex.: 32).

> Na hora da simulação é necessário usar o seguinte arquivo de configuração do *OLSR*: olsr-default.tcl. Esse arquivo deve ser usado não importa se é para uma versão do *NS-2* limpa, em que o *OLSR* foi instalado posteriormente ou a versão do *NS-2* disponível no *GitHub* do livro, já com o *OLSR* instalado, por exemplo, https://github.com/dioxfile/NS- 2_Scripts/blob/master/Chapter_7_Protocols/.

7.5 Simulando com DSR, AODV, DSDV e OLSR

Esta seção tem o objetivo de apresentar simulações com os protocolos *DSR, AODV, DSDV e OLSR*. As simulações fazem uso dos *scripts* apresentados nos Capítulos 3 e 6. Por conseguinte, serão analisadas duas métricas de desempenho, a vazão do enlace e a taxa de perda de pacotes.

Os parâmetros de simulação usados nesse experimento são os seguintes:

1. A área de simulação com as seguintes dimensões $1000m$ $(x) \times 1000m$ (y), Figura 7.1;

2. O Modelo de mobilidade usado foi o *Random WayPoint*, criado para a área supramencionada (Figura 7.1) com 50 nós móveis e com o mínimo de destinos inalcançáveis (ex.: abaixo de 100). Portanto, foi necessário utilizar a ferramenta *setdest*. Além disso, para facilitar a criação da mobilidade, foi usado o Código 6.5 com os seguintes parâmetros ./auto_mobility.sh 50 5.0 20.0 60 2 1000 1000 0;

3. Foram criadas duas fontes de tráfego *CBR Null* com dois destinos diferentes. Por exemplo, o nó 35 envia pacotes para o nó 3 e o nó 49 envia pacotes para o nó 16, Figuras 7.1 e 7.24. A transmissão inicia em 10s e termina em 60s. A taxa de transmissão é 128 Kbps e o tamanho do pacote é de 250 B. No que se refere à criação do tráfego, foi utilizado o Código 3.4, de modo que o tráfego gerado tivesse duas fontes e dois destinos diferentes;

Figura 7.24 – Dois fluxos de tráfego CBR em andamento. Nós: N35 ⇒ N3 e N49 ⇒ N16. Código 7.3.

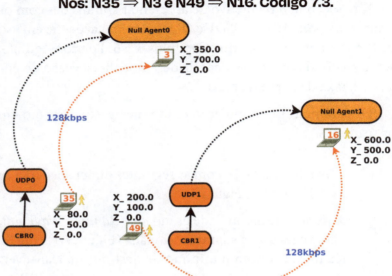

Fonte: Elaborada pelo autor.

4. As métricas de desempenho analisadas foram a vazão do enlace e a taxa de perda de pacotes. Dessa forma, foi feita uma adaptação do *script* descrito em [22], de modo que o mesmo funcione em redes sem fio e também calcule a taxa de perda de pacotes, Códigos 7.4, 7.5 e 7.6;

5. O padrão sem fio utilizado foi o *IEEE 802.11b*;

6. Os códigos utilizados foram: IEEE802-11.tcl (Capítulo 5), traffic.tcl (Código 7.3), 802-11b_functional.tcl (Capítulo 5), mobility.tcl (Capítulo 6), olsr-extencion.tcl (Capítulo 5) e throughput_wf.sh (Códigos 7.4, 7.5 e 7.6).

Código 7.3 – Tráfego para Simulação de Cenário Móvel com Duas Fontes de Tráfego CBR.

1. # nodes: 50, max conn: 2, send rate: 0.0078125, seed: 0.75

2. # 35 connecting to 3 at time 10.0854402538786827

3. set udp_(0) [new Agent/UDP]

4. $ns_ attach-agent $node_(35) $udp_(0)

5. set null_(0) [new Agent/Null]

6. $ns_ attach-agent $node_(3) $null_(0)

7. set cbr_(0) [new Application/Traffic/CBR]

8. $cbr_(0) set packetSize_ 250

9. $cbr_(0) set rate_ 128.0kb

10. $cbr_(0) attach-agent $udp_(0)

11. $ns_ connect $udp_(0) $null_(0)

12. $ns_ at 10.0854402538786827 "$cbr_(0) start"

13. # 49 connecting to 16 at time 10.0421436907454131

14. set udp_(1) [new Agent/UDP]

15. $ns_ attach-agent $node_(49) $udp_(1)

16. set null_(1) [new Agent/Null]

17. $ns_ attach-agent $node_(16) $null_(1)

18. set cbr_(1) [new Application/Traffic/CBR]

19. $cbr_(1) set packetSize_ 250

20. $cbr_(1) set rate_ 128.0kb

21. $cbr_(1) attach-agent $udp_(1)

22. $ns_ connect $udp_(1) $null_(1)

23. $ns_$ at 10.0421436907454131 "$cbr_(1)$ start"

24. #Total sources/connections: 2/2

Essas características permitiram construir uma topologia *DCF* para testar os protocolos *DSR, AODV, DSDV* e *OLSR*, Figura 7.1. Dessa forma, foram criadas duas transmissões do tipo *CBR* de 128 *kbps* entre os nós $N35 \Rightarrow N3$ e $N49 \Rightarrow N16$, como mostrado na Figura 7.24.

Todos os códigos utilizados nesse experimento estão disponíveis em: https://github.com/dioxfile/ NS-2_Scripts/tree/master/ Chapter_7_Protocols. Além disso, embora sejam mencionadas as métricas de desempenho vazão e taxa de perda de pacotes, as mesmas não foram descritas em detalhes. Isso se deve ao fato deste livro tratar de métricas de desempenho no Capítulo 8. A Tabela 7.2 apresenta um resumo com todos os parâmetros utilizados no NS-2 para realização deste experimento. O tamanho do pacote e o tempo de início do tráfego foram alterados para realização das simulações, itens marcados em vermelho (4) e (14) (Tabela 7.2), no arquivo cbrgen.tcl localizado em: ~/ ns-allinone-2.34/ns-2.34/indep-utils/cmu-scen-gen/cbrgen.tcl.

Tabela 7.2 – Resumo dos Parâmetros da Simulação.

N	Parâmetros da Simulação	Valor
(1)	Área de simulação	1000m(x) × 1000m(y)
(2)	Quantidade de nós	50
(3)	Tipo de tráfego	CBR Null (UDP)
(4)	Tamanho dos pacotes	250 Bytes
(5)	Taxa de transmissão	64pps (128 Kbps)
(6)	Modelo de propagação do sinal	TwoRayGround
(7)	Carga total de energia do nó	100 Joules (J)
(8)	Potência (TX/RX) e distCST_	TX = 1,2W/RX = 0,6W e 406.3m
(9)	Tipo de MAC	IEEE 802.11b
(10)	Padrão de Movimentação	Random Waypoint
(11)	Velocidade do nó	mim 5m/s e max 20m/s com 2s de pausa
(12)	Tempo de simulação	60s
(13)	OLSR Willingness, TC time e HELLO time	3, 5s e 2s
(14)	Quantidade de Fontes de Tráfego	2

Contudo, se o leitor desejar reproduzir este experimento basta apenas baixar os arquivos do *GitHub* (ex.: https://github.com/dioxfile/NS-2_Scripts/tree/master/Chapter_7_Protocols) e reproduzir as simulações. A única alteração a ser feita é a substituição do protocolo de roteamento na *linha 13* do arquivo IEEE802-11.tcl pois, são quatro protocolos diferentes. Portanto, para cada protocolo, deve ser executada uma simulação. Após executar as simulações, também é necessário executar o *script* throughput_wf.sh (Códigos 7.4, 7.5 e 7.6). Esse arquivo é responsável por extrair a vazão e a taxa de perda de pacotes de cada simulação. Com propósito de simplificação e organização o mesmo foi dividido em três partes para explicação.

Código 7.4 – Código Para Extração das Métricas Vazão e Perda de Pacotes, Parte 1.

```
1.  #!/bin/dash
2.  FILE="$1"
3.  PACKET_SIZE="$2"
4.  NODE="$3"
5.  if [ -z "$FILE" ]; then
6.  echo "USAGE: ./throughput_calc.sh <FILE.tr> <PACKET_SIZE> <NODE_N>"
7.  exit 1
8.  fi
9.  if [ -z "$PACKET_SIZE" ]; then
10. echo "USAGE: ./throughput_calc.sh <FILE.tr> <PACKET_SIZE> <NODE_N>"
11. exit 1
12. fi
13. if [ -z "$NODE" ]; then
14. echo "USAGE: ./throughput_calc.sh <FILE.tr> <PACKET_SIZE> <NODE_N>"
15. exit 1
16. fi
17. NODE_N='expr $NODE - 1'
18. rm -r Throughput/
19. mkdir -pv Throughput
20. cat $FILE | sed 's/\[//g' | sed 's/\]//g' | sed 's/\_//g' | \
21. sed 's/\:/ /g' > Trace_Cleaned.tr
22. egrep "^[sr].*AGT.*" Trace_Cleaned.tr > Trace_R_S.tr
```

A primeira parte do *script* de extração de métricas de desempenho (Código 7.4) é explicada como segue:

- **#!/bin/dash (linha 1)**: essa linha indica que é um *shell script*;
- **FILE="$1"... NODE_N'=expr $NODE - 1' (linhas de 2 a 17)**: essas linhas apresentam a passagem de parâmetros ao *script*. Os parâmetros recebidos pelo *script* são o arquivo de *trace* (ex.: <FILE.tr>), o tamanho do pacote usado na simulação (ex.: <PACKET_SIZE>) e a quantidade de nós (ex.: <NODE_N>). Caso um desses parâmetros seja omitido a seguinte mensagem de erro será impressa na tela: "USAGE: ./throughput_calc.sh <FILE.tr><PACKET_SIZE> <NODE_N>". Além disso, é realizada uma operação matemática para subtrair da variável $NODE um elemento (ex.: NODE_N='expr $NODE - 1'), isso é necessário porque o *loop for* usado inicia em 0 e termina em n-1, ou seja, se a quantidade de nós for 50 o último elemento do *loop for* será 49;
- **rm -r Throughput/ e mkdir -pv Throughput (linhas 18 e 19)**: nessas linhas é removida e criada uma pasta na qual serão armazenados arquivos da vazão para análises futuras;
- **cat $FILE | ... > Trace_Cleaned.tr (linhas 20 e 21)**: essas linhas são responsáveis por limpar o arquivo de *trace* gerando um arquivo de saída limpo sem os caracteres: ":", "[", "]"e "_"(ex.: Trace_Cleaned.tr);
- **egrep "^[sr].*AGT.*"Trace_Cleaned.tr > Trace_R_S.tr (linha 22):** essa linha usa o programa *egrep* no arquivo Trace_Cleaned.tr para gerar um novo arquivo chamado Trace_R_S.tr. Esse novo arquivo conterá apenas linhas com eventos de envio (s) e recebimento (r) gerados na camada de aplicação (AGT), e será usado para calcular a vazão e os pacotes descartados.

Código 7.5 – Código Para Extração das Métricas Vazão e Perda de Pacotes, Parte 2.

```
1.   for conta in $(seq 0 $NODE_N); do
2.   cat Trace_R_S.tr | awk -F " " 'BEGIN{
3.   lineCount = 0;
4.   totalBits = 0
5.   duration = 0;
6.   }
7.   {if($1=="s" && lineCount==0){
8.   timeBegin = $2; lineCount++
9.   } else {
10.  timeEnd = $2;
11.  }}
12.  /^r/&&$4=="AGT"&&$24=="'$conta'"{
13.  if ($8=="'$PACKET_SIZE'") {
14.  totalBits += $8-20;
15.  } else {
16.  totalBits += $8;
17.  };};
18.  END{
19.  duration = timeEnd-timeBegin;
20.  if(duration > 0 ) {
21.  Thoughput = (totalBits*8)/duration/1e3;
22.  printf("%3.5f",Thoughput);}
```

23. };' > Throughput/Throughput_$conta.tr

24. if [-s Throughput/Throughput_$conta.tr]; then

25. awk -F" " '{{if($1!=0.0){{print "Node""'$conta'" " : " $1}}}}' \

26. Throughput/Throughput_$conta.tr >> Throughput/mediaV.tr

27. fi

28. done;

29. echo "## THROUGHPUT ##"

30. cat Throughput/mediaV.tr

A parte 2 do *script* de extração de métricas de desempenho (Código 7.5) é explicada como segue:

- **for conta in $(seq 0 $NODE_N); do ... done (linhas 1 e 28)**: essas linhas executam tudo entre elas $NODE_N vezes;
- **cat Trace_R_S.tr | awk -F 'BEGIN{ ... } (linhas de 2 a 6)**: essas linhas concatenam o arquivo Trace_R_S.tr na entrada da linguagem *awk* e iniciam as variáveis lineCount/ totalBits/duration, as quais têm a função de contar o número de linhas de tráfego, a quantidade de *bits* gerados durante a simulação e o tempo de duração das transmissões;
- **{if($1=="s"&& lineCount==0){ ... }} (linhas de 7 a 11)**: essas linhas armazenam os tempos de início e fim das transmissões (ex.: timeBegin/timeEnd);
- **/^r/&&$4=="AGT"&&$24=="'$conta'"{} (linha 12)**: indica que todo o pacote recebido (^r) pelo nó destino na camada de aplicação (AGT), que foi enviado por algum nó, deve ser computado pelo *script*. Cada número precedido pelo caractere $ (ex.: $4 e $24) representa a coluna do arquivo *trace* em que, respectivamente, são gravados o agente de aplicação AGT e nó fonte $conta.

Além disso, o caractere '^' permite procurar por linhas que iniciam com um padrão específico, por exemplo, neste caso, a letra r;

- **if (if ($8=="'$PACKET_SIZE'")) {totalBits += $8-20;} else{totalBits += $8};};** (**linhas de 13 a 17**): nessas linhas são contabilizados os *bytes* enviados. Dessa forma, a linha 13 (ex.: **if $8=="'$PACKET_SIZE'"**) apresenta o tamanho do pacote $PACKET_SIZE com 20 *bytes* adicionais, que foram inseridos pela camada de aplicação ('AGT'). Por exemplo, neste trecho de arquivo *trace*, r 59.996499045 _16_ AGT -- 9223 cbr 270 13a 10 31 800 energia 92.187329 ei 0.000 es 0.000 e 2.230 er 5.583 ---- 49 0 16 0 31 16 3197 1 1, o pacote recebido pelo nó 16 possui 270 bytes (ex.: o campo oito = 270). Todavia, o tamanho original do pacote é 250 *bytes*. Portanto, os *bytes* adicionais não devem ser computados[40];

- **END{ . . . ;'** (**linhas de 18 a 27**): essas linhas são responsáveis por apresentar o cálculo da vazão em *Kbps*, conforme Equação 8.1 (ex.: Thoughput = (totalBits*8)/duration/1e3;). A vazão de cada nó é armazenada no arquivo Throughput/ Throughput_$conta.tr. Além disso, apenas vazões diferentes de zero serão armazenadas em arquivo (ex.: Throughput/- mediaV.tr);

---

40 Uma observação a ser feita consiste no fato de que alguns protocolos, por exemplo, o DSR, não acrescentam os bytes adicionais na camada de aplicação, por isso o uso do seguinte código if ($8=="'$PACKET_SIZE'") {totalBits += 8*($8-20);} else{totalBits += 8*$8;};};.

- **cat Throughput/mediaV.tr (linha 30):** essa linha concatena o conteúdo do arquivo *Through-put/mediaV.tr* na tela do terminal no seguinte formato: Node35 : 96.46703.

Código 7.6 – Código Para Extração das Métricas Vazão e Perda de Pacotes, Parte 3.

1. cat Trace_R_S.tr | awk -F " " '{

2. if($1 == "s" && $4 == "AGT"){{print}}}' > S.tr

3. export S=$(awk -F" " 'END { print NR }' S.tr)

4. cat Trace_R_S.tr | awk -F " " '{

5. if($1 == "r" && $4 == "AGT"){{print}}}' > R.tr

6. export R=$(awk -F" " 'END { print NR }' R.tr)

7. PLR='expr $S - $R'

8. printf "\n"

9. echo "#####   DROPPED PACKETS   #####"

10. echo " - Total Packets Generated = $S" ;

11. echo " - Packet Loss Rate (PLR) = $PLR";

A parte 3 do *script* de extração de métricas de desempenho (Código 7.6) é explicada como segue:

- **cat Trace_R_S.tr | awk -F '{ . . . export R=$(awk -F 'END { print NR }' R.tr); (linhas de 1 a 6):** essas linhas armazenam tudo que foi enviado e recebido pelos nós fonte e destino a partir da camada de aplicação (ex.: AGT). Dessa forma, todos os pacotes gerados, linhas que iniciam com s, são armazenadas no arquivo S.tr e todos os pacotes recebidos com sucesso, linhas que iniciam com r, são armazenados no arquivo R.tr. Por conseguinte, as quantidades de pacotes enviados e recebidos são armazenados em variáveis de ambiente (ex.: export S=$(awk -F 'END { print NR }' S.tr) e export R=$(awk -F 'END { print NR }' R.tr));

- **PLR='expr $S - $R' . . . echo - Packet Loss Rate (PLR) = $PLR"; (linhas de 7 a 11):** essas linhas executam o cálculo da taxa de perda de pacotes (ex.: PLR='expr $S - $R', Equação 8.3), imprime o total de pacotes enviados (ex.: echo - Total Packets Generated = $S";) e imprime a taxa de perda de pacotes (ex.: echo - Packet Loss Rate (PLR) = $PLR";).

7.5.1 Resultados das Simulações dos Protocolos DSR, AODV, DSDV e OLSR

Esta subseção mostra as execuções das simulações com os protocolos *MANET*: *DSR, AODV, DSDV* e *OLSR*, Figuras 7.25, 7.26, 7.27 e 7.28. Além disso, são apresentados os resultados das extrações das métricas de desempenho vazão e taxa de perda de pacotes, Figuras 7.29, 7.30, 7.31 e 7.32.

Figura 7.25 – Simulação do protocolo DSR.

```
es          10     set val(fileSize)          50                       ;# Queue siz
103]        11     set val(wlan0)             Phy/WirelessPhy          ;# DSSS
            12     set val(mac)               Mac/802 11               ;# MAC Type
            13     set val(routP)             DSR                      ;# Routing P
            14 ⊟ if { $val(routP) == "DSR" } {                        ;# Only DSR
            15     set val(drop)              CMUPriQueue
            16     } else {
            17     set val(drop)              Queue/DropTail/PriQueue  ;# FIFO Drop
            18     }
            19     set val(node )             50                       ;# Node Numb
            20     set val(x)                 1000                     ;# Axis X
            21     set val(y)                 1000                     ;# Axis Y
            22     set val(TX)                1.2W                     ;# Default N
            23     set val(RX)                0.6W                     ;# Default N
            24     set val(IniEner)           100.00                   ;# Initial E
            25     set val(ModEner)           EnergyModel              ;# Energy Mo
            26     set val(termina)           60                       ;# Simulatio
            27     #===============================================================
            28
```

```
pythonist@pythonist-Inspiron:~/Unemat_Aulas/classe-inf/WF-Exp$ ns IEEE802-11.tcl
num nodes is set 50
INITIALIZE THE LIST xListHead
Starting Random WayPoint (eg., file mobility.tcl).
Starting Traffic
Starting Simulation
SORTING LISTS ...DONE!
channel.cc:sendUp - Calc highestAntennaZ_ and distCST_
highestAntennaZ_ = 1.5,  distCST_ = 406.3
```

Fonte: Elaborada pelo autor.

Figura 7.26 Simulação do protocolo AODV

```
es          10    set val(fileSize)            50                          ;# Queue size
103]        11    set val(wlan0)              Phy/WirelessPhy              ;# DSSS
            12    set val(mac)               Mac/802 11                   ;# MAC Type
            13    set val(routP)              AODV                         ;# Routing P
            14    if { $val(routP) == "DSR" } {                           ;# Only DSR
            15      set val(drop)            CMUPriQueue
            16    } else {
            17      set val(drop)            Queue/DropTail/PriQueue       ;# FIFO Drop
            18    }
            19    set val(node )               50                         ;# Node Numbe
            20    set val(x)                 1000                         ;# Axis X
            21    set val(y)                 1000                         ;# Axis Y
            22    set val(TX)                 1.2W                        ;# Default NS
            23    set val(RX)                 0.6W                        ;# Default NS
            24    set val(IniEner)           100.00                       ;# Initial En
            25    set val(ModEner)           EnergyModel                  ;# Energy Mod
            26    set val(termina)             60                         ;# Simulation

pythonist@pythonist-Inspiron:~/Unemat_Aulas/classe-inf/WF-Exp$ ns IEEE802-11.tcl
num_nodes is set 50
INITIALIZE THE LIST xListHead
Starting Random WayPoint (eg., file mobility.tcl).
Starting Traffic
Starting Simulation
SORTING LISTS ...DONE!
channel.cc:sendUp - Calc highestAntennaZ_ and distCST_
highestAntennaZ_ = 1.5,  distCST_ = 406.3
```

Fonte: Elaborada pelo autor.

As Figuras 7.25 e 7.26 mostram as simulações dos protocolos *DSR* e *AODV* sendo executadas utilizando o editor de texto *Geany*. Esse editor de texto é um ambiente de desenvolvimento integrado, do inglês *Integrated Development Environment (IDE)*, e ele possui acesso ao terminal *Linux*, o que permite editar os arquivos tcl e executá-los dentro do próprio editor de textos.

Figura 7.27 – Simulação do protocolo DSDV.

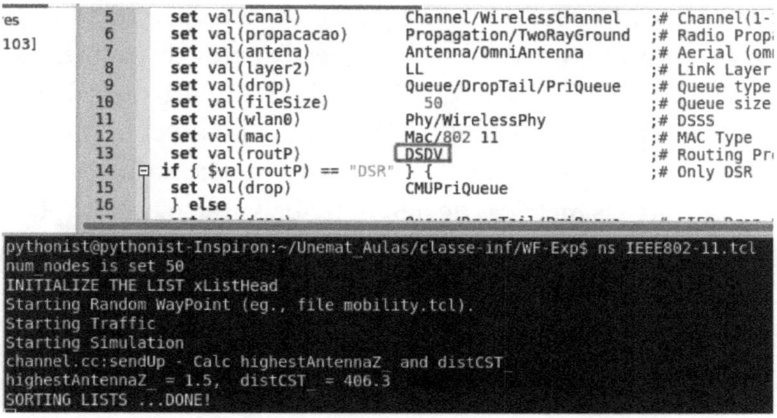

```
5    set val(canal)                      Channel/WirelessChannel   ;# Channel(1-
6    set val(propacacao)                 Propagation/TwoRayGround  ;# Radio Prop
7    set val(antena)                     Antenna/OmniAntenna       ;# Aerial (om
8    set val(layer2)                     LL                        ;# Link Layer
9    set val(drop)                       Queue/DropTail/PriQueue   ;# Queue type
10   set val(fileSize)                   50                        ;# Queue size
11   set val(wlan0)                      Phy/WirelessPhy           ;# DSSS
12   set val(mac)                        Mac/802 11                ;# MAC Type
13   set val(routP)                      DSDV                      ;# Routing Pr
14   if { $val(routP) == "DSR" } {                                 ;# Only DSR
15   set val(drop)                       CMUPriQueue
16   } else {
```

```
pythonist@pythonist-Inspiron:~/Unemat_Aulas/classe-inf/WF-Exp$ ns IEEE802-11.tcl
num_nodes is set 50
INITIALIZE THE LIST xListHead
Starting Random WayPoint (eg., file mobility.tcl).
Starting Traffic
Starting Simulation
channel.cc:sendUp - Calc highestAntennaZ_ and distCST_
highestAntennaZ_ = 1.5,  distCST_ = 406.3
SORTING LISTS ...DONE!
```

Fonte: Elaborada pelo autor.

Figura 7.28 Simulação do protocolo OLSR

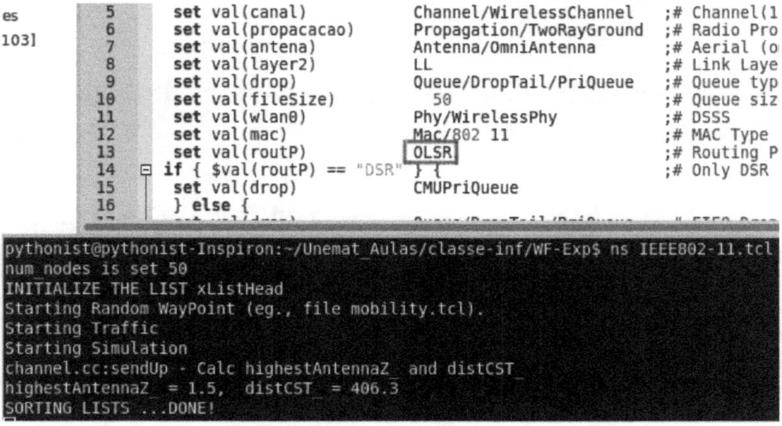

```
5    set val(canal)                      Channel/WirelessChannel   ;# Channel(1
6    set val(propacacao)                 Propagation/TwoRayGround  ;# Radio Pro
7    set val(antena)                     Antenna/OmniAntenna       ;# Aerial (o
8    set val(layer2)                     LL                        ;# Link Laye
9    set val(drop)                       Queue/DropTail/PriQueue   ;# Queue typ
10   set val(fileSize)                   50                        ;# Queue siz
11   set val(wlan0)                      Phy/WirelessPhy           ;# DSSS
12   set val(mac)                        Mac/802 11                ;# MAC Type
13   set val(routP)                      OLSR                      ;# Routing P
14   if { $val(routP) == "DSR" } {                                 ;# Only DSR
15   set val(drop)                       CMUPriQueue
16   } else {
```

```
pythonist@pythonist-Inspiron:~/Unemat_Aulas/classe-inf/WF-Exp$ ns IEEE802-11.tcl
num_nodes is set 50
INITIALIZE THE LIST xListHead
Starting Random WayPoint (eg., file mobility.tcl).
Starting Traffic
Starting Simulation
channel.cc:sendUp - Calc highestAntennaZ_ and distCST_
highestAntennaZ_ = 1.5,  distCST_ = 406.3
SORTING LISTS ...DONE!
```

Fonte: Elaborada pelo autor.

Da mesma forma como mostrado pelas Figuras 7.25 e 7.26, as Figuras 7.27 e 7.28 também apresentam as simulações dos protocolos *DSDV* e *OLSR* sendo executadas utilizando o editor de texto *geany*. Por conseguinte, como previamente menciona-do, as Figuras 7.29, 7.30, 7.31 e 7.32 mostram os resultados das métricas de desempenho, vazão e taxa de perda de pacotes, dos protocolos *DSR, AODV, DSDV* e *OLSR*. É importante salientar que nas Figuras 7.29, 7.30, 7.31 e 7.32 é possível observar o comando utilizado no *terminal Linux* para execução do *script* de extração das métricas de desempenho vazão e taxa de perda de pacotes, por exemplo: ./throughput_wf.tcl Trace_Cleaned_<Routing Protocol>.tr 270 50, em que:

- ./throughput_wf.tcl: é o script extrator das métricas vazão e taxa de perda de pacotes;

- Trace_Cleaned_<Routing Protocol>.tr: é o arquivo de trace;

- 270: é o tamanho do pacote usado na simulação e acresci-do de 20 bytes extras, conforme explicado previamente;

- 50: é a quantidade de nós usados na simulação.

Figura 7.29 – Vazão e perda de pacotes do DSR.

```
       13    set val(routP)         DSR           ;# Routing Protocol
.sh    14  ⊟ if { $val(routP) == "DSR" }          ;# Only DSR
:sh    15    set val(drop)          CMUPriQueue
.tr    16    } else {
ut     17    set val(drop)          Queue/DropTail/PriQueue   ;# FIFO Drop Queue
       18    }
       19    set val(node )         50            ;# Node Number
       20    set val(x)             1000          ;# Axis X

pythonist@pythonist-Inspiron:~/Unemat Aulas/Book NS-2/WF-Exp$ ./throughput wf.sh Trace Cleaned DSR.tr 270 50
mkdir: created directory 'Throughput'
## THRCUGHPUT ##
Node35 : 127.91631
Node49 : 128.03642

#####   DROPPED PACKETS   #####
 - Total Packets Generated = 6393
 - Packet Loss Rate (PDR) = 0
```

Fonte: Elaborada pelo autor.

Figura 7.30 – Vazão e perda de pacotes do AODV.

```
13      set val(routP)          AODV                    ;# Routing Protocol
14   if { $val(routP) == "DSR" } {                      ;# Only DSR
15      set val(drop)           CMUPriQueue
16   } else {
17      set val(drop)           Queue/DropTail/PriQueue  ;# FIFO Drop Queue
18   }
19      set val(node )          50                       ;# Node Number
20      set val(x)              1000                     ;# Axis X

ython ist@pythonist-Inspiron:~/Unemat_Aulas/Book_NS-2/WF-Exp$ ./throughput_wf.sh Trace_Cleaned_AODV.tr 270 50
kdir: created directory 'Throughput'
# THROUGHPUT ##
ode35 : 58.52955
de49 : 125.74646

####   DROPPED PACKETS   #####
- Total Packets Generated = 6393
- Packet Loss Rate (PDR) = 1790
```

Fonte: Elaborada pelo autor.

Figura 7.31 – Vazão e perda de pacotes do DSDV.

```
.sh     13      set val(routP)          DSDV                    ;# Routing Protocol
!.sh    14   if { $val(routP) == "DSR" } {                      ;# Only DSR
/.tr    15      set val(drop)           CMUPriQueue
out     16   } else {
        17      set val(drop)           Queue/DropTail/PriQueue  ;# FIFO Drop Queue
        18   }
        19      set val(node )          50                       ;# Node Number
        20      set val(x)              1000                     ;# Axis X

pythonist@pythonist-Inspiron:~/Unemat_Aulas/Book_NS-2/WF-Exp$ ./throughput_wf.sh Trace_Cleaned_DSDV.tr 270 50
mkdir: created directory 'Throughput'
## THROUGHPUT ##
Node35 : 89.32133
Node49 : 71.38500

#####   DROPPED PACKETS   #####
- Total Packets Generated = 6393
- Packet Loss Rate (PDR) = 2379
```

Fonte: Elaborada pelo autor.

Figura 7.32 – Vazão e perda de pacotes do OLSR.

```
.sh     13      set val(routP)          OLSR                    ;# Routing Protocol
!.sh    14   if { $val(routP) == "DSR" } {                      ;# Only DSR
/.tr    15      set val(drop)           CMUPriQueue
out     16   } else {
        17      set val(drop)           Queue/DropTail/PriQueue  ;# FIFO Drop Queue
        18   }
        19      set val(node )          50                       ;# Node Number
        20      set val(x)              1000                     ;# Axis X

pythonist@pythonist-Inspiron:~/Unemat_Aulas/Book_NS-2/WF-Exp$ ./throughput_wf.sh Trace_Cleaned_OLSR.tr 270 50
mkdir: created directory 'Throughput'
## THROUGHPUT ##
Node35 : 127.91677
Node49 : 116.98680

#####   DROPPED PACKETS   #####
- Total Packets Generated = 6393
- Packet Loss Rate (PDR) = 276
```

Fonte: Elaborada pelo autor.

Conforme apresentam a Tabela 7.3 e as Figuras 7.29, 7.30, 7.31 e 7.32, os valores de vazão e perda de pacotes são consistentes com estudos descritos na literatura. Por exemplo, observa-se que o *DSR* possui uma boa vazão nos dois fluxos e nenhuma perda de pacotes [25, 27]. O protocolo *OLSR* possui a segunda melhor vazão nos dois fluxos e baixa perda de pacotes, no entanto, no fluxo 2, o *OLSR* não atingiu sua vazão máxima. Isso pode ser devido ao *overhead* de roteamento alto que é comum em protocolos proativos, em função disso, as colisões na camada de enlace de dados podem aumentar e gerar perdas de pacotes por colisões. Com relação à perda de pacotes, o *AODV* e o *DSDV* possuem mais pacotes perdidos que os outros protocolos avaliados, *AODV* = 1790 (28%) e *DSDV* = 2739 (42,84%) [2]. Além disso, o *AODV* possui uma boa vazão no fluxo (2) e uma vazão ruim no fluxo (1). No caso do *DSDV*, tanto a vazão quanto a taxa de perda de pacotes são ruins. Dessa forma, diante do exposto, é muito importante considerar o cenário no qual as simulações são executadas, pois dependendo dos parâmetros utilizados os resultados podem mudar drasticamente.

Assim, é imperativo pesquisar por trabalhos semelhantes publicados e comparar se alguns resultados convergem. No entanto, é imprescindível salientar que nem sempre haverá convergência total porque, em muitos casos, os parâmetros são diferentes. Todavia, alguns resultados devem ser parecidos.

Tabela 7.3 – Valores da vazão (Kbps) e da taxa de perda de pacotes (Unidades) com os protocolos DSR, AODV, DSDV e OLSR.

Vazão do Enlace (Kbps)

N° de Fluxos de Tráfego	DSR	AODV	DSDV	OLSR
(1) Nó 35⇒Nó 3	127,91631	58,52955	89,32133	127,91677
(2) Nó 49⇒Nó 16	128,03642	125,74646	71,38500	116,98680

Taxa de Perda de Pacotes (Unidades)

N° Total de Pacotes Perdidos Na Simulação	DSR	AODV	DSDV	OLSR
N° de Pacotes Gerados	6393	6393	6393	6393
Total de Pacotes Perdidos	0	1790	2379	276

Fonte: Elaborada pelo autor.

Figura 7.33 – Análise das métricas de desempenho dos protocolos DSR, AODV, DSDV e OLSR.

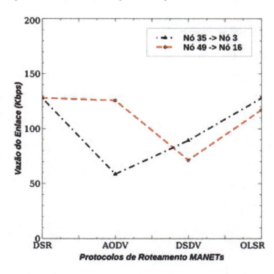

(a) Vazão dos Fluxos (Kbps) 1 e 2, Nó 35 ⇒ Nó 3 e Nó 49 ⇒ Nó 16.

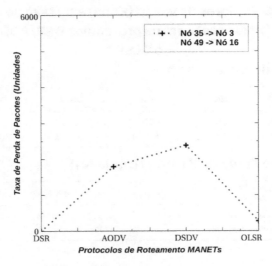

(b) Taxa de Perda de Pacotes em Unidades.

Fonte: Elaborada pelo autor.

7.6 Atividade Sugerida

Exercício 7. Crie um cenário sem fio móvel e execute simulações utilizando os protocolos DSR, AODV, DSDV e OLSR. As características das simulações devem ser as seguintes:

- Tráfego CBR com taxa de transmissão de 128 Kb;
- Tamanho do pacote 512B (ex.: é necessário alterar o tamanho do pacote no arquivo cbrgen.tcl);
- Tempo de simulação, 60s;
- Quantidade de nós, 50;
- Fontes de tráfego, 10. Use o Código 3.4 para gerar o tráfego;
- Use o Código 6.5 para gerar a mobilidade com menos de 100 destinos inalcançáveis;

- Faça as simulações utilizando os padrões 802.11a e 802.11b;
- Quando as simulações encerrarem use o script throughput_ wf.sh para extrair as métricas vazão e taxa de perda de pacotes;

Os códigos necessários para realizar o experimento estão disponíveis no GitHub[41]:

1. IEEE802-11.tcl;

2. traffic.tcl (ex.: deve ser criado);

3. mobility.tcl (ex.: deve ser criado);

4. 802-11a_functional.tcl;

5. 802-11b_functional.tcl;

6. olsr-default.tcl;

7. throughput_wf.sh.

> Aproveite os conhecimentos prévios para realizar a tarefa e não esqueça de fazer as alterações necessárias no arquivo IEEE802-11.tcl.

7.7 Considerações Finais do Capítulo

Neste capítulo foram descritos os principais protocolos de roteamento *MANET* como *DSR, AODV, DSDV* e *OLSR*. Também, foram executadas simulações com todos os protocolos mencionados de forma que seus desempenhos foram analisados por meio das métricas: vazão e taxa de perda de pacotes. Além disso,

---

41 https://github.com/dioxfile/NS-2_Scripts/tree/master/Chapter_7_Protocols.

foi proposta uma atividade sugerida de simulação para fixar os conhecimentos apresentados no capítulo.

Para maiores detalhes sobre os protocolos *DSR*, *AODV*, *DSDV* e *OLSR* consulte [11, 23, 42, 43].

8. MÉTRICAS DE DESEMPENHO DE REDES

Há diversas métricas de desempenho, as quais são utilizadas para avaliação de redes de computadores[42], e cada uma delas tem um objetivo específico, por exemplo, verificar a capacidade de transmissão do enlace, o tempo de duração, o atraso, o *timelife* das tabelas de roteamento e/ou cache, a capacidade energética do enlace, entre outras. Nesse livro são abordadas as seguintes métricas de desempenho: vazão, consumo de energia, taxa de perda de pacotes, *overhead* de roteamento, taxa de encaminhamento de pacotes (ie. *forwarding*), atraso fim a fim, *jitter* e taxa de entrega de pacotes. Além disso, para cada métrica descrita é apresentado um modelo matemático da mesma e uma implementação desta em *shell script*. Por conseguinte, são realizadas simulações com os protocolos de roteamento descritos no Capítulo 7, *DSR, AODV, DSDV* e *OLSR*. E finalmente é proposta uma atividade de simulação de forma a possibilitar aos leitores desse livro uma atividade de fixação de conteúdo.

8.1 Vazão

Vazão do Enlace: é a taxa na qual a rede envia e recebe dados (ex.: pacotes, *bits* ou *bytes*) [45]. Por exemplo, a vazão do *enlace*, apresentada aqui, segundo Issaraiyakul e Hossain [22], é definida como a quantidade de *bits* enviados de um nó fonte para um nó destino dividido pelo tempo de duração da observação.

$$VE = \frac{Quantia\ de\ Bits\ Enviados}{Tempo\ Observado} \qquad (8.1)$$

---

42 As métricas aqui descritas foram extraídas do trabalho de José [24].

A vazão é uma métrica de desempenho de redes totalmente dependente da largura de banda de um canal. A largura de banda pode ser explicada sob dois pontos de vista, por exemplo: **(1)** largura de banda em *hertz* e **(2)** largura de banda em *bits por segundo (bps)*.

1. **Largura de Banda em Hertz**: consiste em uma faixa de frequências, sinal composto [17], que um canal de comunicação permite passar;

2. **Largura de Banda em bps**: refere-se à velocidade de transmissão de um *bit* em um canal ou enlace [17];

A vazão do enlace consiste em um excelente indicador da competência do protocolo de roteamento e tem sido uma métrica de desempenho muito utilizada na avaliação de redes sem fio [15].

Uma implementação prática da extração da vazão do enlace é apresentada através do Código 8.1.

Código 8.1 – Código Para Extração da Métrica Vazão do Enlace.

1. #!/bin/dash

2. FILE="$1"

3. PACKET_SIZE="$2"

4. NODE="$3"

5. if [-z "$FILE"]; then

6. echo "USAGE: ./throughput_calc.sh <FILE.tr> <PACKET_SIZE> <NODE_N>"

7. exit 1

8. fi

9. if [-z "$PACKET_SIZE"]; then

10. echo "USAGE: ./throughput_calc.sh <FILE.tr> <PACKET_SIZE> <NODE_N>"

11. exit 1

12. fi

13. if [-z "$NODE"]; then

14. echo "USAGE: ./throughput_calc.sh <FILE.tr> <PACKET_SIZE> <NODE_N>"

15. exit 1

16. fi

17. NODE_N='expr $NODE - 1'

18. rm -r Throughput/

19. mkdir -pv Throughput

20. cat $FILE | sed 's/\[//g' | sed 's/\]//g' | sed 's/_//g' | \

21. sed 's/\:/ /g' > Trace_Cleaned.tr

22. egrep "^[sr].*AGT.*" Trace_Cleaned.tr > Trace_R_S.tr

23. for conta in $(seq 0 $NODE_N); do

24. cat Trace_R_S.tr | awk -F " " 'BEGIN{

25. lineCount = 0;

26. totalBits = 0

27. duration = 0;

28. }

29. {if($1=="s" && lineCount==0){

30. timeBegin = $2; lineCount++

31. } else {

32. timeEnd = $2;

33. }}

34. /^r/&&$4=="AGT"&&$24=="'$conta'"{

35. if ($8=="'$PACKET_SIZE'") {

36. totalBits += $8-20;

37. } else {

38. totalBits += $8;

39. };};

40. END{

41. duration = timeEnd-timeBegin;

42. if(duration > 0) {

43. Thoughput = (totalBits*8)/duration/1e3;

44. printf("%3.5f",Thoughput);

45. }

46. };' > Throughput/Throughput_$conta.tr

47. if [-s Throughput/Throughput_$conta.tr]; then

48. awk -F" " '{{if($1!=0.0){{print}}}}' Throughput/Throughput_$conta.tr >> Throughput/mediaV.tr

49. fi

50. done;

A explicação da vazão do enlace apresentada aqui é exatamente como a apresentada no Capítulo 7, Códigos 7.4 e 7.5.

Todavia, em função deste capítulo tratar exclusivamente das métricas de desempenho o *script* de extração da vazão é explicado novamente e fica a critério do leitor rever ou não a explicação.

- A métrica de desempenho vazão do enlace (Código 8.1) é explicada como segue:
- **#!/bin/dash (linha 1)**: essa linha indica que é um *shell script*;
- **FILE="$1"... NODE_N'=expr $NODE - 1' (linhas de 2 a 17)**: essas linhas apresentam a passagem de parâmetros ao script. Os parâmetros recebidos pelo script são o arquivo de trace (ex.: <FILE.tr>), o tamanho do pacote usado na simulação (ex.: <PACKET_SIZE>) e a quantidade de nós (ex.: <NODE_N>). Caso um desses parâmetros seja omitido a seguinte mensagem de erro será impressa na tela: "USAGE: ./throughput_calc.sh <FILE.tr><-PACKET_SIZE> <NODE_N>". Além disso, é realizada uma operação matemática para subtrair da variável $NODE um elemento (ex.: NODE_N='expr $NODE - 1'), isso é necessário porque o loop for usado inicia em 0 e termina em n − 1, ou seja, se a quantidade de nós for 50 o último elemento do *loop* for será 49;
- **rm -r Throughput/ e mkdir -pv Throughput (linhas 18 e 19)**: nessas linhas é removida e criada uma pasta na qual serão armazenados arquivos da vazão para análises futuras;
- **cat $FILE | ... > Trace_Cleaned.tr (linhas 20 e 21)**: essas linhas são responsáveis por limpar o arquivo de *trace* gerando um arquivo de saída limpo sem os caracteres: ":", "[", "]"e "_"(ex.: Trace_Cleaned.tr);
- **egrep "^[sr].*AGT.*"Trace_Cleaned.tr > Trace_R_S.tr (linha 22)**: essa linha usa o programa *egrep* no arquivo

Trace_Cleaned.tr para gerar um novo arquivo chamado Trace_R_S.tr. Esse novo arquivo conterá apenas linhas com eventos de envio (s) e recebimento (r) gerados na camada de aplicação (AGT), e será usado para calcular a vazão e os pacotes descartados;

- **for conta in $(seq 0 $NODE_N); do ... done (linhas 23 e 50)**: essas linhas executam tudo entre elas $NODE_N vezes;
- **cat Trace_R_S.tr | awk -F 'BEGIN{ ... } (linhas de 24 a 28)**: essas linhas concatenam o arquivo Trace_R_S.tr na entrada da linguagem *awk* e iniciam as variáveis lineCount/totalBits/duration, as quais têm a função de contar o número de linhas de tráfego, a quantidade de *bits* gerados durante a simulação e o tempo de duração das transmissões;
- **{if($1=="s"&& lineCount==0){...}} (linhas de 29 a 33)**: essas linhas armazenam os tempos de início e fim das transmissões (ex.: timeBegin/timeEnd);
- **/ˆr/&&$4=="AGT"&&$24=="'$conta'"{} (linha 34)**: indica que todo o pacote recebido (ˆr) pelo nó destino na camada de aplicação (AGT), que foi enviado por algum nó, deve ser computado pelo *script*. Cada número precedido pelo caractere $ (ex.: $4 e $24) representa a coluna do arquivo *trace* em que, respectivamente, são gravados o agente de aplicação AGT e nó fonte $conta. Além disso, o caractere 'ˆ' permite procurar por linhas que iniciam com um padrão específico, por exemplo, neste caso, a letra r;
- **if (if ($8=="'$PACKET_SIZE'")) {totalBits += $8-20;} else{totalBits += $8};}; (linhas de 35 a 39)**: nessas linhas são contabilizados os *bytes* enviados. Dessa forma, a linha 35 (ex.: **if $8=="'$PACKET_SIZE'"**) apresenta o tamanho do pacote $PACKET_SIZE com 20 *bytes* adicionais que foram inseridos pela camada de aplicação ('AGT').

Por exemplo, neste trecho de arquivo *trace*, r 59.996499045 _16_ AGT — 9223 cbr 270 13a 10 31 800 energy 92.187329 ei 0.000 es 0.000 e 2.230 er 5.583 ----- 49 0 16 0 3116 3197 1 1, o pacote recebido pelo nó 16 possui 270 bytes (ex.: o campo oito = 270). Todavia, o tamanho original do pacote é 250 *bytes*. Portanto, os *bytes* adicionais não devem ser computados[43];

- **END{ . . . ;' (linhas de 40 a 49):** essas linhas são responsáveis por apresentar o cálculo da vazão em Kbps, conforme Equação 8.1 (ex.: Thoughput = (totalBits*8)/duration/1e3;). A vazão de cada nó é armazenada no arquivo Throughput/ Throughput_$conta.tr.

Além disso, apenas vazões diferentes de zero serão armazenadas em arquivo (ex.: Throughput/mediaV.tr).

Por exemplo, se em uma simulação houver dois nós transmissores com taxa de transmissão de 128 *kbps*, como em uma das simulações realizadas no Capítulo 7 (ex.: N35 e N49), os arquivos gerados pelo *script* de extração da vazão e seus conteúdos serão como mostra a Figura 8.1.

---

43 Uma observação a ser feita consiste no fato de que alguns protocolos, por exemplo, o DSR, não acrescentam os bytes adicionais na camada de aplicação, por isso o uso do seguinte código if ($8=="'$PACKET_SIZE"') {totalBits += 8*($8-20);} else{totalBits += 8*$8;};};.

Figura 8.1 – Conteúdo dos arquivos de vazão dos nós N35 e N49.

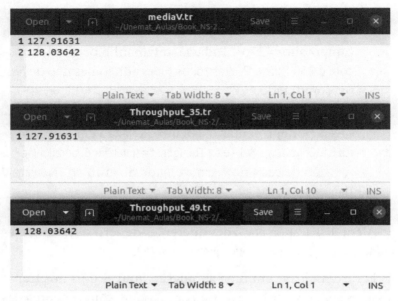

Fonte: Elaborada pelo autor.

8.2 Consumo de Energia

Consumo de Energia (CE): consiste na quantidade de energia gasta por um nó para manutenção das rotas, recebimento de pacotes, envio e redirecionamento de pacotes. Este consumo pode ser dado em *Joules (J) ou Watts (W)*.

$$CE = E_{Inicial} - E_{Final} \qquad (8.2)$$

Conforme abordado por Cunha *et al.* [38], um nó, ao ser desativado devido à falta de energia, pode prejudicar a rede como um todo. Em função disso, muitas métricas de roteamento têm utilizado a energia residual como parâmetro de escolha de rotas com o objetivo de balancear o tráfego para maximizar o tempo de vida da *MANET* [39, 52].

Um exemplo de *script* para extrair o consumo de energia é apresentado através do Código 8.2.

Código 8.2 – Código Para Extração do Consumo de Energia dos Nós.

```
1.  #!/bin/dash
2.  FILE="$1"
3.  NODE="$2"
4.  if [ -z "$FILE" ]; then
5.  echo "USAGE: ./calc_energy.sh <FILE.tr> <NODE_N>"
6.  exit 1
7.  fi
8.  if [ -z "$NODE" ]; then
9.  echo "USAGE: ./calc_energy.sh <FILE.tr> <NODE_N>"
10. exit 1
11. fi
12. NODE_N='expr $NODE - 1'
13. rm -r Energy/
14. mkdir -pv Energy
15. cat $FILE | sed 's/\[//g' | sed 's/\]//g' | sed 's/\_//g' \
16. | sed 's/\:/ /g' > Trace_Cleaned.tr
17. for conta in $(seq 0 $NODE_N); do
18. egrep "^[sr].*" Trace_Cleaned.tr | awk -F" " '{\
```

19. if($3=="'$conta'"){{print $14 }}}' > Energy/Energia_All_by_$conta.e

20. cat Energy/Energia_All_by_$conta.e | awk 'END{ print 100-$1 }' > \

21. Energy/E_Consumption_by_Node_$conta.e

22. cat Energy/E_Consumption_by_Node_$conta.e >> Energy/ Average_Node.e

23. done;

24. cat Energy/Average_Node.e | awk '{

25. Vetor_media[NR] = $0

26. } END {

27. for(m = 0; m <= NR; m++){

28. soma = soma + Vetor_media[m]

29. }

30. media = (soma/NR)

31. printf("%3.9f",media)

32. }' > Energy/Energy_Average.tr

A explicação da métrica de desempenho consumo de energia (Código 8.2) é como segue:

- **#!/bin/dash (linha 1)**: essa linha indica que é um *shell script*;
- **FILE="$1". . . NODE_N='expr $NODE - 1' (linhas de 2 a 12)**: idem à explicação da vazão;
- **cat TRACE_FILE.tr | sed . . . | awk -F '{. . . > Trace_ Cleaned_Sujo.tr (linhas 3 e 4)**: idem à explicação da vazão;

- **rm -r Energy/ e mkdir -pv Energy (linhas 13 e 14)**: nessas linhas é removida e criada uma pasta (ex.: Energy) na qual serão armazenados arquivos do consumo de energia para análises futuras;

- **cat $FILE . . . > Trace_Cleaned.tr (linhas 15 e 16)**: essas linhas são responsáveis por limpar o arquivo de *trace*, como na vazão, gerando um arquivo de saída limpo sem os caracteres: ":", "[", "]"e "_"(ex.: Trace_Cleaned.tr);

- **for conta in $(seq 0 $NODE_N); do . . . done; (linhas 17 e 23)**: essas linhas executam tudo entre elas $NODE_N vezes;

- **egrep "^[sr].*"Trace_Cleaned.tr . . . > Energy/Energia_All_ by_$conta.e (linhas 18 e 19)**: essas linhas gravam no arquivo Energy/Energia_All_by_$conta.e todas as ocorrências da energia dos nós, coluna $14[44], para todos os eventos de envio (s) e recepção (r) ocorridos em todas as camadas do *NS-2* (ex.: aplicação (AGT), rede (RTR) e enlace de dados (MAC));

- **cat Energy/Energia_All_by_$conta.e . . . > Energy/E_ Consumption_by_Node_$conta.e (linhas 20 e 21)**: essas linhas gravam o consumo de energia, de cada nó na simulação, no arquivo Energy/E_Consumption_by_Node_$conta.e;

- **cat Energy/E_Consumption_by_Node_$conta.e >> Energy/Average_Node.e (linha 22)**: essa linha concatena o consumo de energia individual dos nós em um único arquivo, Energy/Average_Node.e;

- **cat Energy/Average_Node.e | awk '{ . . . }' > Energy/ Energy_Average.tr (linhas de 24 a 32)**: calcula o consumo médio de energia da simulação e grava o resultado no arquivo Energy/Energy_Average.tr. O consumo médio de energia é calculado para todos os nós da rede mesmo que nem todos os nós participem ativamente da comunicação.

---

44   Exemplo: r 27.555973420 _35_ MAC -- 0 ACK 38 0 23 0 0 energy 96.434015.

Por exemplo, em uma das simulações realizadas no Capítulo 7, os arquivos do consumo de energia dos nós *N35* e *N49*, gerados pelo *script* de extração de energia, são como mostra a Figura 8.2.

Figura 8.2 – Conteúdo dos arquivos de consumo de energia dos nós N35 e N49. Os Valores 8.36099 e 7.96226 significam a energia gasta em joules. A média apresentada no arquivo Energy_Average.tr é a média de todos os cinquenta nós da rede.

Fonte: Elaborada pelo autor.

8.3 Índice ou Taxa de Perda de Pacotes

Taxa de Perda de Pacotes (TPP): é o índice que mede as transmissões bem-sucedidas de pacotes entre dois ns da rede durante um período [45].

$$TPP = \sum_{i=1}^{n} Pacotes_{Enviados} - \sum_{i=1}^{n} Pacotes_{Recebidos} \qquad (8.3).$$

Estas perdas podem ocorrer por diversos motivos como, rotas indisponíveis, *buffer* cheio, congestionamento, erros nas camadas (ex.: física, de enlace de dados e de redes), interferência, *enlaces* falhos [59], nós egoístas e/ou maliciosos [26].

Um exemplo de *script* para extrair a taxa de perda de pacotes é apresentado por meio do Código 8.3.

Código 8.3 – Código Para Extração da Taxa de Perda de Pacotes de Rede Sem Fio.

```
1.  #!/bin/dash
2.  FILE="$1"
3.  if [ -z "$FILE" ]; then
4.  echo "USAGE: ./drop_packet_calc.sh <FILE.tr>"
5.  exit 1
6.  fi
7.  rm -r Packet_Loss/
8.  mkdir -pv Packet_Loss
9.  cat $FILE | sed 's/\[//g' | sed 's/\]//g' | sed 's/\_//g' \
10. | sed 's/\:/ /g' > Trace_Cleaned.tr
11. egrep "^[sr].*AGT" Trace_Cleaned.tr > Trace_R_S.tr
```

```
12. cat Trace_R_S.tr | awk -F " " '{
13. if($1 == "s" && $4 == "AGT"){
14. {print}
15. }
16. }' > Packet_Loss/S.tr
17. export s=$(awk -F" " 'END { print NR }' Packet_Loss/S.tr)
18. cat Trace_R_S.tr | awk -F " " '{
19. if($1 == "r" && $4 == "AGT"){
20. {print}
21. }
22. }' > Packet_Loss/R.tr
23. export r=$(awk -F" " 'END { print NR }' Packet_Loss/R.tr)
24. awk -v S=$s -v R=$r -F " " 'BEGIN {
25. PLR = S - R;
26. {print PLR}
27. }' > Packet_Loss/PLR_U.p
28. awk -v S=$s -v R=$r -F " " 'BEGIN {
29. PLR = S - R;
30. {print (PLR/S)*100}
31. }' > Packet_Loss/PLR_R.p
32. echo $s > Packet_Loss/packet_generated.p
33. echo $r > Packet_Loss/packet_received.p
```

A explicação da métrica de desempenho taxa de perda de pacotes (Código 8.3) é como segue:

- **#!/bin/dash . . . > Trace_R_S.tr (linhas de 1 a 11)**: idem à vazão;

- **cat Trace_R_S.tr | awk -F '{ . . . }' > Packet_Loss/S.tr (linhas de 12 a 16)**: essas linhas armazenam no arquivo Packet_Loss/S.tr todos os eventos de envio de pacotes (s) ocorridos na camada de aplicação (AGT);

- **export s=$(awk -F 'END { print NR }' Packet_Loss/S.tr) (linha 17)**: conta quantos eventos de envio de pacotes ocorreram na camada de aplicação (AGT) e armazena o resultado na variável s;

- **cat Trace_R_S.tr | awk -F '{ . . . }' > Packet_Loss/R.tr (linhas de 18 a 22)**: essas linhas armazenam no arquivo Packet_Loss/R.tr todos os eventos de recebimento de pacotes (r) ocorridos na camada de aplicação (AGT);

- **export r=$(awk -F 'END { print NR }' Packet_Loss/R.tr) (linha 23)**: conta quantos eventos de recebimento de pacotes ocorreram na camada de aplicação (AGT) e armazena o resultado na variável r;

- **awk -v S=$s -v R=$r -F 'BEGIN { . . . }' > Packet_Loss/ PLR_U.p (linhas de 24 a 27)**: essas linhas gravam no arquivo Packet_Loss/PLR_U.p a quantidade de pacotes perdidos em unidades;

- **awk -v S=$s -v R=$r -F 'BEGIN { . . . }' > Packet_Loss/ PLR_R.p (linhas de 28 a 31)**: essas linhas gravam no arquivo Packet_Loss/PLR_R.p a quantidade de pacotes perdidos em porcentagem;

- **echo $s > Packet_Loss/packet_generated.p e echo $r > Packet_Loss/packet_received.p (linhas 32 e 31)**: nessas linhas são armazenadas as quantidades de pacotes

enviados e recebidos, respectivamente, nos arquivos
Packet_Loss/packet_generated.p e Packet_Loss/packet_received.p.

Os arquivos da taxa de perda de pacotes dos nós N35 e N49, gerados em uma das simulações realizadas no Capítulo 7, e extraídos utilizando o *script* de cálculo da taxa de perda de pacotes, são como mostra a Figura 8.3.

Figura 8.3 – Conteúdo dos arquivos gerados no cálculo da taxa de perda de pacotes dos nós N35 e N49.

Fonte: Elaborada pelo autor.

8.4 Overhead de Roteamento

Overhead de Roteamento (OR): é definido como a quantidade de pacotes de controle gerados por um nó, por exemplo, mensagens do tipo *HELLO* e *TC* do *OLSR* [10], e pode ser calculado pela razão entre os pacotes de controles gerados e os pacotes de dados recebidos (ex.: quantidade ou *bytes*), *overhead normalizado*,

$$OR = \frac{Pacotes\ ou\ Bytes\ de\ Controle_{Gerados}}{Pacotes\ ou\ Bytes\ de\ Controle_{Recebidos}} \qquad (8.4)$$

ou apenas pela quantidade total de pacotes de controle gerados [18].

$$OR = \sum_{i=1}^{n} Mensagens\ de\ Controle \qquad (8.5)$$

Um exemplo de *script* que calcula o *overhead* de roteamento é apresentado no Código 8.4.

Código 8.4 – Código Para Extração do Overhead de Roteamento de Rede Sem Fio.

1. `#!/bin/dash`
2. `FILE="$1"`
3. `NODE="$2"`
4. `if [ -z "$FILE" ]; then`
5. `echo "USAGE: ./overhead_calc.sh <FILE.tr> <NODE_N>"`
6. `exit 1`

7. fi

8. if [-z "$NODE"]; then

9. echo "USAGE: ./overhead_calc.sh <FILE.tr> <NODE_N>"

10. exit 1

11. fi

12. NODE_N=`expr $NODE - 1`

13. rm Overhead/ -r

14. mkdir -pv Overhead

15. cat $FILE | sed 's/\[//g' | sed 's/\]//g' \

16. | sed 's/_//g' | sed 's/\:/ /g' > Trace_Cleaned.tr

17. cat Trace_Cleaned.tr | awk -F" " '{if(($1=="s" || $1=="f") && $4=="RTR" && ($7=="OLSR" \

18. || $7=="AODV" || $7=="DSR" || $7=="message")){{print}}}' > Overhead/OVER.tr

19. awk -F" " 'END { print NR }' Overhead/OVER.tr > Overhead/Overhead.tr

20. for conta in $(seq 0 $NODE_N); do

21. cat Overhead/OVER.tr | awk -F" " '{

22. if($3=="'$conta'")

23. {print}

24. }' > Overhead/OVER_By_$conta.ov

25. if [! -s Overhead/OVER_By_$conta.ov]; then

26. echo "0" > Overhead/OVER_By_$conta.ov

27. fi

28. awk -F" " 'END {if($1=="0") {print NR==0} else {print NR}}' \

29. Overhead/OVER_By_$conta.ov >> Overhead/Overhead_by_no.tr

30. done;

31. export OH=$(cat Overhead/OVER.tr | awk -F " " 'BEGIN {OH = 0;} \

32. /^[sf]/&&$4=="RTR"{OH=OH+$8}; END {printf("%f\n"), OH;}')

33. export DATA=$(cat Trace_Cleaned.tr | awk -F " " 'BEGIN {DATA = 0;} \

34. /^r/&&$4=="AGT"{DATA=DATA+$8}; END {printf("%f\n"), DATA;}')

35. export NOH=$(cat Overhead/Overhead.tr | awk -F" " 'END{ print }')

36. export NDATA=$(awk -F" " 'END { print NR }' Packet_Loss/R.tr)

37. echo $OH > Overhead/OH_Bytes.b

38. echo $DATA > Overhead/DATA_Bytes.b

39. awk -v overhead=$OH -v data=$DATA -F" " 'BEGIN { \

40. print (overhead/data)*100}' > Overhead/Overhead_R.tr

41. awk -v noverhead=$NOH -v ndata=$NDATA -F" " 'BEGIN { \

42. print (noverhead/ndata)*100}' > Overhead/Overhead_Normalized.tr

A explicação da métrica de desempenho *overhead* de roteamento (Código 8.3) é como segue:

- **#!/bin/dash . . . > Trace_Cleaned.tr (linhas de 1 a 16)**: idem à vazão;

- **cat Trace_Cleaned.tr . . . > Overhead/OVER.tr (linhas 17 e 18)**: essas linhas armazenam no arquivo Overhead/OVER. tr apenas informações que tenham *flags* indicando que os eventos ocorridos na simulação são de envio (s) ou de redirecionamento de pacotes (f), que eles ocorreram na camada de rede (RTR) e foram gerados pelos protocolos de roteamento, por exemplo, campo $7 do *old trace*[45], *AODV, DSR, DSDV* e *OLSR*. Uma observação a ser feita consiste no fato de que o protocolo *DSDV*, diferentemente dos outros mencionados, não armazena o flag no arquivo de *trace* como *DSDV*, mas armazena como message;

- **awk -F '{ print NR }' Overhead/OVER.tr > Overhead/ Overhead.tr (linha 19)**: essa linha conta quantas mensagens de controle foram geradas na simulação;

- **for conta in $(seq 0 $NODE_N); do ... done; (linhas 20 e 30)**: essas linhas executam tudo entre elas $NODE_N vezes;

- **cat Overhead/OVER.tr . . . > Overhead/OVER_ By_$conta.ov (linhas de 21 a 24)**: essas linhas gravam no arquivo Overhead/OVER_By_$conta.ov a quantidade de mensagens de controle por nós;

- **if [! -s Overhead/OVER_By_$conta.ov]; then . . . fi (linhas de 25 a 27)**: essas linhas testam se o arquivo que armazena as mensagens com o *overhead* gerado por nó está vazio, em caso positivo o valor zero (ex.: 0) é gravado no arquivo (Overhead/OVER_By_$conta.ov);

- **awk -F 'END {if($1=="0") . . . >> Overhead/Overhead_ by_no.tr (linhas 28 e 29)**: essas linhas armazenam em um único arquivo (ex.: Overhead/Overhead_by_no.tr) o número de mensagens de controle geradas por cada um dos nós;

- **export OH=$(cat Overhead/OVER.tr . . . END {print-f("%f"), DATA;}') (linhas de 31 a 34)**: essas linhas armazenam nas variáveis de ambiente, OH e DATA, as quantidades, em *bytes*, das mensagens de controle e dos pacotes de dados gerados na simulação;

---

45 Envio: s 35.496529600 _16_ RTR -- 3340 DSR [...] e Redirecionamento: f 10.077576728 _23_ RTR -- 5 DSR [...].

- **export NOH=$(cat Overhead/Overhead.tr . . . export NDATA=$(awk -F 'END { . . . (linhas 35 e 36):** essas linhas calculam, respectivamente, o número de mensagens de controle geradas e o número de pacotes de dados entregues com sucesso;

- **echo $OH > Overhead/OH_Bytes.b e echo $DATA > Overhead/DATA_Bytes.b (linhas 37 e 38):** essas linhas armazenam em arquivo a quantidade, em *bytes*, de mensagens de controle geradas na simulação (ex.: OH_Bytes.b) e a quantidade, em *bytes*, de pacotes de dados entregues com sucesso (ex.: e DATA_Bytes.b);

- **awk -v overhead=$OH -v data=$DATA -F 'BEGIN {print . . . (linhas 39 e 40):** essas linhas executam o cálculo do *overhead* de roteamento, conforme Equação 8.4, em quantidade de *bytes*, e armazena o resultado no arquivo Overhead/Overhead_R.tr;

- **awk -v noverhead=$NOH -v ndata=$NDATA -F 'BEGIN {print . . . (linhas 41 e 42):** essas linhas também executam o cálculo do *overhead* de roteamento conforme Equação 8.4, *overhead normalizado*, e armazena o resultado no arquivo Overhead/Overhead_Normalized.tr.

Os arquivos do *overhead* de roteamento gerados em uma das simulações realizadas no Capítulo 7 através do *script* de extração de *overhead*, são como mostra a Figura 8.4.

Figura 8.4 – Taxa de encaminhamento de pacotes (*Forwarding*)

Fonte: Elaborada pelo autor.

Encaminhamento/Redirecionamento de Pacotes: significa colocar o pacote na rota para seu destino (ex.: FORWARD) [17]. Assim, quando um nó tiver um pacote a enviar, ou quando um roteador tiver um pacote a encaminhar, a informação é procurada em uma tabela, que permite ao nó encaminhador achar o destino final, conforme abordado no Capítulo 7.

De acordo com Zhong *et al.* [58], a funcionalidade das redes móveis *ad hoc* (ex.: *MANETs*) depende da concepção de que todos os nós na rede encaminharão pacotes para outros nós. Se isso não acontecer a capacidade de transmissão da rede, principalmente nas *MANETs*, pode ser diminuída drásticamente. Diante do exposto, a taxa de encaminhamento ou redirecionamento de pacotes torna-se uma importante métrica de avaliação de desempenho de redes, especialmente em *MANETs*. A Equação 8.6 representa o modelo matemático para calcular a taxa de encaminhamento de pacotes, que nesse livro é represntado por *FWD* (ex.: FORWARD).

$$FWD = \frac{TPR\_SUCESS.}{TPR} \qquad (8.6)$$

Em que,

- **TPR com Sucesso (TPR_SUCCESS)**: esta variável consiste na quantidade de pacotes que foram redirecionados e entregues com sucesso ao nó destino na camada de aplicação;
- **Total de Pacotes Redirecionados (TPR)**: é a quantidade de pacotes redirecionados uma única vez. Isso é necessário porque em uma rede *MANET* um mesmo pacote pode ser redirecionado mais de uma vez por diferentes nós intermediários. Todavia, o que importa para o cálculo é verificar se um determinado pacote foi redirecionado ou não.

O *script* para calcular a taxa de redirecionamento de pacotes é apresentado no Código 8.5 e Código 8.6.

Código 8.5 – Código Para Extração da Taxa de Redirecionamento de Pacotes (Forwarding) de Rede Sem Fio (Parte 1).

1. `#!/bin/dash`
2. `FILE="$1"`
3. `NODE="$2"`
4. `if [ -z "$FILE" ]; then`
5. `echo "USAGE: ./fwd_calc.sh <FILE.tr> <NODE_N>"`
6. `exit 1`
7. `fi`
8. `if [ -z "$NODE" ]; then`
9. `echo "USAGE: ./fwd_calc.sh <FILE.tr> <NODE_N>"`
10. `exit 1`
11. `fi`
12. `NODE_N=\`expr $NODE - 1\``
13. `rm -r Forward/`
14. `mkdir -pv Forward`
15. `cat $FILE | sed 's/\[//g' | sed 's/\]//g' | sed 's/\_//g' \`
16. `| sed 's/\:/ /g' > Trace_Cleaned.tr`
17. `cat Trace_Cleaned.tr | egrep "^f.*" | awk -F" " '{if($7=="cbr" \`
18. `|| $7=="tcp") {{print}}}'> Forward/FWD_ALL.tr`
19. `awk -F" " 'END { print NR }' Forward/FWD_ALL.tr > Forward/Forward_ALL_Number.tr`
20. `for conta in $(seq 0 $NODE_N); do`

21. cat Forward/FWD_ALL.tr | awk -F" " '{

22. if($3=="'$conta'") {print}}' > Forward/FWD_ALL_By_$conta.f

23. if [! -s Forward/FWD_ALL_By_$conta.f]; then

24. echo "0" > Forward/FWD_ALL_By_$conta.f

25. fi

26. awk -F" " 'END {if($1=="0") {print NR==0} else {print NR}}' \

27. Forward/FWD_ALL_By_$conta.f >> Forward/Forward_by_no.tr

28. done;

A explicação do Código 8.5, parte 1, é como segue:

- **#!/bin/dash . . . > Trace_Cleaned.tr (linhas de 1 a 16):** idem à vazão;
- **cat Trace_Cleaned.tr | egrep "^f.* awk -F '{if($7=="-cbr". . . > Forward/FWD_A LL.tr (linhas 17 e 18):** essas linhas armazenam no arquivo Forward/FWD_ALL.tr apenas informações que tenham *flags* indicando que mensagens de dados (ex.: cbr/tcp) foram redirecionadas (ex.: ^f);
- **awk -F 'END { print NR }' . . . > Forward/Forward_ALL_Number.tr (linha 19):** nessa linha é gravada a quantidade de mensagens redirecionadas geradas na simulação. A gravação é feita no arquivo Forward/Forward_ALL_Number.tr;
- **for conta in $(seq 0 $NODE_N); do . . . done; (linhas 20 e 28):** essas linhas executam tudo entre elas $NODE_N vezes;
- **cat Forward/FWD_ALL.tr | awk -F '{ . . . }' > Forward/FWD_ALL_By_$conta.f (linhas 21 e 22):** nessas linhas é gravada a quantidade de pacotes redirecionados por nó (ex.: arquivo Forward/FWD_ALL_By_$conta.f);

- **if [! -s Forward/FWD_ALL_By_$conta.f]; then . . . fi (linhas de 23 a 25)**: essas linhas testam se o arquivo que armazena os pacotes redirecionados por nó está vazio, em caso positivo o valor zero (ex.: 0) é gravado no arquivo (Forward/FWD_ALL_By_$conta.f);

- **awk -F 'END {if($1=="0") {print NR==0} . . . }' >> Forward/Forward_by_no.tr (linhas 26 e 27)**: essas linhas armazenam em arquivo (ex.: Forward/Forward_by_no.tr) a quantidade de pacotes redirecionados por nó. Isto é, em cada linha desse arquivo são armazenados a quantidade de pacotes que cada nó redirecionou/encaminhou durante a simulação.

Código 8.6 – Código Para Extração da Taxa de Redirecionamento de Pacotes (Forwarding) de Rede Sem Fio (Parte 2).

1. cat Forward/FWD_ALL.tr | awk -F" " '{print $3 " " $6 " " $24 " " $26}' > \

2. Forward/FWD_UNIQ.tr

3. cat Forward/FWD_UNIQ.tr | awk -F" " '{{print $2}}' | uniq -u > \

4. Forward/FWD_UNIQ_PKID.tr

5. cat Forward/FWD_UNIQ_PKID.tr | awk -F " " 'END{print NR}' > \

6. Forward/FWD_UNIQ_PKID_Number.tr

7. cat Trace_Cleaned.tr | awk -F" " '{if($1=="r" && $4=="AGT"){{print \

8. $6}}}' > Forward/RCV.tr

9. cat Forward/RCV.tr | awk -F" " '{print}' > Forward/UNIQ_PKID_RCV_F.tr

10. cat Forward/FWD_UNIQ_PKID.tr | awk -F " " '{print}' >> Forward/ UNIQ_PKID_RCV_F.tr

11. sort -n Forward/UNIQ_PKID_RCV_F.tr | uniq -d > Forward/FWD_Effective.tr

12. awk -F" " 'END { print NR}' Forward/FWD_Effective.tr > \

13. Forward/FWD_Effective_Number.tr

14. cat Forward/FWD_UNIQ_PKID_Number.tr > Forward/Forward_TMP_SUCCESS.tr

15. cat Forward/FWD_Effective_Number.tr >> Forward/Forward_TMP_SUCCESS.tr

16. cat Forward/Forward_TMP_SUCCESS.tr | awk -F " " '{

17. FWD[NR] = $0 } END { SUCCESS = (FWD[2]/FWD[1])*100

18. printf("%.f %",SUCCESS)}' > \

19. Forward/Forward_SUCCESS.tr

A explicação do Código 8.6, Parte 2, é como segue:

- **cat Forward/FWD_ALL.tr | awk -F . . . '{{print \$2}}'** **. . . > Forward/FWD_UNIQ.tr (linhas de 1 a 4)**: essas linhas separam pacotes únicos, extraindo do arquivo *trace* apenas os campos \$3, \$6, \$24 e \$26 (ex.: nó encaminhador, *ID* do pacote, nó origem e nó destino). Dessa forma, estes campos são armazenados no arquivo Forward/FWD_UNIQ.tr. Após isso, é gerado um novo arquivo (ex.: Forward/FWD_UNIQ_PKID.tr) cujo conteúdo é a *ID do Pacote*, o segundo campo (ex.: \$6) do arquivo Forward/FWD_UNIQ.tr.

- **cat Forward/FWD_UNIQ_PKID.tr | awk -F 'END{print NR}' . . . (linhas 5 e 6)**: essas linhas armazenam no arquivo Forward/FWD_UNIQ_PKID_Number.tr a quantidade de pacotes que foram redirecionados, sem repetição, durante a simulação;

- **cat Trace_Cleaned.tr | awk -F '{if($1=="r" $4=="AGT")
  {{print $6}}}' > Forward/ RCV.tr (linhas 7 e 8):** essas
  linhas gravam no arquivo Forward/RCV.tr todos os pacotes
  que foram gerados na camada de aplicação "AGT" do nó
  fonte e que foram recebidos na camada de aplicação do
  nó destino. São gravados apenas a *ID* do pacote, campo
  $6 do arquivo *trace*;

- **cat Forward/RCV.tr | awk -F . . . Forward/FWD_
  Effective_Number.tr (linhas de 9 a 13):** essas linhas
  permitem colocar em um único arquivo (ex.: Forward/
  UNIQ_PKID_RCV_F.tr) todas as *IDs*, sem repetição, dos pacotes encaminhados na simulação e também todas as
  IDs dos pacotes recebidos na camada de aplicação do(s)
  nó(s) destino(s). Dessa forma, é gerado um arquivo apenas com os pacotes que foram encaminhados e recebidos com sucesso pelo(s) nó(s) destino(s) (ex.: Forward/
  FWD_Effective_Number.tr);

- **cat Forward/FWD_UNIQ_PKID_Number.tr . . . >
  Forward/Forward_SUCCESS.tr (linhas de 14 a 19):**
  nessas linhas é calculada a taxa de redirecionamento de
  pacotes. Por exemplo, nas linhas 14 e 15 são armazenados, no arquivo Forward/Forward_TMP_SUCCESS.tr, o número
  de pacotes redirecionados, sem repetição, e o número de
  pacotes redirecionados e recebidos com sucesso pelo(s)
  nó(s) destino(s). Além disso, nas linhas de 16 a 19 é feita
  a divisão dos pacotes que foram redirecionados e entregues com sucesso ao nó destino pela quantidade total de
  pacotes que foram redirecionados (Equação 8.6), cálculo que consiste na *taxa de redirecionamento de pacotes*.
  Por conseguinte, o resultado é armazenado no arquivo
  Forward/Forward_SUCCESS.tr.

Após a execução do script de extração da taxa de redirecionamento de pacotes (ex.: *FORWARD*) são gerados diversos arquivos que podem ser usados para analisar a simulação. Por exemplo, os arquivos gerados em uma das simulações realizadas no Capítulo 7, são como mostra a Figura 8.5.

Figura 8.5 – Conteúdo dos arquivos gerados no cálculo da taxa de redirecionamento de pacotes.

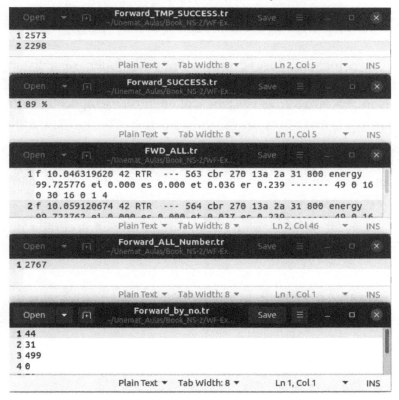

Fonte: Elaborada pelo autor.

8.6 Atraso Fim a Fim

Atraso Fim a Fim: refere-se ao tempo levado por um pacote para atravessar a rede, partindo de um nó fonte até chegar a um nó destino [17, 45]. O atraso fim a fim em redes comutadas por pacote, pode ser composto por quatro diferentes tipos de atraso como: atraso de propagação, atraso de transmissão, atraso de enfileiramento e atraso de processamento [17]. O modelo matemático para o cálculo do atraso é como mostrado na Equação 8.7.

$$AFF = Tempo\ do\ Pacote_{Destino} - Tempo\ do\ Pacote_{Origem} \qquad (8.7)$$

As principais causas do atraso fim a fim podem ser a distância do enlace, o atraso de transmissão, o atraso de codificação/decodificação e o atraso de empacotamento/desempacotamento. Tráfegos sensíveis ao atraso como sinais de voz ou a combinação de voz e vídeo (ex.: vídeo conferência) não toleram atrasos substanciais. O mesmo caso não se aplica à transferência de arquivos e envio de e-mails, pois nesse contexto o atraso não é relevante [3].

O *script* para calcular atraso fim a fim é apresentado nos Códigos 8.7 e 8.8.

Código 8.7 – Código Para Extração do Atraso Fim a fim de Rede Sem Fio (Parte 1).

```
1.  #!/bin/dash
2.  FILE="$1"
3.  NODE="$2"
4.  if [ -z "$FILE" ]; then
```

5. echo "USAGE: ./delay_calc.sh <FILE.tr> <NODE_N>"

6. exit 1

7. fi

8. if [-z "$NODE"]; then

9. echo "USAGE: ./delay_calc.sh <FILE.tr> <NODE_N>"

10. exit 1

11. fi

12. NODE_N='expr $NODE - 1'

13. rm -r Delay/

14. mkdir -pv Delay

15. cat $FILE | sed 's/\[//g' | sed 's/\]//g' | sed 's/_//g' \

16. | sed 's/\:/ /g' > Trace_Cleaned.tr

17. egrep "^[sr].*AGT.*" Trace_Cleaned.tr > Trace_R_S.tr

18. for conta in $(seq 0 $NODE_N); do

19. cat Trace_R_S.tr | awk -F" " '{

20. if($1 == "s" && $3=="'$conta'" && $4 == "AGT"){

21. s_pacote[$6]=$2

22. snd[$6]=$6 }

23. if($1 == "r" && $4 == "AGT"){

24. r_pacote[$6]=$2

25. rcv[$6]=$6

26. if($6 in r_pacote && $6 in r_pacote && $6 in snd && $6 in rcv){

27. delay=r_pacote[$6]-s_pacote[$6]

28. printf("%3.9f\n",delay); }}} ' > Delay/Delay_$conta.tr

A explicação do Código 8.7, Parte 1, é como segue:

- **#!/bin/dash . . . > Trace_Cleaned.tr (linhas de 1 a 16)**: essas linhas são exatamente como explicado em métricas anteriores, por exemplo, **vazão, perda de pacotes** etc;
- **egrep "ˆ[sr].*AGT.*"Trace_Cleaned.tr > Trace_R_S.tr (linha 17)**: essa linha grava no arquivo Trace_R_S.tr todas as ocorrências de envio (s) e recebimento (r) de pacotes ocorridos na camada de aplicação (AGT);
- **for conta in $(seq 0 $NODE_N); do . . . done; (linha 18 e linha 13 do Código 38)**: executam tudo que está dentro do *loop for* $NODE_N vezes;
- **cat Trace_R_S.tr | awk -F '{ . . . } . . . (linhas de 19 a 28)**: nessas linhas são armazenados, em variáveis específicas (ex.: s_pacote[$6][46], snd[$6], r_pacote[$6] e rcv[$6]), todos os tempos ($2) dos eventos de envio e recebimento e as IDs dos pacotes ($6) que são usados para calcular o atraso fim a fim. Dessa forma, o atraso, por nó, é calculado (ex.: delay=r_pacote[$6]-s_pacote[$6], Equação 8.7) e armazenado, em *segundos* (s), no arquivo Delay/Delay_$conta.tr.

Código 8.8 – Código Para Extração do Atraso Fim a fim de Rede Sem Fio (Parte 2).

1. if [-s Delay/Delay_$conta.tr]; then
2. cat Delay/Delay_$conta.tr | awk -F" " '{
3. Vetor_media[NR] = $0
4. } END {
5. for(m = 1; m <= NR; m++){

---

46 Essas variáveis, vetores, tem como índice a ID dos pacotes, $6.

6.   soma = soma + Vetor_media[m]

7.   }

8.   media = (soma/NR)

9.   printf("%3.9f",media)

10. }' > Delay/Media_Delay_$conta.tr

11. awk '{print}' Delay/Media_Delay_$conta.tr >> Delay/media.tr

12. fi

13. done;

14. cat Trace_R_S.tr | awk -F" " 'BEGIN{

15. count=0;} {

16. if($1 == "s" && $4 == "AGT"){

17. s_pacote[$6]=$2

18. snd[$6]=$6 }

19. if($1 == "r" && $4 == "AGT"){

20. count++

21. r_pacote[$6]=$2

22. rcv[$6]=$6

23. if($6 in r_pacote && $6 in r_pacote && $6 in snd && $6 in rcv){

24. delay+=r_pacote[$6]-s_pacote[$6] }}

25. } END {printf("%3.9f\n",delay/count);}' > Delay/Total_Delay.tr

A segunda parte do *script* de extração do atraso fim a fim (Código 8.8) é explicada como segue:

- **if [-s Delay/Delay_$conta.tr]; then ... fi (linhas de 1 a 12)**: nessas linhas primeiramente é verificado se o arquivo do atraso está vazio (ex.: Delay/Delay_$conta.tr). Dessa forma, caso esteja, o mesmo não será gravado, isso evita que o cálculo médio do atraso seja computado com erros. Além disso, nas linhas subsequentes, é calculado a média de atraso (ex.: media = ($soma/NR$)) para cada nó na rede (ex.: Delay/Media_Delay_$conta.tr). Por conseguinte, todas as médias individuais dos nós são gravadas no arquivo Delay/media.tr;

- **cat Trace_R_S.tr | awk -F 'BEGIN{ ... > Delay/Total_Delay.tr (linhas e 14 a 25)**: nessas linhas é computado o atraso total da rede, isto é, nesse atraso não é considerado o atraso individual dos nós ou a média do atraso dos nós. Portanto, o atraso calculado aqui é o atraso total que consiste na somatória dos atrasos ocorridos na simulação dividido pelo total de pacotes entregues com sucesso (ex.: delay+=r_pacote[$6]-s_pacote[$6]$\Rightarrow$ delay/count).

Por conseguinte, após a execução do script de extração do atraso fim a fim, são criados diversos arquivos com informações importantes que podem ser usadas para analisar a simulação. Por exemplo, os arquivos de atraso gerados em uma das simulações realizadas no Capítulo 7, são como mostra a Figura 8.6.

Figura 8.6 – Conteúdo dos arquivos gerados no cálculo do atraso fim a fim.

Fonte: Elaborada pelo autor.

8.7 Jitter ou Variação do Atraso

Jitter: é definido como a variação do atraso de pacotes consecutivos de mesmo fluxo [3, 8],

$$Jitter = AFF_n - AFF_{n-1} \qquad (8.8)$$

Por exemplo, se quatro pacotes forem enviados nos tempos 2, 3, 4 e 5 milissegundos e chegarem aos destinos nos tempos 22,

23, 24 e 25 milissegundos, todos os pacotes terão atrasos iguais a 20 milissegundos. De outra forma, se os pacotes chegarem nos tempos 20, 24, 23 e 27 milissegundos, eles terão atrasos diferentes, 18, 21, 19 e 22 milissegundos. Para aplicações de áudio e vídeo, a primeira situação é aceitável e a segunda não é. Isso significa que para essas aplicações não é importante que o atraso seja baixo ou alto, o que importa é que o mesmo seja constante em todos os pacotes [17].

O *script* que extrai o *jitter* é apresentado por meio dos Códigos 8.9 e 8.10.

Código 8.9 – Código Para Extração do Jitter de Rede Sem Fio, Parte 1.

```
1.  #!/bin/dash
2.  NODE="$1"
3.  if [ -z "$NODE" ]; then
4.  echo "USAGE: ./jitter_calc.sh <NODE_N>"
5.  exit 1
6.  fi
7.  NODE_N='expr $NODE - 1'
8.  rm -r Jitter/
9.  mkdir -pv Jitter
10. for conta in $(seq 0 $NODE_N); do
11. cat Delay/Delay_$conta.tr | awk -F " " '{
12. vetor_Delay[NR] = $0
13. } END {
```

14. n = 1

15. for(i = 0;i < NR; i++){

16. jitter = vetor_Delay[n] - vetor_Delay[i]

17. if(jitter < 0){

18. jitter = (jitter * -1)}

19. printf("%3.9f\n",jitter)

20. n++ }}' > Jitter/Jitter_$conta.tr

21. if [-s Jitter/Jitter_$conta.tr]; then

22. cat Jitter/Jitter_$conta.tr |awk -F" " '{

23. Vetor_media[NR] = $0

24. } END {

25. for(j = 1; j <= NR; j++){

26. soma = soma + Vetor_media[j]}

27. media = soma/NR

28. printf("%3.9f",media) }' > Jitter/Media_Jitter_$conta.tr

29. awk -F" " '{print}' Jitter/Media_Jitter_$conta.tr >> Jitter/media.tr

30. fi

31. done;

Antes de explicar o Código 8.9 é importante salientar que, diferentemente dos códigos explicados anteriormente, o cálculo do *jitter* é dependente dos resultados do cálculo do atraso fim a fim, pois o *jitter* é a variação do atraso conforme apresentado na Equação 8.8. Portanto, o *script* de extração do *jitter* dependerá, exclusivamente, dos arquivos localizados na pasta Delay. Assim, a explicação do Código 8.9, primeira parte, é como segue:

- **#!/bin/dash ... mkdir -pv Jitter (linhas de 1 a 9):** idem às explicações anteriores;
- **for conta in $(seq 0 $NODE_N); do ... done; (linhas 10 e 31):** executam tudo que está dentro do *loop for* $NODE_N vezes, ou seja, a quantidade de nós na simulação;
- **cat Delay/Delay_$conta.tr | awk -F '{ ... }' > Jitter/Jitter_$conta.tr (linhas de 11 a 20):** essas linhas concatenam os arquivos Delay/Delay_$conta.tr na entrada da linguagem awk e, a partir disso, extrai o atraso para calcular o jitter utilizando a fórmula apresentada na Equação 8.8 (ex.: jitter = vetor_Delay[n] - vetor_Delay[i]). O resultado, jitter de cada nó, é armazenado no arquivo Jitter/Jitter_$conta.tr;
- **if [-s Jitter/Jitter_$conta.tr]; then ... >> Jitter/media.tr (linhas de 21 a 29):** nessas linhas é calculado o jitter médio de cada nó (ex.: media = soma/NR). O resultado é armazenado no arquivo Jitter/Media_Jitter_$conta.tr. Além disso, o *jitter* médio de todos os nós é armazenado no arquivo Jitter/media.tr.

Código 8.10 – Código Para Extração do Jitter de Rede Sem Fio, Parte 2.

```
1.  cat Trace_R_S.tr | awk -F" " '{
2.  if($1 == "s" && $4 == "AGT"){
3.  s_pacote[$6]=$2
4.  snd[$6]=$6 }
5.  if($1 == "r" && $4 == "AGT"){
6.  count++
7.  r_pacote[$6]=$2
8.  rcv[$6]=$6
```

9. if($6 in r_pacote && $6 in r_pacote && $6 in snd && $6 in rcv){

10. delay=r_pacote[$6]-s_pacote[$6]

11. printf("%3.9f\n",delay); }}}' > Jitter/Delay_for_Jitter_Network.tr

12. cat Jitter/Delay_for_Jitter_Network.tr | awk -F" " '{

13. count=0;

14. vetor_EED[NR] = $0;

15. } END {

16. n = 1

17. for(i = 0;i < NR; i++){

18. jitter = vetor_EED[n] - vetor_EED[i]

19. if(jitter < 0){

20. jitter = (jitter * -1)}

21. printf("%3.9f\n",jitter)

22. n++ }}' > Jitter/Total_J.tr

23. cat Jitter/Total_J.tr | awk -F" " '{

24. Vetor_media[NR] = $0

25. } END {

26. for(j = 1; j <= NR; j++){

27. soma = soma + Vetor_media[j]

28. }

29. media = soma/NR

30. printf("%3.9f",media)

31. }' > Jitter/Total_Network_Jitter.tr

A explicação da segunda parte do *script* de extração do *jitter* (ex.: Código 8.10) é como segue:

- **cat Trace_R_S.tr | awk -F '{ ... > Jitter/Delay_for_ Jitter_Network.tr (linhas de 1 a 11)**: essas linhas criam um novo atraso, de toda a rede, que é armazenado no arquivo Jitter/Delay_for_Jitter_Network.tr[47];

- **cat Jitter/Delay_for_Jitter_Network.tr ... > Jitter/ Total_J.tr (linhas de 12 a 22)**: essas linhas calculam o jitter novamente (ex.: jitter = vetor_EED[n] - vetor_EED[i]), sem levar em consideração o jitter por nó ($conta), e o resultado desse cálculo é armazenado no arquivo Jitter/Total_J.tr;

- **cat Jitter/Total_J.tr | awk -F '{ ... }' > Jitter/Total_ Network_Jitter.tr (linhas de 23 a 31)**: essas linhas concatenam o conteúdo do arquivo Jitter/Total_J.tr na entrada da linguagem *awk* para obter o *jitter total médio*, que é calculado dividindo o *jitter* obtido pelo número de pacotes que foram entregues com sucesso ao(s) nó(s) destino(s) (ex.: media = soma/NR).

Após a execução do *script* de extração do *jitter*, também são criados diversos arquivos com informações importantes que podem ser usados para analisar a simulação. Por exemplo, os arquivos de *jitter*, que foram gerados em uma das simulações realizadas no Capítulo 7, são apresentados na Figura 8.7.

---

47 Essa parte do código poderia ser feita de outra forma, por exemplo, aproveitando, novamente, todos os resultados individuais do atraso, por nó, armazenados na pasta *Delay/*. Todavia, por questões práticas, preferimos recalcular o atraso novamente.

Figura 8.7 – Conteúdo dos arquivos gerados no cálculo do jitter, variação o atraso.

Fonte: Elaborada pelo autor.

8.8 Taxa de Entrega de Pacotes

Taxa de Entrega de Pacotes (TEP): consiste na razão entre o número de pacotes entregues ao destino e o número de pacotes gerados na fonte [46],

$$TEP = \frac{Total\ de\ Pacotes\ Entregues\ no\ Destino}{Totalde\ Pacotes\ Gerados\ na\ Fonte} \qquad (8.9)$$

Assim como a vazão, a taxa de entrega de pacotes consiste também em um ótimo indicador da competência do protocolo de roteamento. Além disso, a taxa de entrega de pacotes é o complemento da taxa de perda de pacotes, o que significa que uma ou outra métrica pode ser usada.

Um exemplo de *script* que extrai a taxa de entrega de pacotes é como mostra o Código 8.11.

Código 8.11 – Código Para Extração da Taxa de Entrega de Pacote de Rede Sem Fio.

```
1.  #!/bin/bash
2.  FILE="$1"
3.  NODE_N="$2"
4.  if [ -z "$FILE" ]; then
5.  echo "USAGE: ./pdr_calc.sh <FILE.tr> <NODE_N>"
6.  exit 1
7.  fi
8.  rm -r PDR/
9.  mkdir -pv PDR/
10. cat $FILE | sed 's/\[//g' | sed 's/\]//g' | sed 's/\_//g' \
11. | sed 's/\:/ /g' > Trace_Cleaned.tr
12. egrep "^[sr].*AGT" Trace_Cleaned.tr > Trace_R_S.tr
13. cat Trace_R_S.tr | awk -F " " '{
14. if($1 == "s" && $4 == "AGT"){
15. {print}
16. }
```

17. }' > PDR/S.tr

18. export s=$(awk -F" " 'END { print NR }' PDR/S.tr)

19. cat Trace_R_S.tr | awk -F " " '{

20. if($1 == "r" && $4 == "AGT"){

21. {print}

22. }

23. }' > PDR/R.tr

24. export r=$(awk -F" " 'END { print NR }' PDR/R.tr)

25. awk -v S=$s -v R=$r -F " " 'BEGIN {

26. PDR = (R/S)*100;

27. {print PDR}

28. }' > PDR/PDR.p

29. echo $s > PDR/packet_generated.p

30. echo $r > PDR/packet_received.p

A explicação do *script* de extração da *taxa de entrega de pacotes* (ex.: Código 8.11) é como segue:

- **#!/bin/bash . . . > Trace_Cleaned.tr (linhas de 1 a 11)**: idem às explicações anteriores;
- **egrep "^[sr].*AGT.*"Trace_Cleaned.tr > Trace_R_S.tr (linha 12)**: essa linha grava no arquivo Trace_R_S.tr todas as ocorrências de envio (s) e recebimento (r) de pacotes ocorridos na camada de aplicação (AGT);
- **cat Trace_R_S.tr | awk -F '{ . . . }' > PDR/S.tr (linhas de 13 a 17)**: essas linhas permitem armazenar todos os pacotes gerados (s), na camada de aplicação (AGT), no arquivo PDR/S.tr;

- **export s=$(awk -F 'END { print NR }' PDR/S.tr) (linha 18)**: essa linha conta a quantidade de pacotes gerados na camada de aplicação (AGT) e armazena o resultado na variável s;
- **cat Trace_R_S.tr | awk -F '{ ... }' > PDR/R.tr (linhas de 19 a 23)**: essas linhas permitem armazenar todos os pacotes recebidos (r), na camada de aplicação (AGT), no arquivo PDR/R.tr;
- **export r=$(awk -F 'END { print NR }' PDR/R.tr) (linha 24)**: essa linha conta a quantidade de pacotes recebidos na camada de aplicação (AGT) e armazena o resultado na variável r;
- **awk -v S=$s -v R=$r -F 'BEGIN { PDR = (R/S)*100 ... }' > PDR/PDR.p (linhas de 25 a 28)**: essas linhas calculam a taxa de entrega de pacotes, em percentagem (ex.: PDR = (R/S)*100), e armazena o resultado no arquivo PDR/PDR.p;
- **echo $s > PDR/packet_generated.p e echo $r > PDR/ packet_received.p (linhas 29 e 30)**: essas linhas salvam os valores armazenados nas variáveis $s e $r nos arquivos PDR/packet_generated.p (ex.: pacotes gerados) e PDR/packet_received.p (ex.: pacotes recebidos com sucesso).

O *script* da extração da taxa de entrega de pacotes (Código 8.11) é parecido com o da taxa de perda de pacotes (Código 8.3), pois um é complemento do outro. Todavia, há uma diferença entre ambos que consiste na **linha 26 (PDR = (R/S)*100;)** em que divide-se a quantidade de pacotes recebidos com sucesso (**R**) pela quantidade de pacotes gerados (**S**), exatamente como mostrado na Equação 8.9.

Nessa métrica, após a execução do *script* de extração da taxa de entrega de pacotes, são gerados arquivos com informações importantes e que podem ser usadas para analisar a simulação. Os arquivos de análise da taxa de entrega de pacotes, os quais foram gerados em uma das simulações realizadas no Capítulo 7, são mostrados na Figura 8.8.

Figura 8.8 – Conteúdo dos arquivos gerados no cálculo da taxa de entrega de pacotes.

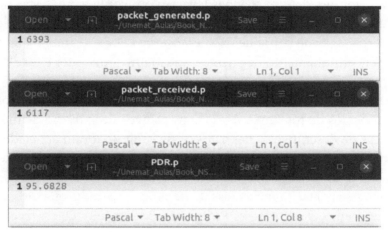

Fonte: Elaborada pelo autor.

> Todas as métricas de desempenho descritas nas seções anteriores estão disponíveis no *GitHub* deste livro, tanto individualmente na forma de *shell script*[48] e juntas no arquivo "Metrics_Performance_Extractor_NEW_CBR.sh"[49].

---

48 Disponível em: https://github.com/dioxfile/NS-2_Scripts/tree/master/Chapter_8_Performance_Metrics.
49 Disponível em: https://github.com/dioxfile/Performance-Network-Metrics-NS-2/.

8.9 Avaliação de Desempenho dos Protocolos DSR, AODV, DSDV e OLSR

Nessa seção são apresentadas simulações que foram executadas para avaliar o desempenho dos protocolos de roteamento em redes sem fio móveis (ex.: *DSR, AODV, DSDV* e *OLSR*), descritos no Capítulo 7. As avaliações levaram em conta as métricas de desempenho descritas nesse capítulo (ex.: vazão, consumo de energia, taxa de perda de pacotes, overhead de roteamento, taxa de encaminhamento de pacotes, atraso fim a fim, jitter e taxa de entrega de pacotes). Nesse contexto, executou-se uma simulação para cada protocolo. Além disso, para realizar as avaliações dos protocolos de roteamento, todos os códigos de extração de métricas de desempenho descritos nesse capítulo foram acoplados em um único script de extração de métricas de desempenho chamado Metrics_Performance_Extractor_NEW_CBR.sh[50]. O objetivo disso consistiu em facilitar a análise do desempenho dos protocolos de roteamento. O *script* Metrics_Performance_Extractor_NEW_CBR.sh recebe como entrada o arquivo de *trace* e ao ser executado no terminal *Linux* gera como resultado a média das métricas de desempenho supramencionadas. Assim, é possível comparar, nesse contexto, qual dos protocolos avaliados possui o melhor desempenho.

8.9.1 Como Usar o *Script* de Extração de Métricas de Desempenho?

Os passos para a utilização do *script* Metrics_Performance_Extractor_NEW_CBR.sh é como segue:

1. Baixe o *script* do seguinte endereço: https://github.com/dioxfile/Performance-Network-Metrics-NS-2 e coloque-o em uma pasta de sua preferência;

---

50 Disponível em: https://github.com/dioxfile/Performance-Network-Metrics-NS-2.

2. Instale o aplicativo dialog (ele não é necessário, mas melhora o visual) e caso sua distribuição *Linux* não possua *gawk/awk* (necessário para o *script* funcionar) o mesmo deve ser instalado. Exemplo: user@pythonist-Inspiron:~$ sudo apt install dialog gawk;

3. Dê permissões de execução ao *script*, por exemplo: user@pythonist-Inspiron:~$ sudo chmod +x Metrics_Performance_Extractor_NEW_CBR.sh;

4. Coloque o arquivo *trace* (ex.: TRACE_FILE.tr) na mesma pasta do *script* ou indique o caminho do arquivo na linha de comando;

5. Execute o *script* da seguinte maneira: user@pythonist-Inspiron:~$ sudo ./Metrics_Performance_Extractor_NEW_CBR.sh <FILE.tr> <PACKET_SIZE> <NODE_N> <FLOW_N>[51].

> Nesse *script* o uso do segundo parâmetro (ex.: variável que recebe o tamanho do pacote, linha 56 do *script*: ($8==$PACKET_SIZE)) se justifica, porque na camada de aplicação do nó destino (AGT), no momento do recebimento do pacote, são adicionados 20 *bytes* a mais, e esses *bytes* adicionais não devem entrar no cálculo da vazão. Por exemplo: r 59.996499045 _16_ AGT — 9223 cbr 270 13a 10 31 800 energy 92.187329 ei 0.000 es 0.000 et 2.230 er 5.583 —— 49 0 16 0 31 16 3197 1 1, como pode ser visto no trecho de *trace* apresentado, o pacote recebido (r) pelo nó 16 possui 20 *bytes* a mais (ex.: o campo oito do trecho de arquivo trace = 270). Todavia, o tamanho original do pacote é 250 *bytes*. A adição dos 20 *bytes* na recepção da camada de aplicação não ocorre no protocolo *DSR*.

---

51 Se as permissões de execução são dadas como usuário não root o comando sudo pode ser omitido.

> Outra questão importante é usar a quantidade de fluxos de tráfego como parâmetro (ex.: <FLOW_N>). A quantidade de fluxos de tráfego é usada para calcular a vazão média, o atraso médio e o *jitter* médio. Sendo assim, em situações na qual se avalia nós egoístas do Tipo 1, Capítulo 9, alguns *links/fluxos* entre dois nós podem zerar, em função da ação dos nós egoístas, e gerar erros de resultados. Dessa forma, para que isso não aconteça, é necessário utilizar a quantidade de fluxos como parâmetro. Os usuários do *NS-2* podem encontrar o número de fluxos no arquivo de tráfego, por exemplo na última linha do mesmo: #Total sources/connections: 8/8, nesse exemplo há oito fluxos. Portanto, antes de usar o extrator de métricas ache a quantidade de fluxos no arquivo de tráfego!!!

Como teste o *script* de extração de métricas de desempenho foi utilizado para avaliar o protocolo *AODV*. E o arquivo de *trace* recebido como parâmetro de entrada foi extraído de uma simulação realizada no Capítulo 7. Por exemplo, a Figura 8.9 apresenta o resultado do desempenho do protocolo *AODV* após a execução do *script* Metrics_Performance_Extractor_NEW_CBR.sh.

Figura 8.9 – Resultado da execução do script Metrics_ Performance_Extractor_NEW_CBR.sh na extração das métricas de desempenho de redes sem fio.

```
SIMULATION
Number of Generated Packets:
6393
Total Network Throughput (e,g., Total Bits Delivery/Total Observation Time(s)) (Kbps):
184,276010000
Nodes Average Throughput (e,g., (Node_T1+Node_T2+...+Node_Tn)/Node Flow Number) (Kbps):
92,13800
Average Energy Consumption (e,g., Total Energy Spent/Node Number)(Joules):
3,482960040
Packet Loss by Selfishness (Units):
0
Total Packet Loss (Units):
1790
Total Packet Loss Percentage (%):
27,9994
Overhead (Units):
556
Overhead_Bytes/Data_Bytes (26604/1242810) (%):
2,14063
Normalized Overhead (%):
12,0791
Forward Percentage (e,g., Total Packet Forward/Packet Received With Success) (%):
49 %
Total Network Delay in seconds (e,g., Total Delay/Packet Received With Success) (s):
0,034390451
Total Delay in seconds (e,g., sum(Node_Delay1+Node_Delay2+...+Node_Delayn)) (s):
0,070415986
Average Delay in seconds (e,g., sum(Node_Delay1+Node_Delay2+...+Node_Delayn)/Node Flow Number)(s):
0,035207993
Total Network Jitter in seconds (e,g., Total Jitter/Packet Received With Success) (s):
0,049278262
Total Jitter in seconds (e,g., sum(Node_Jitter1+Node_Jitter2+...+Node_Jittern)) (s):
0,083978401
Average Jitter in seconds (e,g., sum(Node_Jitter1+Node_Jitter2+...+Node_Jittern/Node Flow Number)) (s):
0,041989201
PDR (%):
72,0006
END SIMULATION
```

Fonte: Elaborada pelo autor.

O resultado apresentado na Figura 8.9 é obtido de duas formas, uma por meio do aplicativo dialog através da tela do terminal Linux e outra por meio de um arquivo de *log*, Simulation_Result.result. Além disso, o *script* cria diversas pastas (ex.: Throughput/, Energy/, Packet_Loss/, Overhead/, Forward/, Delay/, Jitter/ e PDR/) com diversos arquivos para análise da simulação, como previamente explicado nesse capítulo (ex.: Figuras 8.1, 8.3, 8.2, 8.4, 8.5, 8.6, 8.7 e 8.8).

8.9.2 Resultados das Simulações dos Protocolos DSR, AODV, DSDV e OLSR

Esta subseção mostra os resultados das simulações com os protocolos *DSR, AODV, DSDV* e *OLSR* na forma de figuras e tabela. Todas as simulações realizadas, um total de quatro, geraram arquivos de trace com tamanho médio de *415 MB* e demoraram em média 10,5 minutos para terminar utilizando um *notebook DELL* com *8 GB* de *RAM*, processador *Intel Core i7* da quarta geração e *HD* de *1TB*.

Parâmetros de Simulação

Por conseguinte, continuando a avaliação de desempenho dos protocolos *DSR, AODV, DSDV* e *OLSR*, são apresentados os parâmetros de simulação que foram usados para realizar as avaliações dos protocolos de roteamento *MANETs*:

1. A área de simulação com as seguintes dimensões $1000m(x) \times 1000m(y)$, Figura 8.10;

2. O Modelo de mobilidade *Random WayPoint*[52];

3. Quantidade de nós, 50 nós móveis;

4. Tempo de simulação, 100 segundos. A transmissão inicia em 8s e termina em 100s;

5. Quantidade de destinos inalcançáveis zero (ex.: 0);

6. Foram criadas oito fontes de tráfego *CBR Null* com oito fontes/destinos diferentes, taxa de transmissão de 256 *Kbps* e tamanho de pacote de 500 B[53], Figura 8.11;

---

52 Foi necessário utilizar o script descrito no Capítulo 6, Código 6.5, com os seguintes parâmetros ./auto_mobility.sh 50 5.0 20.0 100 2 1000 1000 0.

53 No que se refere à criação do tráfego foi utilizado o Código 3.4, descrito no Capítulo 3, com os seguintes parâmetros ./automatic.sh cbr 50 0.25 8 256.0.

7. As métricas de desempenho analisadas foram todas as descritas nesse capítulo;

8. O padrão sem fio utilizado foi o *IEEE 802.11b*;

9. Os códigos utilizados para realização das simulações foram[54]:

> » traffic.tcl (Capítulo 3);
> » IEEE802-11.tcl (Capítulo 5);
> » 802-11b_functional.tcl (Capítulo 5);
> » mobility.tcl (Capítulo 6);
> » olsr-default.tcl (Capítulo 7).

---

54 Disponíveis em: https://github.com/dioxfile/NS-2_Scripts/tree/master/Chapter_8_Performance_Metrics.

Figura 8.10 – Cenário com 50 nós móveis, 8 fontes de tráfego, área 1000m(x) 1000m(y) e taxa de transmissão de 256 Kbps. Nesse ambiente há oito conexões em andamento (ex.: linhas tracejadas em roxo): N0⇒N1, N2⇒N3, N4⇒N5, N6⇒N7, N11⇒N12, N12⇒N13, N14⇒N15 e N15⇒N16.

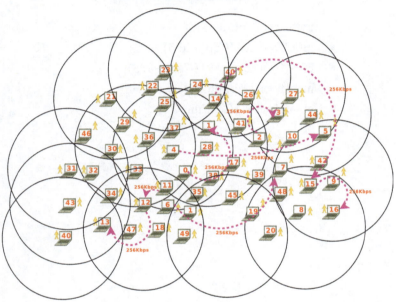

Fonte: Elaborada pelo autor.

Figura 8.11 – Fluxos de tráfego do cenário de simulação om aplicação CBR e protocolo UDP.

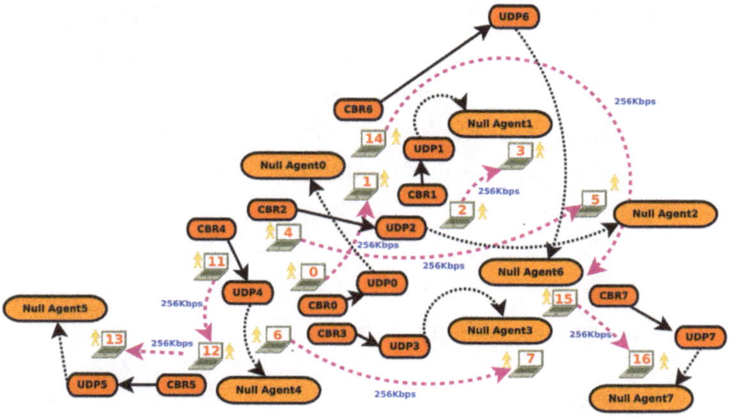

Fonte: Elaborada pelo autor.

A Tabela 8.1 apresenta o resumo dos parâmetros de simulação usados nos experimentos realizados nesse capítulo:

Tabela 8.1 – Resumo dos Parâmetros da Simulação.

N	Parâmetros da Simulação	Valor
(1)	Área de simulação	1000m(x) × 1000m(y)
(2)	Quantidade de nós	50
(3)	Tipo de tráfego	CBR Null (UDP)
(4)	Tamanho dos pacotes	500 Bytes
(5)	Taxa de transmissão	64pps (256 Kbps)
(6)	Modelo de propagação do sinal	TwoRayGround
(7)	Carga total de energia do nó	100 Joules (J)
(8)	Potência (TX/RX) e distCST_	TX = 1,2W/RX = 0,6W e 406.3m
(9)	Tipo de MAC	IEEE 802.11b
(10)	Padrão de Movimentação	Random Waypoint
(11)	Velocidade do nó	mim 5m/s e max 20m/s com 2s de pausa
(12)	Tempo de simulação	100s
(13)	OLSR Willingness, TC time e HELLO time	3, 5s e 2s
(14)	Quantidade de Fontes de Tráfego	8

Fonte: Elaborada pelo autor.

As Figuras 8.12, 8.13, 8.14 e 8.15 mostram os resultados das avaliações de desempenho destes protocolos, as quais foram obtidas com o *script* Metrics_Performance_Extractor_NEW_CBR.sh. Além disso, é possível observar nessas figuras, e em algumas métricas de avaliação de desempenho, a fórmula utilizada para calcular a métrica. Por exemplo, o *overhead* de roteamento apresenta três cálculos diferentes para a mesma métrica:

1. $OR = \displaystyle\sum_{i=1}^{n} Mensagens\ de\ Controle$;

2. $OR = \dfrac{Bytes\ de\ Overhead_{Gerados}}{Bytes\ de\ Dados_{Recebidos}}$;

3. $OR = \dfrac{Quantidade\ de\ Pacotes\ de\ Controle_{Gerados}}{Quantidade\ de\ Pacotes\ de\ Dados_{Recebidos}}$.

Figura 8.12 – Avaliação de desempenho do protocolo DSR.

```
Number of Generated Packets:
47064
Total Network Throughput (e.g., Total Bits Delivery/Total Observation Time(s)) (Kbps):
658.531310000
Nodes Average Throughput (e.g., (Node_T1+Node_T2+...+Node_Tn)/Node Flow Number) (Kbps):
82.31641
Average Energy Consumption (e.g., Total Energy Spent/Node Number)(Joules):
36.323986000
Packet Loss by Selfishness (Units):
0
Total Packet Loss (Units):
31932
Total Packet Loss Percentage (%):
67.848
Overhead (Units):
11839
Overhead_Bytes/Data_Bytes (636226/7574780) (%):
8.39927
Normalized Overhead (%):
78.2382
Forward Percentage (e.g., Total Packet Forward/Packet Received With Success) (%):
19 %
Total Network Delay in seconds (e.g., Total Delay/Packet Received With Success) (s):
1.882319810
Total Delay in seconds (e.g., sum(Node_Delay1+Node_Delay2+...+Node_Delayn)) (s):
18.806385204
Average Delay in seconds (e.g., sum(Node_Delay1+Node_Delay2+...+Node_Delayn)/Node Flow Number)(s):
2.350798151
Total Network Jitter in seconds (e.g., Total Jitter/Packet Received With Success) (s):
1.461523479
Total Jitter in seconds (e.g., sum(Node_Jitter1+Node_Jitter2+...+Node_Jittern)) (s):
5.705746122
Average Jitter in seconds (e.g., sum(Node_Jitter1+Node_Jitter2+...+Node_Jittern/Node Flow Number)) (s):
0.713218265
PDR (%):
32.152
```

Fonte: Elaborada pelo autor.

Figura8.13 – Avaliação de desempenho do protocolo AODV.

```
Number of Generated Packets:
47012
Total Network Throughput (e.g., Total Bits Delivery/Total Observation Time(s)) (Kbps):
648.924110000
Nodes Average Throughput (e.g., (Node_T1+Node_T2+...+Node_Tn)/Node Flow Number) (Kbps):
81.11551
Average Energy Consumption (e.g., Total Energy Spent/Node Number)(Joules):
35.069406000
Packet Loss by Selfishness (Units):
0
Total Packet Loss (Units):
32089
Total Packet Loss Percentage (%):
68.257
Overhead (Units):
47556
Overhead_Bytes/Data_Bytes (2219228/7759960) (%):
28.5984
Normalized Overhead (%):
318.676
Forward Percentage (e.g., Total Packet Forward/Packet Received With Success) (%):
37 %
Total Network Delay in seconds (e.g., Total Delay/Packet Received With Success) (s):
0.469064357
Total Delay in seconds (e.g., sum(Node_Delay1+Node_Delay2+...+Node_Delayn)) (s):
4.242580124
Average Delay in seconds (e.g., sum(Node_Delay1+Node_Delay2+...+Node_Delayn)/Node Flow Number)(s):
0.530322515
Total Network Jitter in seconds (e.g., Total Jitter/Packet Received With Success) (s):
0.376777229
Total Jitter in seconds (e.g., sum(Node_Jitter1+Node_Jitter2+...+Node_Jittern)) (s):
1.605425909
Average Jitter in seconds (e.g., sum(Node_Jitter1+Node_Jitter2+...+Node_Jittern/Node Flow Number)) (s):
0.200678239
PDR (%):
31.743
```

Fonte: Elaborada pelo autor.

Figura 8.14 – Avaliação de desempenho do protocolo DSDV.

```
Number of Generated Packets:
47043
Total Network Throughput (e.g., Total Bits Delivery/Total Observation Time(s)) (Kbps):
859.900470000
Nodes Average Throughput (e.g., (Node_T1+Node_T2+...+Node_Tn)/Node Flow Number) (Kbps):
107.48756
Average Energy Consumption (e.g., Total Energy Spent/Node Number)(Joules):
26.688626000
Packet Loss by Selfishness (Units):
0
Total Packet Loss (Units):
27268
Total Packet Loss Percentage (%):
57.964
Overhead (Units):
1117
Overhead_Bytes/Data_Bytes (202280/10283040) (%):
1.96712
Normalized Overhead (%):
5.64855
Forward Percentage (e.g., Total Packet Forward/Packet Received With Success) (%):
46 %
Total Network Delay in seconds (e.g., Total Delay/Packet Received With Success) (s):
0.449519957
Total Delay in seconds (e.g., sum(Node_Delay1+Node_Delay2+...+Node_Delayn)) (s):
5.361547173
Average Delay in seconds (e.g., sum(Node_Delay1+Node_Delay2+...+Node_Delayn)/Node Flow Number)(s):
0.670193397
Total Network Jitter in seconds (e.g., Total Jitter/Packet Received With Success) (s):
0.305769987
Total Jitter in seconds (e.g., sum(Node_Jitter1+Node_Jitter2+...+Node_Jittern)) (s):
0.480887806
Average Jitter in seconds (e.g., sum(Node_Jitter1+Node_Jitter2+...+Node_Jittern/Node Flow Number)) (s):
0.060110976
PDR (%):
42.036
```

Fonte: Elaborada pelo autor.

Figura 8.15 – Avaliação de desempenho do protocolo OLSR

```
Number of Generated Packets:
47051
Total Network Throughput (e.g., Total Bits Delivery/Total Observation Time(s)) (Kbps):
937.565590000
Nodes Average Throughput (e.g., (Node_T1+Node_T2+...+Node_Tn)/Node Flow Number) (Kbps):
117.19570
Average Energy Consumption (e.g., Total Energy Spent/Node Number)(Joules):
31.185552000
Packet Loss by Selfishness (Units):
0
Total Packet Loss (Units):
25490
Total Packet Loss Percentage (%):
54.1753
Overhead (Units):
7320
Overhead_Bytes/Data_Bytes (900436/11211720) (%):
8.0312
Normalized Overhead (%):
33.9502
Forward Percentage (e.g., Total Packet Forward/Packet Received With Success) (%):
48 %
Total Network Delay in seconds (e.g., Total Delay/Packet Received With Success) (s):
0.526064828
Total Delay in seconds (e.g., sum(Node_Delay1+Node_Delay2+...+Node_Delayn)) (s):
5.075321300
Average Delay in seconds (e.g., sum(Node_Delay1+Node_Delay2+...+Node_Delayn)/Node Flow Number)(s):
0.634415162
Total Network Jitter in seconds (e.g., Total Jitter/Packet Received With Success) (s):
0.422074164
Total Jitter in seconds (e.g., sum(Node_Jitter1+Node_Jitter2+...+Node_Jittern)) (s):
0.619746894
Average Jitter in seconds (e.g., sum(Node_Jitter1+Node_Jitter2+...+Node_Jittern/Node Flow Number)) (s):
0.077468362
PDR (%):
45.8247
```

Fonte: Elaborada pelo autor.

A Tabela 8.2 apresenta todos os valores das métricas de desempenho avaliadas para cada protocolo de roteamento.

Tabela 8.2 – Valores das Métricas de Desempenho Avaliadas, Vazão (Kbps), Consumo de Energia (Joules), Taxa de Perda de Pacotes (Unidade e Percentagem '%'), Overhead de Roteamento (Unidade e Percentagem '%'), Taxa de Encaminhamento de Pacotes (Percentagem '%'), Atraso Fim a fim (Segundos), Jitter (Segundos) e Taxa de Entrega de Pacotes (Percentagem '%').

Métricas de Desempenho de Rede

(1) Vazão do Enlace	DSR	AODV	DSDV	OLSR
(a) Vazão Total da Rede (Kbps)	658,5313	648,9241	859,9004	937,5655
(b) Vazão Média por Fluxo (Kbps)	82,3164	81,1155	107,4875	117,1957
(2) Consumo de Energia	DSR	AODV	DSDV	OLSR
(a) Energia Média Consumida na Rede (Joules)	36,3239	35,0694	26,6886	31,1855
(3) Taxa de Perda de Pacotes	DSR	AODV	DSDV	OLSR
(a) Nº de Pacotes Gerados	47064	47012	47043	47051
(b) Taxa de Perda de Pacotes (Unidades)	31932	32089	27268	25490
(c) Taxa de Perda de Pacotes (%)	67,848	68,257	57,964	54,1753
(4) Overhead de Roteamento	DSR	AODV	DSDV	OLSR
(a) Overhead (Unidades)	11839	47556	1117	7320
(b) Overhead (Bytes/DataBytes) (%)	8,3993	28,5984	1,9671	8,0312
(c) Overhead Normalizado (%)	78,2382	318,676	5,6485	33,9502
(5) Encaminhamento de Pacotes	DSR	AODV	DSDV	OLSR
(a) Taxa de Forwarding (%)	19	37	46	48
(6) Atraso Fim a fim	DSR	AODV	DSDV	OLSR
(a) Atraso Total (s)	1,8823	0,4690	0,4495	0,5260
(b) Atraso Total da Soma dos Fluxos (s)	18,8063	4,2425	5,3615	5,0753
(c) Atraso Médio por Fluxo (s)	2,3507	0,5303	0,6702	0,6344
(7) Jitter	DSR	AODV	DSDV	400 OLSR
(a) Jitter Total (s)	1,4615	0,37677	0,3057	0,4220
(b) Jitter Total da Soma dos Fluxos (s)	5,7057	1,6054	0,4808	0,6197
(c) Jitter Médio por Fluxo (s)	0,7132	0,2006	0,0601	0,0774
(8) Entrega de Pacotes	DSR	AODV	DSDV	OLSR
(a) Taxa de Entrega de Pacotes (%)	32,152	31,743	42,036	45,825

Fonte: Elaborada pelo autor.

As Figuras 8.16 (a)(b)(c)(d)(e)(f) e 8.17 (a)(b) apresentam os gráficos das métricas de desempenho vazão, consumo de energia, taxa de perda de pacotes, *overhead* de roteamento, taxa de encaminhamento de pacotes, atraso fim a fim, jitter e taxa de entrega de pacotes. É possível observar que os protocolos proativos têm uma melhor vazão e um consumo de energia mais baixo que os protocolos reativos, Figura 8.16 (a)(b). Eles também perdem menos pacotes que os protocolos reativos, Figura 8.16 (c). Em números absolutos, com relação ao *overhead* de roteamento, os protocolos proativos também possuem um melhor desempenho que os protocolos reativos, Figura 8.16 (d). A quantidade excessiva de mensagens de controle geradas pelos protocolos reativos justifica o consumo de energia extra.

Figura 8.16 – Análise das métricas de desempenho dos protocolos DSR, AODV, DSDV e OLSR.

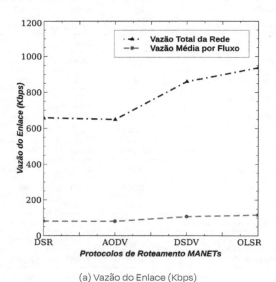

(a) Vazão do Enlace (Kbps)

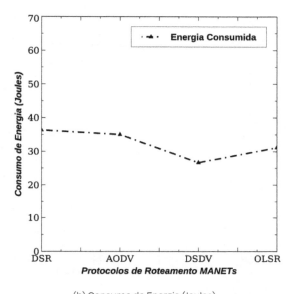

(b) Consumo de Energia (Joules).

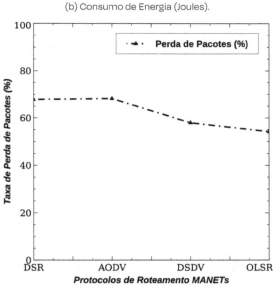

(c) Taxa de Perda de Pacotes (%).

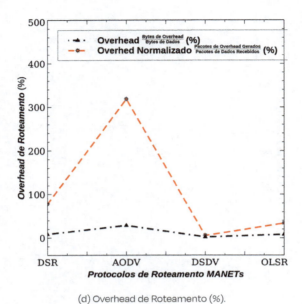

(d) Overhead de Roteamento (%).

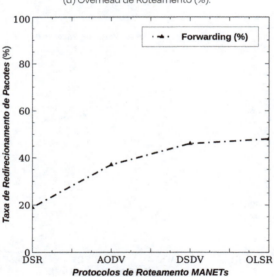

(e) Taxa de Encaminhamento de Pacotes (%).

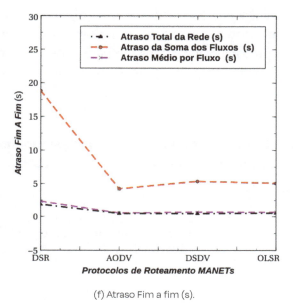

(f) Atraso Fim a fim (s).
Fonte: Elaborada pelo autor.

Uma observação interessante em relação ao *overhead* de roteamento, consiste no fato de como o mesmo é avaliado. Por exemplo, se essa métrica for avaliada com base apenas na quantidade de mensagens de controle geradas o protocolo *DSR* terá um desempenho muito inferior ao do *OLSR*, pois o *DSR* gera 11839 mensagens, enquanto o *OLSR* gera 7320 mensagens (ex.: Tabela 8.2), 4519 mensagens a mais. Todavia, se o *DSR* for avaliado levando em consideração a quantidade de *bytes* de *overhead* gerado, seu desempenho é parecido ao do *OLSR* (ex.: DSR: 8,3993% e OLSR: 8,0312%). Isso acontece em função do *OLSR* transportar mais de um tipo de mensagem de controle ao mesmo tempo (ex.: *piggybacking*), a consequência disso são pacotes de controle com tamanhos maiores, com mais *bytes* transportados.

Com relação às métricas de desempenho taxa de redirecionamento de pacotes, atraso fim a fim, *jitter* e taxa de entrega de pacotes, os protocolos proativos também possuem um desempenho melhor que os protocolos reativos, Figuras 8.16(e)(f) e 8.17(a)(b).

Figura 8.17 – Análise das métricas de desempenho dos protocolos DSR, AODV, DSDV e OLSR.

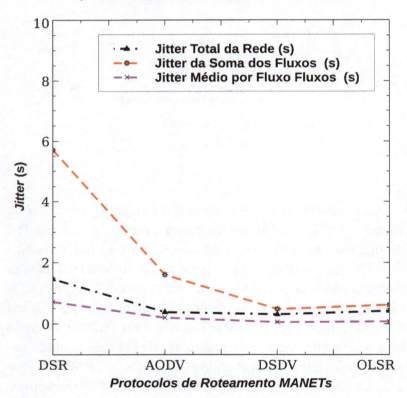

(a) Jitter, Variação do Atraso (s).

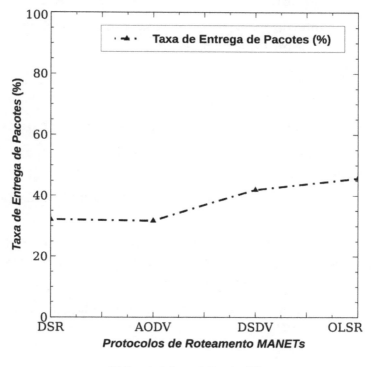

(b) Taxa de Entrega de Pacotes (%).

Fonte: Elaborada pelo autor.

8.10 Atividade Sugerida

Exercício 8. Crie um cenário sem fio móvel e execute simulações utilizando os protocolos DSR, AODV, DSDV e OLSR. Avalie o desempenho dos protocolos por meio das métricas: vazão, consumo de energia, taxa de perda de pacotes, *overhead* de roteamento, taxa de redireccionamento de pacotes, atraso fim a fim, jitter e taxa de entrega de pacotes. As simulações devem possuir os seguintes parâmetros:

- Tráfego CBR com taxa de transmissão de 500Kbps;

- Tamanho do pacote 500B (ex.: é necessário alterar o tamanho do pacote no arquivo cbrgen.tcl);

- Tempo de simulação, 90s;

- Quantidade de nós, 50;

- Fontes de tráfego, 8. Use o Código 3.4 para gerar o tráfego;

- Use o Código 6.5 para gerar a mobilidade com menos de 80 destinos inalcançáveis;

- Realize as simulações utilizando os padrões 802.11a e 802.11b;

Quando as simulações encerrarem use o script Metrics_Performance_Extractor_NEW_CBR.sh para extrair as métricas de desempenho descritas nesse capítulo;

Os códigos necessários para realizar as simulações estão disponíveis no GitHub[55]:

1. IEEE802-11.tcl;

2. traffic.tcl (ex.: deve ser criado);

3. mobility.tcl (ex.: deve ser criado);

4. 802-11a_functional.tcl;

5. 802-11b_functional.tcl;

6. olsr-default.tcl;

7. Metrics_Performance_Extractor_NEW_CBR.sh[56].

---

55 Disponível em: https://github.com/dioxfile/NS-2_Scripts/tree/master/Chapter_8_Performance_Metrics.

56 Link de download: https://github.com/dioxfile/Performance-Network-Metrics-NS-2.

> Aproveite os conhecimentos prévios para realizar a tarefa e não esqueça de fazer as alterações necessárias no arquivo IEEE802-11.tcl.

8.11 Considerações Finais do Capítulo

Neste capítulo foram apresentadas as principais métricas de avaliação de desempenho de redes como: vazão, consumo de energia, taxa de perda de pacotes, *overhead* de roteamento, taxa de redirecionamento de pacotes, atraso fim a fim, *jitter* e taxa de entrega de pacotes. Além disso, para cada métrica apresentada foi criada, em *shell script*, uma implementação prática da mesma. Todas as implementações das métricas foram disponibilizada no *GitHub*. Por conseguinte, com o objetivo de testar as métricas descritas foram realizadas simulações com os protocolos *DSR, AODV, DSDV* e *OLSR*. Os resultados das simulações foram apresentados na forma de figuras e tabela. Finalmente, foi proposta uma atividade de simulação de forma que os leitores do livro possam aplicar os conhecimentos aprendidos no capítulo.

PARTE 5:
NÓS EGOÍSTAS EM MANET E WIRED-CUM-WIRELESS

9.   NÓS EGOÍSTAS EM MANETS

Neste capítulo vamos introduzir o leitor a um problema muito estudado em *MANETs*, os nós egoístas. Esse estudo nos conduzirá, diferentemente dos capítulos anteriores (ex.: os quais apenas utilizaram o *front end* do *NS-2* em TCL/OTCL), a alterar alguns módulos do simulador programados em C++, por exemplo, as classes de protocolos de roteamento e a classe *trace*. Essas alterações são necessárias para inserir nos protocolos *DSR, AODV, DSDV* e *OLSR* o comportamento egoísta. Assim, o principal objetivo deste capítulo consiste em definir o comportamento egoísta em *MANETs*, implementá-lo no *NS-2* e testar seu funcionamento através de simulações.

9.1   O Problema dos Nós Egoístas em MANETs

Uma das principais vantagens das *MANETs* consiste no roteamento multissalto. Isso significa que ao enviar um pacote através da rede o mesmo será redirecionado nó a nó até alcançar o destino. Todavia, por causa dos recursos limitados, como energia, nem todos os nós estarão dispostos a redirecionar pacotes em favor de outros nós [53].

Segundo Zayani e Zeghlache [57], para manter a conectividade da rede, cada nó deve encaminhar pacotes para outros nós. Entretanto, se a energia residual do nó for limitada, ele tende a ser não cooperativo, descartando pacotes que ele deveria encaminhar. Esse tipo de comportamento é denominado egoísta.

Buttyá e Hubaux [7] definem o comportamento egoísta como aquele que objetiva maximizar recursos da rede que possam ser medidos de forma quantitativa, por exemplo, *Joules* e vazão. Segundo eles, o nó egoísta não tem a intenção de prejudicar a rede e sim economizar recursos. Para Babakhouya *et al.* [4], um nó egoísta pode concordar em encaminhar pacotes em nome de outros nós, mas, em vez disso, descarta os pacotes silenciosamente na tentativa de economizar a energia. Geralmente, o comportamento egoísta tem sido pesquisado nas camadas de enlace de dados e de rede.

9.1.1 Comportamento Egoísta na Camada de Enlace de Dados

Na camada de enlace um nó egoísta pode melhorar sua vazão aumentando o tempo em que o mesmo ocupa o meio sem fio para uma transmissão. Por exemplo, isso pode ser feito, conforme abordado por Buttyá e Hubaux [7], aumentando o tempo de duração das transmissões configurado nos frames *RTS* ou *DATA* da subcamada *MAC* do *IEEE 802.11*. O aumento do tempo de duração faz com que o nó egoísta tenha maiores chances de ocupar o canal em detrimento dos nós que utilizam o tempo padrão de retransmissão. Isso acontece porque os nós na faixa de transmissão configurarão seus *NAV*[57] com esse valor, o tempo de duração da transmissão. Portanto, estes nós não disputarão o canal durante esse tempo (Figuras 5.2 e 5.3).

Para compreender o porquê do aumento da vazão em função do tempo de ocupação do canal, primeiramente é necessário entender o que é largura de banda. Segundo Forouzan [17], a largura de banda consiste na capacidade de transmissão do meio, e ela fornece para diferentes aplicações diferentes taxas de transmissão. Por exemplo, em um vídeo conferência são enviados milhões de *bits*, já no envio de um e-mail a quantidade de *bits* não chega a um milhão.

---

57 Previamente explicado no Capítulo 5.

A largura de banda de um canal leva em consideração a frequência do sinal que o mesmo permite passar. Nele as frequências do sinal possuem limites máximo e mínimo. Como mostra a Figura 9.1.

Figura 9.1 – Largura de Banda.

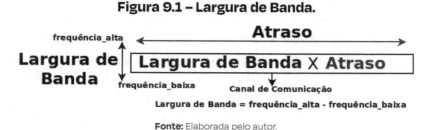

Fonte: Elaborada pelo autor.

Portanto, o cálculo da largura de banda é como mostra a Equação 9.1,

$$B = f_{high} - f_{low} \qquad (9.1)$$

Em que B é *Bandwidth* (largura de banda), f_{high} é a frequência mais alta do canal de comunicação e f_{low} é a frequência mais baixa do canal de comunicação. Isto é, a largura de banda é a responsável direta pela vazão, sendo um dos requerimentos de aplicações de tempo real crítico [18]. Dessa forma, levando em consideração o padrão *IEEE 802.11b* e sua frequência de funcionamento, obtêm-se a seguinte largura de banda: $B = f_{high} - f_{low} \Rightarrow$ 2,4835 GHz – 2,4 GHz $\Rightarrow$ B = 83,5 MHz. Ou seja, é a largura de banda, 83,5MHz, dependendo da técnica de codificação[58], que vai

---

58 A técnica de codificação é o método que permite codificar a quantidade de bits a ser enviada no meio de comunicação. Por exemplo, se a técnica de codificação permitir três bits por cada sinalização (bits/Hz), basta multiplicar o número de bits pela largura de banda do canal, em Hertz, que será obtida a taxa de dados do canal.

determinar a taxa de transmissão do canal e consequentemente a vazão do enlace. Todavia, na prática, esse cálculo depende de diversos fatores como: interferência do canal, a técnica de codificação utilizada etc. Para maiores detalhes consulte [3, 17].

Conforme apresentado no trabalho de Ge *et al.*, o cálculo para encontrar a largura de banda em redes *Wi-Fi* é feito com base no esquema de acesso ao meio do padrão *IEEE 802.11*, isto é, um nó só pode transmitir com sucesso quando nenhum outro nó no alcance de seu sinal estiver transmitindo. Assim, a largura de banda disponível em um *enlace* (*Bandwidth Available (BA)*) conectando dois nós, **X** e **Y**, é proporcional ao tempo mínimo de acesso ao canal desses nós, desde que eles estejam disponíveis para transmitir com sucesso. Dessa forma, a *BA* pode ser expressa pela seguinte equação:

$$BA_{X-Y} = MIN\ (IT_X,\ IT_Y)\ \times\ B_{Channel} \tag{9.2}$$

Nesse contexto, *IT (Idle Time)* indica o tempo que um nó tem disponível para uma transmissão bem-sucedida e $B_{Channel}$ é a largura de banda máxima do canal. Por exemplo, se os nós **X** e **Y** estiverem disponíveis para transmitir com tempos de *0,36s* e *0,33s*, e a $B_{Channel}$ for igual a *2 Mbps* (ex.: padrão no *IEEE 802.11*), então BA_{X-Y} será igual a *660 Kbps*. É possível observar com esse simples exemplo que quanto mais tempo os nós tiverem para transmitir maior será a vazão, Figura 9.1.

9.1.2 Comportamento Egoísta na Camada de Redes

Já na camada de rede um exemplo de comportamento egoísta pode ser apresentado como um nó que aceita participar das funções de roteamento, mas quando recebe um pacote para ser redirecionado o nó descarta o pacote com o objetivo de economizar energia, a qual seria gasta na transmissão do pacote de terceiros.

Na prática essa ação pode ser configurada no *firewall*, por exemplo, em sistemas *Linux* um usuário de dispositivo móvel *ad-hoc* pode implementar esse comportamento apenas criando um *script* de *firewall*[59] com o seguinte comando:

```
echo 0 > /proc/sys/net/ipv4/ip_forward.
```

O comando em questão desabilitaria o encaminhamento de pacotes em nome de outros nós na rede. Outra opção, seria desligar a função *Wi-Fi* do nó após enviar e/ou receber dados.

Métodos de Detecção de Nós Egoístas

O estudo feito por Yokoyama *et al.* [53] descreve o impacto do comportamento egoísta no protocolo *AODV* e trata esse comportamento como um problema de segurança classificando-o em três categorias: *Deny of Service (DoS)*, negligente e ganancioso. Além disso, dentre os diversos padrões de comportamento egoísta estudados nesse trabalho, destaca-se aquele que retransmite pacotes de controle, mas não redireciona pacotes de dados. Esse tipo de nó egoísta trata as mensagens de roteamento corretamente participando do processo de construção das rotas. Todavia, ao receber os pacotes de dados de outros nós, ele os descarta. Conforme descrito em [53], esse tipo de comportamento é um dos mais prejudiciais porque se torna difícil diferenciar a perda de pacotes por eventos normais (ex.: TTL, LOOP, NRTE etc.)[60] da perda de pacotes por egoísmo.

---

59 No Linux há um firewall nativo no kernel chamado iptables (IPv4) e ip6tables (IPv6).

60 DROP_RTR_NO_ROUTE (NRTE): esse evento ocorre quando não há rotas disponíveis; DROP_RTR_ROUTE_LOOP (LOOP): nesse evento o pacote é descartado por haver um loop na rota. Isso acontece quando um pacote que não encontrou o destino, volta para o nó que o redirecionou; DROP_RTR_TTL (TTL): esse tipo de evento indica que o pacote alcançou o limite máximo de saltos e por isso foi descartado. O descarte por TTL é importante pois evita que um pacote fique indefinidamente na rede.

Análise do Comportamento Egoísta em *MANETs*

Babakhouya *et al.* [4] apresentam um estudo com os nós egoístas e nesse estudo são considerados dois tipos de nós egoístas, por exemplo: (a) aquele que participa corretamente das funções de roteamento, porém não redireciona pacotes de dados; (b) e aquele que participa de forma correta da função de roteamento, todavia, pode descartar mensagens do tipo *RREQ* ou não retornar uma mensagem *RREP* para algum destino. Como resultado os experimentos mostraram que o nó egoísta do tipo (b) não tem grande efeito na taxa de entrega de pacotes. Todavia, o nó egoísta do tipo (a) é o mais prejudicial à rede por degradar a taxa de entrega de pacotes e por ser de difícil detecção.

A Controvérsia dos Nós Egoístas

O trabalho de Toh *et al.* [49] questiona a viabilidade, a validade e a presença dos nós egoístas em *MANETs*. Os autores propõem um mecanismo de incentivo à cooperação (*MIC*) baseado em negociação chamado *Selfish Check Negotiation Protocol (SCNP)*. Além disso, é discutido as vantagens de ser ou não um nó egoísta e seu o impacto em aplicações colaborativas e no desempenho da rede. Na concepção de Toh *et al.* [49], há três tipos de nós egoístas, que são: (a) os preguiçosos (são inativos no redirecionamento de pacotes), (b) os limitados de recursos (a energia é limitada até para manter a própria comunicação) e (c) os maliciosos (nós que prejudicam a rede). A conclusão dos autores foi que a ação destes três tipos de nós podem causar danos à rede.

Outro aspecto interessante com relação à pesquisa foi que os autores classificaram os nós egoístas sob dois aspectos: (1) egoísmo sob a perspectiva do dispositivo e (2) egoísmo sob a perspectiva do usuário. Nesse contexto, o aspecto (1) é baseado no padrão de fabricação do dispositivo que é construído para conservar energia e, por isso, nem sempre está *on*. Tal comportamento pode ser visto por outros usuários como egoísmo. Isso acontece porque os diferentes tipos de dispositivos móveis existentes no mercado, por exemplo, *smartphones* possuem diferentes capacidades de memória, processamento, bateria, resolução etc., e, portanto, possuem diferentes consumos de energia. Já o aspecto (2), que trata o egoísmo sob o ponto de vista do usuário, pode ser interpretado sob diferentes perspectivas, por exemplo, a mobilidade, preferências pessoais, restrições orçamentárias, personalidade, duração da carga da bateria, ameaças de segurança, redução da velocidade de processamento, quebra da comunicação etc.

Diante do exposto, os autores defendem que o comportamento egoísta deve ser tratado como uma variável e não como uma constante, como é tratado pela maioria dos trabalhos sobre o assunto. Porque o comportamento egoísta pode mudar de acordo com o tempo, local e condições. Entre outras coisas, os autores defendem a necessidade de negociação em uma rede multissalto, como as *MANETs*. Além disso, os autores ainda defendem que as interfaces de rede deveriam vir com possibilidade de configurar o nível de cooperação do nó, no que se refere ao encaminhamento de pacotes em nome de outros nós. Por exemplo, uma barra de nível de cooperação com uma faixa de 0% – 100%. Assim, o grau de colaboratividade dependeria dos seguintes parâmetros:

1. Nível da bateria;

2. Retorno, recompensa/incentivo;

3. Relacionamento (pessoal, confiança, segurança, reputação etc.) com o originador do pacote; e

4. Venda, negócio, outros.

Em suma, os autores recomendam que a cooperação não deve ser forçada e sim negociada.

9.2 Implementando o Comportamento Egoísta em Protocolos MANETs no *NS-2*

Nesta seção são apresentados os passos necessários para criar o comportamento egoísta dos nós móveis no *NS-2* versão *ns-allinone-2.34*. Essa implementação é realizada nos protocolos de roteamento *MANET* discutidos previamente no Capítulo 7 (ex.: *AODV, DSR, DSDV* e *OLSR*). É importante salientar que embora o livro apresente estudos, implementações e experimentos utilizando a versão do *NS-2 ns-allinone-2.34*, todas as atividades desenvolvidas aqui podem ser generalizadas para outras versões do *NS-2*, por exemplo, *ns-allinone-2.35*.

Portanto, para realizar estudos do comportamento egoísta em *MANETs* no *NS-2* é necessário programar essa característica nos protocolos que se quer estudar. Nesse contexto, há três formas de fazer isso, por exemplo:

1. O leitor poder fazer o *download* do *NS-2* já modificado no nosso repositório: https://github.com/dioxfile/NS-2-Selfish-Behavior;

2. Outra opção consiste em baixar apenas os fontes dos protocolos de roteamento já modificados do nosso *GitHub*: https://github.com/dioxfile/NS-2-Selfish-Behavior-Protocols. Nesse sentido, o *NS-2* deverá ser recompilado após a substituição desses fontes;

3. A última opção consiste em realizar a implementação dessa característica em uma versão limpa do *NS-2*, fazendo as modificações necessárias manualmente.

Portanto, se o leitor quiser poupar tempo na implementação é só escolher a opção 1 ou 2. Todavia, se o leitor é daqueles que gosta de saber como e por que as coisas funcionam, as próximas seções serão interessantes, já que elas descrevem as etapas da terceira opção de implementação do comportamento egoísta no *NS-2*.

9.3 Implementação Manual do Comportamento Egoísta no *NS-2*

Os passos para realizar a implementação manual do comportamento egoísta no *NS-2* levam em consideração que o leitor já o tem instalado. Nesta seção a implementação dos nós egoístas é feita nos seguintes protocolos: *AODV, DSR, DSDV* e *OLSR*[61]. Além disso, é necessário criar o evento de descarte de pacotes por egoísmo para que este evento seja registrado no arquivo de *trace*. Sendo assim, os arquivos a serem modificados no *NS-2*, respectivamente, são os seguintes: cmu-trace.h[62], AODV(.h e .cc)[63], DSR(.h e .cc)[64] DSDV(.h e .cc)[65] e OLSR(.h e .cc)[66].

O Algoritmo 1 apresenta o pseudo código do comportamento egoísta, que será implementado nas próximas seções nos protocolos *MANETs*, como previamente descrito [4, 49, 53].

---

61 É importante salientar que o protocolo OLSR não vem, por padrão, instalado no NS-2. É necessário instalá-lo conforme descrito no Capítulo 7 Seção 7.4.1.

62 Localizado em: ~/ns-allinone-2.34/ns-2.34/trace/cmu-trace.h.

63 Localizado em: ~/ns-allinone-2.34/ns-2.34/aodv/.

64 Localizado em: ~/ns-allinone-2.34/ns-2.34/dsr/.

65 Localizado em: ~/ns-allinone-2.34/ns-2.34/dsdv/.

66 Localizado em: ~/ns-allinone-2.34/ns-2.34/olsr/.

Algoritmo 1 Implementação do Comportamento Egoísta do Nó no *NS-2*.

Data: Pacote de Informação (Dados ou Controle).

Result: Envio do Pacote ou Descarte do Pacote ou Processamento do Pacote.

1 **if** (*Pacote de Dados*) **then**
2   **if** (*Pacote de Dados foi Originado no nó Atual*) **then**
3   Encaminhada (Pacote).
4   **else**
5   Descarta (Pacote)
6   **end**
7 **else**
8   Passe o pacote ao protocolo de roteamento para processamento.
9 **end**

É importante salientar que o leitor não precisa modificar todos os protocolos de roteamento supracitados. Para testar o comportamento egoísta basta apenas modificar o cmu-trace.h e o protocolo que se quer usar.

9.3.1 Criando o Evento de Descarte por Egoísmo no *NS-2*

O primeiro arquivo a ser modificado é o arquivo ~/ns-allino-ne-2.34/ns-2.34/trace/cmu- trace.h. Assim, use o editor de textos de sua preferência para inserir nele, entre as linhas 91 e 93, o seguinte Código 9.1:

Código 9.1 – Código Para Gerar o Evento de Descarte por Egoísmo no *NS-2*.

```
1.  #define DROP_RTR_SELFISH      "SEL"    //SelfishDROPEVENT
```

Após fazer a alteração é necessário recompilar o *NS-2*. Portanto, para realizar esta tarefa acesse a pasta do *NS-2* (ex.: ~/ ns-allinone-2.34/ns-2.34/) via console *Linux* ou por meio de um *IDE* de programação. No caso do console *Linux*, que é nosso caso, execute os seguintes comandos: sudo make clean; sudo make distclean; sudo ./configure; sudo make; sudo make install. Caso apareçam erros de compilação, por favor, reveja o Capítulo 2 Seção 2.2. Quando a compilação terminar o evento de descarte por egoísmo terá sido configurado com sucesso e agora será possível rastrear, por meio do *trace file*, todos os descartes ocorridos em função dos nós egoístas.

Como o Pacote é Descartado no *NS-2*?

A função de descarte utilizada pelos protocolos *MANETs* para descartar um pacote no *NS-2* é a função *drop*, drop(p, <DROP_ EVENT>). Essa função possui dois parâmetros que são: *p*, que representa o pacote que será descartado; e *<DROP_EVENT>* que é o evento de descarte, por exemplo, *DROP_RTR_TTL (TTL)* (ex.: descarte por *TTL* expirado) ou *DROP_RTR_SELFISH (SEL)* (ex.: descarte por egoísmo *(SEL)*), nossa criação.

9.3.2 Criando o Comportamento Egoísta no Protocolo AODV

O primeiro protocolo de roteamento *MANET* a ser programado com o comportamento egoísta é o *AODV*. Os arquivos a serem modificados, respectivamente, são o aodv.h e aodv.cc, localizados em ~/ns-allinone-2.34/ns-2.34/aodv/. O próximo passo é inserir no arquivo aodv.h, na linha 327, o seguinte trecho de Código 9.2:

Código 9.2 – Variável Boleana para Ativar e Dasativar o Comportamento Egoísta no Protocolo AODV.

1. ///selfish node TurnOn/OFF
2. bool selfish;

O objetivo dessa linha (Código 9.2) é ativar, via *OTCL*, o comportamento egoísta no protocolo de roteamento. Agora, o próximo passo consiste em editar o arquivo aodv.cc. Dessa forma, é necessário inserir, a partir da linha 99, na classe *AODV* e dentro da função command (ex.: AODV::command()), o seguinte Código 9.3:

Código 9.3 – Trecho de Código que Ativa via OTCL, front end, o Comportamento Egoísta no Protocolo AODV.

1. ///Start Sefish Behavior
2. if(strcmp(argv[1], "egoista_on") == 0){
3. selfish = true;
4. return TCL_OK;
5. }
6. ///Stop Sefish Behavior
7. else if(strcmp(argv[1], "egoista_off") == 0){
8. selfish = false;
9. return TCL_OK;
10. }

O objetivo desse trecho de código (Código 9.3) consiste em receber do *front end* do *NS-2* (ex.: *script .tcl*) um comando para ativar e/ou desativar o comportamento egoísta, por exemplo: $ns_ at 5.3452433 [$node(35) set ragent_] egoista_on[67].

A próxima alteração no arquivo aodv.cc consiste em inicializar a variável selfish criada no arquivo aodv.h e isso é feito na linha 153, através do construtor da classe *AODV*, inserindo o seguinte Código 9.4:

Código 9.4 – Inicializando a Variável Selfish como False no Arquivo AODV.cc.

1. ///Initializing variable

2. selfish = false;

A inserção de código a seguir (Código 9.5) é a cereja do bolo, pois com ele podemos decidir se um pacote será ou não descartado por egoísmo. Essa alteração é feita dentro da função *recv* (ex.: AODV::recv()). Nesta função um pacote é recebido tanto de camadas superiores (ex.: quando o pacote é gerado no nó atual) quanto da rede. Assim, o nó receptor verifica se o pacote é destinado a ele, em caso positivo este é repassado às camadas superiores, caso contrário o pacote é reencaminhado à rede ao nó destino. O encaminhamento (*forwarding*) é realizado por meio da função forward() que é chamada pela função AODV::recv().

O código a ser implementado na função AODV::recv() é inserido entre as linhas 625 e 629 como apresentado no Código 9.5:

---

67 Esse pedaço de código .tcl está dizendo que no tempo 5.3452433s o nó N35 passará a se comportar como nó egoísta [4, 49, 53].

Código 9.5 – Setando o Comportamento Egoísta no Protocolo AODV.

1. ///Set node's Behavior selfish

2. if(ih->saddr() != index && selfish == true){

3. drop(p, DROP_RTR_SELFISH); //Set as "SEL" in the trace.

4. return;

5. }

A explicação para o trecho de Código 9.5 é como segue:

- if(ih->saddr() != index && selfish == true) (linha 2): essa linha verifica se o comportamento egoísta foi ativado, selfish == true. Além disso, ela testa se quem está recebendo o pacote (ex.: (ih->saddr()) é diferente de quem está enviando (ex.: != index) e também serve para verificar se o nó atual é o destino final. Por conseguinte, se a condição for atendida, o pacote será descartado porque um nó egoísta não redireciona/encaminha pacotes que não sejam seus (Algoritmo 1) [4, 49, 53];

- drop (p, DROP_RTR_SELFISH); (linha 3): essa linha descarta o pacote por egoísmo e insere o evento de descarte no arquivo de *trace* como *SEL*.

Agora que todas as alterações acima foram efetuadas é necessário recompilar o *NS-2*[68].

---

68 Para recompilar o módulo do AODV no NS-2 acesse, via console Linux, a pasta ~/ns-allinone-2.34/ns-2.34/ e execute os seguintes comandos: sudo make clean; sudo make distclean; sudo ./configure; sudo make; sudo make install.

> Atenção!! Não esqueça: caso apareçam erros de compilação, por favor, reveja o Capítulo 2, Seção 2.2.

9.3.3 Criando o Comportamento Egoísta no Protocolo DSR

O segundo protocolo de roteamento *MANET* a ser programado com o comportamento egoísta é o *DSR*. Assim como no AODV os arquivos a serem modificados, respectivamente, são o dsragent.h e dsragent.cc, localizados em ~/ns-allinone-2.34/ns-2.34/dsr/. Dessa forma, será inserido no arquivo dsragent.h, na linha 281, o seguinte trecho de Código 9.6:

Código 9.6 – Variável Boleana para Ativar e Dasativar o Comportamento Egoísta no Protocolo DSR.

1. ///selfish node TurnOn/OFF
2. bool selfish;

O objetivo dessa linha (Código 9.6) também consiste em ativar, via *OTCL*, o comportamento egoísta no protocolo de roteamento. Por conseguinte, a próxima etapa consiste em editar o arquivo dsragent.cc. Nesse contexto, é preciso inserir, a partir da linha 492, na classe *DSRAgent* e dentro da função command (ex.: DSRAgent::command()), o seguinte Código 9.7:

Código 9.7 – Trecho de Código que Ativa via OTCL, front end, o Comportamento Egoísta no Protocolo DSR.

1. ///Start Sefish Behavior
2. if(strcmp(argv[1], "egoista_on") == 0){
3. selfish = true;
4. return TCL_OK;
5. }
6. ///Stop Sefish Behavior
7. else if(strcmp(argv[1], "egoista_off") == 0){
8. selfish = false;
9. return TCL_OK;
10. }

O objetivo desse trecho de código (Código 9.7) consiste em receber do *front end* do *NS-2* (ex.: *script .tcl*) um comando para ativar e/ou desativar o comportamento egoísta, por exemplo: $ns\_ at 51.8456435 [$node(28) set ragent_] egoista_off[69].

A próxima alteração no arquivo dsragent.cc é a inicialização da variável selfish, criada no arquivo dsragent.h. Isso é feito na linha 391 desse arquivo, através do construtor da classe *DSR*, inserindo o seguinte Código 9.8:

---

69 Esse trecho de código .tcl está dizendo que no tempo 51.8456435s o nó N28 deixará de se comportar como nó egoísta [4, 49, 53].

Código 9.8 – Inicializando a Variável Selfish como False no dsragent.cc.

1. ///Initializing variable
2. selfish = false;

Da mesma forma como realizado no *AODV*, a criação do código a seguir (Código 9.9) é a mais importante porque com ele é decidido se um pacote será ou não descartado por egoísmo. Essa alteração é feita dentro da função *recv* (ex.: DSRAgent::recv()). Nessa função, um pacote é recebido tanto de camadas superiores (ex.: quando o pacote é gerado no nó atual) quanto da rede. Por causa disso, o nó receptor pode verificar se o pacote é destinado a ele, em caso positivo este é repassado às camadas superiores, caso contrário o pacote é reencaminhado à rede ao nó destino. O encaminhamento, diferentemente do protocolo *AODV*, é realizado por intermédio da função handleForwarding() que é chamada pela função DSRAgent::recv().

O código a ser implementado na função DSRAgent::recv() é inserido entre as linhas 685 e 689 como apresenta o Código 9.9:

Código 9.9 – Setando o Comportamento Egoísta no Protocolo DSR.

1. ///Set node's Behavior selfish
2. if(p.src != net_id && selfish == true && cmh->ptype() != PT_DSR){
3. drop(packet, DROP_RTR_SELFISH); //Set as "SEL" in the trace.
4. return;
5. }

A explicação para esse trecho de Código 9.9 é como segue:

- **if(p.src != net_id && selfish == true ...) (linha 2):** essa linha verifica se o comportamento egoísta foi ativado, selfish == true. Além disso, ela testa se quem está recebendo o pacote é diferente de quem está enviando (ex.: p.src != net_id) e também serve para verificar se o nó atual é o destino final. Portanto, se a condição for atendida o pacote será descartado (Algoritmo 1);
- **drop(p, DROP_RTR_SELFISH); (linha 3):** idem à explicação no *AODV*.

Além disso, no *DSR* é preciso testar, explicitamente, se o pacote é ou não de controle (ex.: && cmh->ptype() != PT_DSR). Se isso não for feito a implementação do comportamento egoísta fará com que o nó atual descarte todos os pacotes de controle destinados a ele. Portanto, quando todas as alterações previamente descritas forem feitas, basta apenas recompilar o módulo do *DSR* no *NS-2*, como feito no *AODV*[70].

> Atenção!! Não esqueça: caso apareçam erros de compilação, por favor, reveja o Capítulo 2, Seção 2.2.

9.3.4 Criando o Comportamento Egoísta no Protocolo DSDV

O terceiro protocolo de roteamento *MANET* a ser programado com o comportamento egoísta é o *DSDV*. Assim como no *DSR* os arquivos a serem modificados, respectivamente,

---

70 Para recompilar o módulo do DSR no NS-2 acesse, via console Linux, a pasta ~/ns-allinone-2.34/ns-2.34/ e execute os seguintes comandos: sudo make clean; sudo make distclean; sudo ./configure; sudo make; sudo make install.

são o dsdv.h e dsdv.cc, localizados em ~/ns-allinone-2.34/ns-2.34/dsdv/. Portanto, no arquivo dsdv.h, na linha 140, o seguinte trecho de Código 9.10 é inserido:

Código 9.10 – Variável Booliana (ou booleana) para Ativar e Dasativar o Comportamento Egoísta no Protocolo DSDV.

1. ///selfish node TurnOn/OFF

2. bool selfish;

O objetivo dessa linha (Código 9.10), da mesma forma como feito no protocolo *DSR*, consiste em ativar, via *OTCL*, o comportamento egoísta no protocolo *DSDV*. Nesse contexto, a próxima etapa consiste em editar o arquivo dsdv.cc. Assim, é preciso inserir, a partir da linha 1160, na classe *DSDV_Agent* e dentro da função command (ex.: DSDV_Agent::command()), o seguinte Código 9.11:

Código 9.11 – Trecho de Código que Ativa via OTCL, front end, o Comportamento Egoísta no Protocolo DSDV.

1. ///Start Selfish Behavior

2. else if(strcmp(argv[1], "egoista_on") == 0){

3. selfish = true;

4. return TCL_OK;

5. }

6. ///Stop Selfish Behavior

7. else if(strcmp(argv[1], "egoista_off") == 0){

8. selfish = false;

9. return TCL_OK;

10. }

Este pedaço de código (Código 9.11) tem como objetivo receber do *front end* do *NS-2* (ex.: *script .tcl*) um comando para ativar e/ou desativar o comportamento egoísta, por exemplo: $ns_ at 35.8956439 [$node(11) set ragent_] egoista_on[71].

A próxima alteração no arquivo dsdv.cc consiste na inicialização da variável selfish, criada no arquivo dsdv.h, e isso é feito na linha 1106 desse arquivo, através do construtor da classe *DSDV*, inserindo o seguinte Código 9.12:

Código 9.12 – Inicializando a Variável Selfish como False no dsdv.cc.

1. ///Initializing variable

2. selfish = false;

Portanto, da mesma forma como realizado no protocolo *DSR*, a criação do código a seguir (Código 9.13) é a mais importante porque com ele o protocolo de roteamento decide se um pacote será ou não descartado por egoísmo. Assim, essa alteração é feita dentro da função *recv* (ex.: DSDV_Agent::recv()). Nesta função um pacote é recebido tanto de camadas superiores (ex.: quando o pacote é gerado no nó atual) quanto da rede. E devido a isso, o nó receptor pode verificar se o pacote é destinado a ele, em caso positivo este é repassado às camadas superiores,

---

71 Esse trecho de código .tcl está dizendo que no tempo 35.8956439s o nó N11 passará a se comportar como nó egoísta [4, 49, 53].

caso contrário o pacote é reencaminhado à rede ao nó destino. O encaminhamento, diferentemente dos protocolos *AODV/DSR*, é realizado por intermédio da função forwardPacket() que também é chamada pela função DSDV_Agent::recv().

O código a ser implementado na função DSDV_Agent::recv() é inserido a partir da linha 1060 como apresenta o Código 9.13:

Código 9.13 – Setando o Comportamento Egoísta no Protocolo DSDV.

1. ///Set node's Behavior selfish

2. if(src != myaddr_ && selfish == true && cmh->ptype() != PT_MESSAGE)
   {

3. drop(p, DROP_RTR_SELFISH); //Set as "SEL" in the trace.

4. return;

5. }

A explicação desse pedaço de Código 9.13 é como segue:

- **if(src != myaddr_ && selfish == true ...) (linha 2):** essa linha verifica se o comportamento egoísta foi ativado, selfish == true. Além disso, ela testa se quem está recebendo o pacote é diferente de quem está enviando (ex.: src != myaddr_) e também serve para verificar se o nó atual é o destino final. Assim, se a condição for atendida o pacote será descartado (Algoritmo 1);
- **drop(p, DROP_RTR_SELFISH); (linha 3):** idem à explicação nos protocolos *AODV/DSR.*

Também, como no protocolo *DSR*, no *DSDV* é preciso testar, explicitamente, se o pacote é ou não um pacote de controle (ex.: && cmh->ptype() != PT_MESSAGE). Se isso não for realizado a implementação do comportamento egoísta fará com que o nó atual, aqui entendido como o nó que está executando o protocolo de roteamento, descarte todos os pacotes de controle destinados a ele. Portanto, quando todas as alterações previamente descritas forem feitas, é preciso recompilar o módulo do *DSDV* no *NS-2*, como feito nos protocolos *AODV/DSR*[72].

> Atenção!! Não esqueça: caso apareçam erros de compilação, por favor, reveja o Capítulo 2, Seção 2.2.

9.3.5 Criando o Comportamento Egoísta no Protocolo OLSR

O quarto e último protocolo de roteamento *MANET* a ser programado com o comportamento egoísta é o *OLSR*. Assim como no *DSDV* os arquivos a serem modificados, respectivamente, são o OLSR.h e OLSR.cc, localizados em ~/ns-allinone-2.34/ns-2.34/olsr/. Portanto, no arquivo OLSR.h, na linha 366, o seguinte pedaço de Código 9.14 é inserido:

---

72 Para recompilar o módulo do DSDV no NS-2 acesse, via console Linux, a pasta ~/ns-allinone-2.34/ns-2.34/ e execute os seguintes comandos: sudo make clean; sudo make distclean; sudo ./configure; sudo make; sudo make install.

Código 9.14 – Variável Boleana para Ativar e Dasativar o Comportamento Egoísta no Protocolo OLSR.

1. ///selfish node TurnOn/OFF

2. bool selfish;

O propósito dessa linha (Código 9.14), como feito no protocolo *DSDV*, consiste em ativar, via *OTCL*, o comportamento egoísta no protocolo *OLSR*. Por conseguinte, a próxima etapa é editar o arquivo OLSR.cc. Dessa forma, é preciso inserir, a partir da linha 216, na classe *OLSR* e dentro da função command (ex.: OLSR::command()), o seguinte Código 9.15:

Código 9.15 – Trecho de Código que Ativa via OTCL, front end, o Comportamento Egoísta no Protocolo OLSR.

1. ///Start Sefish Behavior

2. if(strcmp(argv[1], "egoista_on") == 0){

3. selfish = true;

4. return TCL_OK;

5. }

6. ///Stop Sefish Behavior

7. else if(strcmp(argv[1], "egoista_off") == 0){

8. selfish = false;

9. return TCL_OK;

10. }

Esse pedaço de código (Código 9.15) tem como objetivo receber do *front end* do *NS-2* (ex.: *script .tcl*) um comando para ativar e/ou desativar o comportamento egoísta, por exemplo: $ns_ at 20.3954431 [$node(78) set ragent_] egoista_off[73].

A próxima alteração no arquivo OLSR.cc consiste na inicialização da variável selfish, criada no arquivo OLSR.h, e isso é feito na linha 490 desse arquivo, por meio do construtor da classe *OLSR*, inserindo o seguinte trecho Código 9.16:

Código 9.16 – Inicializando a Variável Selfish como False no OLSR.cc.

1. ///Initializing variable

2. selfish = false;

Assim, da mesma forma como realizado no protocolo *DSDV*, a criação do código a seguir (Código 9.17) é a mais importante porque com ele o protocolo de roteamento decide se um pacote será ou não descartado por egoísmo. Portanto, essa alteração é feita dentro da função *recv* (ex.: OLSR::recv()). Nessa função um pacote é recebido tanto de camadas superiores (ex.: quando o pacote é gerado no nó atual) quanto da rede. E devido a isso, o nó receptor pode verificar se o pacote é destinado a ele, em caso positivo este é repassado às camadas superiores, caso contrário o pacote é reencaminhado à rede ao nó destino. O encaminhamento é realizado por intermédio da função forward_data(), que também é chamada pela função OLSR::recv().

---

73 Esse trecho de código .tcl está dizendo que no tempo 20.3954431s o nó N78 deixará de se comportar como nó egoísta [4, 49, 53].

O código a ser implementado na função OLSR::recv() é inserido a partir da linha 531 como apresenta o Código 9.17:

Código 9.17 – Setando o Comportamento Egoísta no Protocolo OLSR.

1. ///Set node's Behavior selfish
2. if((ih->saddr() != ra_addr()) && selfish == true){
3. drop(p, DROP_RTR_SELFISH); //Set as "SEL" in the trace.
4. return;
5. }

A explicação desse trecho de Código 9.17 é como segue:

- **if((ih->saddr() != ra_addr()) && selfish == true)) (linha 2):** essa linha verifica se o comportamento egoísta foi ativado, selfish == true. Além disso, ela testa se quem está recebendo o pacote é diferente de quem está enviando (ex.: (ih->saddr() != ra_addr())) e também serve para verificar se o nó atual é o destino final. Dessa forma, se a condição for atendida o pacote será descartado (Algoritmo 1);
- **drop(p, DROP_RTR_SELFISH); (linha 3):** idem à explicação nos protocolos *DSR/DSDV*.

No protocolo *OLSR*, diferentemente dos protocolos *DSR/DSDV*, não é preciso testar, explicitamente, se o pacote é ou não um pacote de controle. Assim, quando todas as alterações previamente descritas forem feitas, é preciso recompilar o módulo do *OLSR* no *NS-2*, como feito nos protocolos *DSR/DSDV*[74].

---

74 Para recompilar o módulo do OLSR no NS-2 acesse, via console Linux, a pasta ~/ns-allinone-2.34/ns-2.34/ e execute os seguintes comandos: sudo make clean; sudo make distclean; sudo ./configure; sudo make; sudo make install.

> Atenção!! Não esqueça: caso apareçam erros de compilação, por favor, reveja o Capítulo 2, Seção 2.2.

9.4 Avaliação de Desempenho dos Protocolos DSR, AODV, DSDV e OLSR na Presença de Nós Egoístas

Nesta seção são apresentadas simulações com os protocolos de roteamento descritos no Capítulo 7 (ex.: *DSR, AODV, DSDV e OLSR*). As simulações realizadas foram baseadas em um novo cenário, que é apresentado nesse capítulo na Subseção 9.4.1. Além disso, assim como foi feito na avaliação dos protocolos de roteamento no Capítulo 8, nesse capítulo, também utilizou-se a mesma quantidade de tráfego, número de nós, área de simulação, taxas de transmissão e *script* de extração de métricas de desempenho[75]. Todavia, a principal diferença consiste na introdução dos nós egoístas. Nesse contexto, executou-se uma simulação para cada protocolo na presença de nós egoístas. O objetivo disso consistiu em verificar qual o impacto dos nós egoístas nos protocolos supramencionados no que se refere às métricas de desempenho descritas no Capítulo 8.

9.4.1 Resultados das Simulações dos Protocolos DSR, AODV, DSDV e OLSR na Presença de Nós Egoístas

Esta subseção mostra os resultados das simulações com os protocolos *DSR, AODV, DSDV e OLSR* na forma de figuras e tabelas. Todas as simulações realizadas, um total de oito (**8**), geraram arquivos de trace com tamanho médio de *240MB* e

---

75 Metrics_Performance_Extractor_NEW_CBR.sh: Disponível em: https://github. com/dioxfile/Performance-Network-Metrics-NS-2.

tempo médio de simulação de *2m* minutos utilizando o seguinte *hardware*: processador *Intel Core i7* da 10° geração, *HD SSD* de 1TB e memória *RAM* de *16GB*[76].

Metodologia de Avaliação

Nas simulações apresentadas nesse capítulo nós avaliamos o impacto dos nós egoístas, nos protocolos de roteamento *DSR, AODV, DSDV* e *OLSR*, conforme descrito em [4, 53]. Esse tipo de nó egoísta participa das funções de roteamento trocando mensagens de controle normalmente, porém, descarta pacotes de dados de outros nós, não destinados a ele, silenciosamente. Para gerar os nós egoístas aleatoriamente foi criado um *programa* em C++, por exemplo, Selfish_GENERATOR.cc. A seguir é explicado, em detalhes, o programa gerador de nós egoístas.

Programa Selfish_GENERATOR.cc (C++)

Este programa tem o objetivo de gerar aleatoriamente, sem repetição, nós egoístas de um conjunto de nós e, além disso, marcar os nós egoístas com a cor vermelha, de modo a diferenciá-los através do *Network Animator – NAM*. Dessa forma, ao executar o *script*, após compilação[77], no terminal (ex.: ./ Selfish_ GENERATOR), as seguintes entradas serão solicitadas, passagem por parâmetros:

1. USAGE: ./<PROGRAM> <N° Selfish Nodes> <Node Interval (ex.: 10, 20, 30, 50,...,n, n+1)>→ aqui é solicitado a quantidade de nós egoístas e o número total de nós que será usado na simulação, isto é, a *range* de onde serão gerados os nós egoístas. Por exemplo, se a quantidade de nós egoístas

---

76 Durante o processo de escrita deste livro foi necessário a compra de um novo Laptop, por exemplo, Samsung Book X55.

77 Para compilar o script é necessário ter o compilador g++. O comando de compilação é como segue: g++ Selfish_GENERATOR.cc -o Selfish_GENERATOR.

que se deseja for 10 e a faixa de distribuição (ex.: *range*), número total de nós for 50, então uma possível saída seria como mostra a Figura 9.2. O resultado da execução do *programa* é um código OTCL que será usado no *script* de simulação do *NS-2*. Dessa forma, como pode ser observado na Figura 9.2 (a), nas linhas 1 e 2 que indicam que no início da simulação, no tempo de 0.0s, o nó 44 (ex.: $node(44)) será marcado pelo agente de roteamento (ex.: set ragent) como egoísta (ex.: egoísta on) e também será destacado em vermelho no *NAM* (ex.: $ns_ at 0.0 "$node(44) color red"), Figura 9.2 (b).

Figura 9.2 – Em (a) é mostrado o conteúdo do arquivo Selfish.tcl gerado pelo programa Selfish_GENERATOR, o resultado possui 10 nós egoístas de um total de 50 nós. Além disso, em (b) é apresentado o resultado de uma simulação executada pelo NAM com os nós egoístas destacados em vermelho.

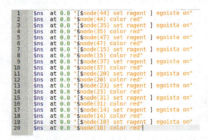
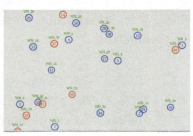

(a) Resultado da Execução do Programa Selfish_GENERATOR: Arquivo Selfish.tcl.

(b) Nós Egoístas no NAM Destacados em Vermelho.

Fonte: Elaborada pelo autor.

Os Códigos 9.18 e 9.19 apresentam o programa/*script* em C++ utilizado para gerar nós egoístas.

Código 9.18 – Código em C++ que Gera Aleatoriamente e Sem Repetição Nós Egoístas (Parte 1).

1. `#include <iostream>`

2. `#include <cstdlib>`

3. `#include <ctime>`

4. `#include <fstream>`

5. `#include <cstring>`

6. `using namespace std;`

7. `int main(int argc, char* argv[])`

8. `{`

9. `if(argc !=3)`

10. `cout<<"USAGE: ./<PROGRAM> <N- Selfish Nodes> <Node Interval (eg., 10, 20, 30,`

11. `50,...,n, n+1)>"<<endl;`

12. `else {`

13. `int NSelfish; //Selfish Number`

14. `int INTERVALO; //Interval to Generate Selfish Nodes`

15. `srand(time(NULL)); //Avoid Seed addiction`

16. `NSelfish = atoi(argv[1]);`

17. `INTERVALO = atoi(argv[2]);`

18. `int val[NSelfish]; //array to store the generated numbers`

19. ofstream grava("Selfish.tcl", ios::out);

20. if(!grava){

21. cerr<<"Error: Isn't possible open file!!!"<<endl;

22. exit(1);}

23. string s="$ns_ at 0.0 \"[$node(";

24. string c=") set ragent_] egoista_on\"";//Selfish in Portuguese

25. for (int i=0;i<NSelfish;i++){

26. if(NSelfish > INTERVALO){

27. cout<<"The number of selfish nodes can not be greater than

28. interval!!!"<<endl;

29. break;

30. }

Código 9.19 – Código em C++ que Gera Aleatoriamente e Sem Repetição Nós Egoístas (Parte 2).

1. else {

2. bool check;//check if the number has already been used

3. int n;//Save rand number

4. do {

5. n=rand()%INTERVALO;

6. check=true;

7. for (int j=0;j<i;j++)

8. if (n == val[j])

9. { check=false; break; }

10. } while (!check);

11. val[i]=n;//save the number in the array

12. grava<<s<<val[i]<<c<<endl;

13. string Color1="$ns_ at 0.0 \"$node(";

14. string Color2=") color red\"";

15. grava<<Color1<<val[i]<<Color2<<endl;

16. }

17. } grava.close();

18. return 0; }}

As partes mais importantes dos Códigos 9.18 e 9.19 são:

- Linha 19, Código 9.18, (ofstream grava("Selfish.tcl", ios::out);): essa linha gera o arquivo OTCL Selfish.tcl, que contém os nós egoístas;
- Linhas de 25 (Código 9.18) a 15 (Código 9.19): nesse intervalo de linhas são sorteados aleatoriamente os nós egoístas, de um conjunto pré definido pelo usuário (ex.: INTERVALO, linha 5, Código 9.19). Além disso, é verificado se o nó n já foi sorteado, em caso positivo o processo de sorteio é interrompido e um novo é realizado, esse passo é repetido até que um novo nó, ainda não sorteado, seja escolhido. Após isso, o novo nó é armazenado em um vetor de nós egoístas (ex.: val[i]) e, ao final do processo, o resultado é gravado em arquivo (ex.: grava«s«val[i]«c«endl;, linha 12, Código 9.19).

Todos os códigos utilizados estão disponíveis em: https://github.com/dioxfile/NS-2_Scripts/tree/master/Chapter_9_SelfishNodes.

Parâmetros de Simulação

Nesta subseção são descritos os parâmetros de simulação que serão usados para avaliar o impacto dos nós egoístas nas redes *Wireless MANETs*. Os parâmetros de simulação utilizados foram gerados especificamente para esse capítulo, por exemplo, arquivo de tráfego, modelo de mobilidade etc. Portanto, as próximas linhas descrevem, em detalhes, os parâmetros de simulação que são usados para realizar as avaliações dos protocolos de roteamento *MANETs* (*DSR, AODV, DSDV e OLSR*) na presença dos nós egoístas:

1. A área de simulação possui as seguintes dimensões $1000m(x) \times 1000m(y)$, Figura 9.3;

2. O Modelo de mobilidade *Random WayPoint*;

3. Quantidade de nós, 50 nós móveis;

4. Tempo de simulação, 60 segundos. A transmissão inicia em $8s$ e termina em $60s$;

5. Quantidade de destinos inalcançáveis zero (ex.: 0);

6. Foram criadas oito fontes de tráfego *CBR Null* com oito fontes/destinos diferentes, taxa de transmissão de 256 *Kbps* e tamanho de pacote de $500B$, Figura 9.4;

7. As métricas de desempenho analisadas foram todas as descritas no Capítulo 8;

8. O padrão sem fio utilizado foi o *IEEE 802.11b*;

9. Quantidade de nós egoístas: 20;

10. Nós que foram sorteados como egoístas: 1, 4, 5, 7, 8, 9, 12, 13, 14, 15, 20, 22, 26, 28, 35, 36, 41, 42, 43 e 47.

11. Os códigos utilizados para realização das simulações foram[78]:

   11.1. Traffic_c8.tcl (Capítulo 3);

   11.2. IEEE802-11.tcl (Capítulo 5);

   11.3. 802-11b_functional.tcl (Capítulo 5);

   11.4. Mobility.tcl (Capítulo 6);

   11.5. Olsr-default.tcl (Capítulo 7);

   11.6. Metrics_Performance_Extractor_NEW_CBR.sh (Capítulo 8);

   11.7. Selfish_GENERATOR.cc (Capítulo 9).

---

78 Disponíveis em: https://github.com/dioxfile/NS-2_Scripts/tree/master/Chapter_9_SelfishNodes.

Figura 9.3 – Cenário com nós egoístas e 50 nós móveis, 8 fontes de tráfego, área 1000m (x)×1000m (y) e taxa de transmissão de 256 Kbps. Nesse ambiente há oito conexões em andamento (ex.: linhas tracejadas em roxo): N2⇒N8, N10⇒N14, N24⇒N25, N36⇒N37, N11⇒N12, N42⇒N43, N4⇒N5 e N15⇒N16.

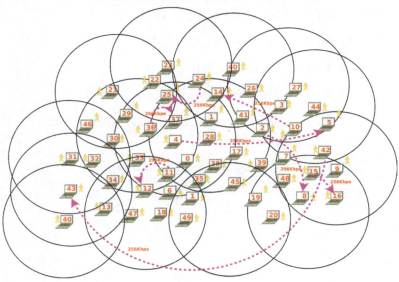

Fonte: Elaborada pelo autor.

Figura 9.4 – Fluxos de tráfego, do cenário de simulação com nós egoístas, com aplicação CBR e protocolo UDP

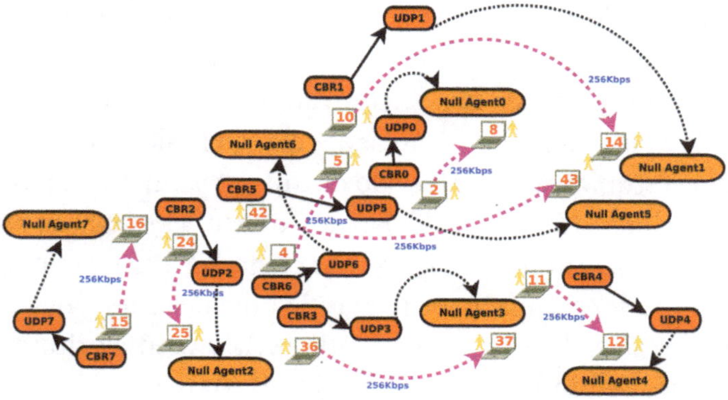

Fonte: Elaborada pelo autor.

A Tabela 9.1 apresenta o resumo dos parâmetros de simulação usados nos experimentos realizados nesse capítulo:

Tabela 9.1 – Resumo dos Parâmetros da Simulação com Nós Egoístas.

N	Parâmetros da Simulação	Valor
(1)	Área de simulação	1000m(x) × 1000m(y)
(2)	Quantidade de nós	50
(3)	Tipo de tráfego	CBR Null (UDP)
(4)	Tamanho dos pacotes	500 Bytes
(5)	Taxa de transmissão	64pps (256 Kbps)
(6)	Modelo de propagação do sinal	TwoRayGround
(7)	Carga total de energia do nó	100 Joules (J)
(8)	Potência (TX/RX) e distCST_	TX = 1,2W/RX = 0,6W e 406.3m
(9)	Tipo de MAC	IEEE 802.11b
(10)	Padrão de Movimentação	Random Waypoint
(11)	Velocidade do nó	mim 3m/s e max 15m/s com 2s de pausa
(12)	Tempo de simulação	60s
(13)	OLSR Willingness, TC time e HELLO time	3, 5s e 2s
(14)	Quantidade de Fontes de Tráfego	8
(15)	Nós egoístas	1, 4, 5, 7, 8, 9, 12, 13, 14, 15, 20, 22, 26, 28, 35, 36, 41, 42, 43 e 47.

Fonte: Elaborada pelo autor.

Antes de iniciar as simulações é importante salientar que para obter resultados consistentes é necessário executar diversas simulações, pelo menos dez, e a partir disso calcular a média desses resultados. Portanto, os resultados que serão apresentados devem ser a média dos dez encontrados. Um conceito muito importante para validar as simulações é o intervalo de confiança que é uma estimativa por intervalo de um determinado parâmetro populacional desconhecido. No nosso caso, a população seria a quantidade de simulações a serem executadas. Por exemplo, se executarmos dez simulações e para cada uma delas for calculado a vazão, o resultado a ser apresentado seria a média aritmética dessa vazão. Segundo o professor Mauro Margalho Coutinho [13], é imprescindível apresentar os resultados das simulações com base no intervalo de confiança.

Isto é, se algum resultado estiver fora desse intervalo ele deve ser descartado para efeito de avaliação de desempenho. Por exemplo, se o atraso médio da rede for 5 ms e o intervalo de confiança for igual a 0,5 ms, então deve-se considerar como resultados das simulações apenas valores de atraso entre 4,5 ms e 5,5 ms. Ou seja, quaisquer outros valores fora disso devem ser ignorados (ex.: 3 ms ou 7,5 ms).

Passos para calcular o intervalo de confiança baseado em uma amostra de dez simulações, usaremos a vazão (v_n) como exemplo:

1. Média aritmética da vazão, modelo genérico matemático para dez elementos e fórmula do *libreoffice calc* para dez elementos:

    » $$\overline{X} = \frac{1}{10}\sum_{i=1}^{10} v_i = \frac{v_1 + v_2 + \cdots + v_{10}}{10};$$

    » AVERAGE: (v_1, v_2, v_3, v_4, v_5, v_6, v_7, v_8, v_9, v_{10}).

2. É preciso calcular o desvio padrão para achar o intervalo de confiança. O desvio padrão é uma medida de dispersão, variação em relação à média aritmética. A seguir será apresentado o modelo genérico do desvio padrão para dez elementos e a fórmula do desvio padrão no *libreoffice calc* para eles:

$$» \quad SD = \sqrt{\frac{1}{10}\sum_{i=1}^{10}(x_i - \bar{x})^2};$$

» STDEV $(v_1, v_2, v_3, v_4, v_5, v_6, v_7, v_8, v_9, v_{10})$.

3. Uma vez que a média aritmética $(\bar{x})$ e o desvio padrão (SD) são encontrados é necessário calcular o intervalo de confiança. Todavia, é necessário achar o nível de significância z, por exemplo, 0,05 ou probabilidade de 95%. Isso significa, hipoteticamente, que de 100 resultados 95% são válidos, confiáveis. A seguir é apresentado o modelo matemático genérico do intervalo de confiança para dez elementos e também a fórmula do *libreoffice calc* para dez elementos:

$$» \quad CI = \bar{x} \pm z\frac{S}{\sqrt{10}};$$

» *CONFIDENCE (0.05, ST DEV (v_1, ..., v_{10}), 10).*

Com relação ao intervalo de confiança é importante salientar que, além disso, é necessário testar se a população analisada consiste em uma distribuição normal, isto é, uma distribuição normal é simétrica em torno da média. Para maiores detalhes sobre estatística consulte [41].

Diante do exposto, nós criamos uma planilha para ser usada nas simulações que serão realizadas pelos leitores deste livro[79], caso nossos leitores queiram aplicar testes estatísticos em suas simulações. A Figura 9.5 apresenta a planilha, que foi criada no *libreoffice calc*, para análise das métricas de desempenho de simulações. Além disso, é importante enfatizar que nesse livro, em nossos exemplos, nós não aplicamos nenhum teste estatístico nas simulações realizadas, ou seja, apenas executamos uma simulação para cada protocolo de roteamento, uma única vez como exemplo ilustrativo para o livro.

---

79 A planilha utilizada para análise das simulações pode ser baixada no GitHub do livro em: https://github.com/dioxfile/NS-2_Scripts/blob/master/Chapter_9_SelfishNodes/Data_Statistics.ods.

Figura 9.5 – Planilha para avaliação de simulação de MANETs no *NS-2* com os protocolos DSR, AODV, DSDV e OLSR.

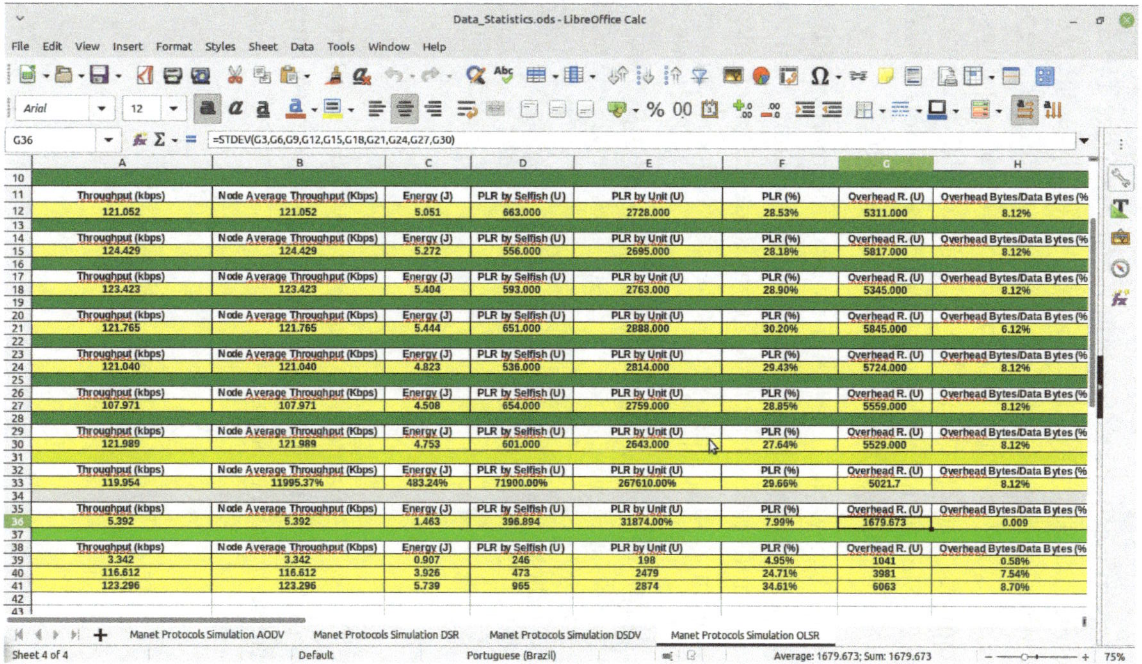

	A	B	C	D	E	F	G	H
10								
11	Throughput (kbps)	Node Average Throughput (Kbps)	Energy (J)	PLR by Selfish (U)	PLR by Unit (U)	PLR (%)	Overhead R. (U)	Overhead Bytes/Data Bytes (%
12	121.052	121.052	5.051	663.000	2728.000	28.53%	5311.000	8.12%
13								
14	Throughput (kbps)	Node Average Throughput (Kbps)	Energy (J)	PLR by Selfish (U)	PLR by Unit (U)	PLR (%)	Overhead R. (U)	Overhead Bytes/Data Bytes (%
15	124.429	124.429	5.272	556.000	2695.000	28.18%	5817.000	8.12%
16								
17	Throughput (kbps)	Node Average Throughput (Kbps)	Energy (J)	PLR by Selfish (U)	PLR by Unit (U)	PLR (%)	Overhead R. (U)	Overhead Bytes/Data Bytes (%
18	123.423	123.423	5.404	593.000	2763.000	28.90%	5345.000	8.12%
19								
20	Throughput (kbps)	Node Average Throughput (Kbps)	Energy (J)	PLR by Selfish (U)	PLR by Unit (U)	PLR (%)	Overhead R. (U)	Overhead Bytes/Data Bytes (%
21	121.765	121.765	5.444	651.000	2888.000	30.20%	5845.000	6.12%
22								
23	Throughput (kbps)	Node Average Throughput (Kbps)	Energy (J)	PLR by Selfish (U)	PLR by Unit (U)	PLR (%)	Overhead R. (U)	Overhead Bytes/Data Bytes (%
24	121.040	121.040	4.823	536.000	2814.000	29.43%	5724.000	8.12%
25								
26	Throughput (kbps)	Node Average Throughput (Kbps)	Energy (J)	PLR by Selfish (U)	PLR by Unit (U)	PLR (%)	Overhead R. (U)	Overhead Bytes/Data Bytes (%
27	107.971	107.971	4.508	654.000	2759.000	28.85%	5559.000	8.12%
28								
29	Throughput (kbps)	Node Average Throughput (Kbps)	Energy (J)	PLR by Selfish (U)	PLR by Unit (U)	PLR (%)	Overhead R. (U)	Overhead Bytes/Data Bytes (%
30	121.989	121.989	4.753	601.000	2643.000	27.64%	5529.000	8.12%
31								
32	Throughput (kbps)	Node Average Throughput (Kbps)	Energy (J)	PLR by Selfish (U)	PLR by Unit (U)	PLR (%)	Overhead R. (U)	Overhead Bytes/Data Bytes (%
33	119.954	11995.37%	483.24%	71900.00%	267610.00%	29.66%	5021.7	8.12%
34								
35	Throughput (kbps)	Node Average Throughput (Kbps)	Energy (J)	PLR by Selfish (U)	PLR by Unit (U)	PLR (%)	Overhead R. (U)	Overhead Bytes/Data Bytes (%
36	5.392	5.392	1.463	396.894	31874.00%	7.99%	1679.673	0.009
37								
38	Throughput (kbps)	Node Average Throughput (Kbps)	Energy (J)	PLR by Selfish (U)	PLR by Unit (U)	PLR (%)	Overhead R. (U)	Overhead Bytes/Data Bytes (%
39	3.342	3.342	0.907	246	198	4.95%	1041	0.58%
40	116.612	116.612	3.926	473	2479	24.71%	3981	7.54%
41	123.296	123.296	5.739	965	2874	34.61%	6063	8.70%
42								
43								

Fonte: Elaborada pelo autor.

Resultados das Simulações com Nós Egoístas

Nesta subseção são apresentados os resultados das simulações, com e sem os nós egoístas, por meio das Tabelas: 9.2 e 9.3, e Figuras 9.6 (a)(b), 9.7 (a)(b), 9.8 (a)(b) e 9.9 (a)(b). Por exemplo, são apresentadas tabelas individuais dos resultados das simulações sem nós egoístas e com os nós egoístas. E, por conseguinte, são apresentados os gráficos das métricas de desempenho, na forma de figuras, comparando dois cenários que são: (i) sem nós egoístas e (ii) com nós egoístas.

Uma observação a ser feita é que diferentemente das tabelas, que apresentam as métricas de desempenho com todos os dados gerados pelos *scripts* de extração de métricas, os gráficos apresentam as métricas de roteamento avaliadas como segue:

> Vazão Total da Rede (Kbps), Consumo de Energia (Joules), Taxa de Perda de Pacotes (Percentagem '%'), Overhead de Roteamento Normalizado (ex.: $\frac{Bytes\ Overhead}{Bytes\ de\ Dados}$)(Percentagem '%'), Taxa de Encaminhamento de Pacotes (Percentagem '%'), Atraso Fim a Fim Médio por Fluxo (Segundos), Jitter Médio por Fluxo (Segundos) e Taxa de Entrega de Pacotes (Percentagem '%').

A Tabela 9.2 apresenta todos os valores das métricas de desempenho avaliadas para cada protocolo de roteamento em um cenário sem nós egoístas.

Tabela 9.2 – Métricas de desempenho avaliadas em um cenário sem nós egoístas.

Métricas de Desempenho de Rede

(1) Vazão do Enlace	DSR	AODV	DSDV	OLSR
(a) Vazão Total da Rede (Kbps)	1250,111	1253,881	1323,623	1492,797
(b) Vazão Média por Fluxo (Kbps)	156,264	156,735	165,452	186,599
(2) Consumo de Energia	DSR	AODV	DSDV	OLSR
(a) Energia Média Consumida na Rede (Joules)	19,442	19,102	15,720	15,945
(3) Taxa de Perda de Pacotes	DSR	AODV	DSDV	OLSR
(a) Nº de Pacotes Gerados	26591	26585	26558	26601
(b) Taxa de Perda de Pacotes (Unidades)	10352	10289	9356	7199
(c) Taxa de Perda de Pacotes (%)	38,931	38,702	35,229	27,063
(4) Overhead de Roteamento	DSR	AODV	DSDV	OLSR
(a) Overhead (Unidades)	5742	16942	769	3961
(b) Overhead (Bytes/DataBytes) (%)	3,926	9,366	1,278	4,7823
(c) Overhead Normalizado (%)	35,359	103,964	4,470	20,415
(5) Encaminhamento de Pacotes	DSR	AODV	DSDV	OLSR
(a) Taxa de Forwarding (%)	26	53	56	85
(6) Atraso Fim a fim	DSR	AODV	DSDV	OLSR
(a) Atraso Total (s)	0,634	0,242	0,205	0,092
(b) Atraso Total da Soma dos Fluxos (s)	8,700	2,735	3,112	0,968
(c) Atraso Médio por Fluxo (s)	1,088	0,342	0,389	0,121
(7) Jitter	DSR	AODV	DSDV	OLSR
(a) Jitter Total (s)	0,817	0,302	0,298	0,121
(b) Jitter Total da Soma dos Fluxos (s)	2,565	0,914	0,126	0,129
(c) Jitter Médio por Fluxo (s)	0,321	0,114	0,0158	0,0161
(8) Entrega de Pacotes	DSR	AODV	DSDV	OLSR
(a) Taxa de Entrega de Pacotes (%)	61,0695	61,2977	64,7714	72,9371

Fonte: Elaborada pelo autor.

A Tabela 9.3 apresenta todos os valores das métricas de desempenho avaliadas para cada protocolo de roteamento em um cenário com nós egoístas.

Tabela 9.3 – Métricas de desempenho avaliadas em um cenário com nós egoístas.

Métricas de Desempenho de Rede

	DSR	AODV	DSDV	OLSR
(1) Vazão do Enlace	DSR	AODV	DSDV	OLSR
(a) Vazão Total da Rede (Kbps)	1113,382	461,196	1113,954	1269,179
(b) Vazão Média por Fluxo (Kbps)	139,173	57,649	139,244	158,647
(2) Consumo de Energia	DSR	AODV	DSDV	OLSR
(a) Energia Média Consumida na Rede (Joules)	12,922	9,104	14,655	16,254
(3) Taxa de Perda de Pacotes	DSR	AODV	DSDV	OLSR
(a) N° de Pacotes Gerados	26580	26609	26569	26519
(b) Taxa de Perda de Pacotes por Egoísmo (Unidades)	11626	10564	5115	5829
(c) Taxa Total de Perda de Pacotes (Unidades)	12110	20615	12091	10024
(d) Taxa Total de Perda de Pacotes (%)	45,561	77,474	45,508	37,799
(4) Overhead de Roteamento	DSR	AODV	DSDV	OLSR
(a) Overhead (Unidades)	1041	2231	820	3896
(b) Overhead (Bytes/DataBytes) (%)	0,938	3,392	1,623	5,584
(c) Overhead Normalizado (%)	7,194	37,221	5,664	23,619
(5) Encaminhamento de Pacotes	DSR	AODV	DSDV	OLSR
(a) Taxa de Forwarding (%)	36	89	62	78
(6) Atraso Fim a Fim	DSR	AODV	DSDV	OLSR
(a) Atraso Total (s)	0,020	0,047	0,123	0,082
(b) Atraso Total da Soma dos Fluxos (s)	1,350	0,241	1,775	2,390
(c) Atraso Médio por Fluxo (s)	0,169	0,030	0,222	0,299
(7) Jitter	DSR	AODV	DSDV	OLSR
(a) Jitter Total (s)	0,025	0,056	0,172	0,115
(b) Jitter Total da Soma dos Fluxos (s)	0,141	0,216	0,071	0,144
(c) Jitter Médio por Fluxo (s)	0,018	0,027	0,009	0,018
(8) Entrega de Pacotes	DSR	AODV	DSDV	OLSR
(a) Taxa de Entrega de Pacotes (%)	54,439	22,526	54,492	62,201

Fonte: Elaborada pelo autor.

As Figuras 9.6 (a)(b), 9.7 (a)(b), 9.8 (a)(b) e 9.9 (a)(b) apresentam os gráficos das métricas de desempenho vazão, consumo de energia, taxa de perda de pacotes, *overhead* de roteamento, taxa de encaminhamento de pacotes, atraso fim a fim, *jitter* e taxa de entrega de pacotes. Observa-se que os protocolos proativos, no ambiente sem nós egoístas, têm a melhor vazão que os protocolos reativos, Figura 9.6 (a). Já na presença de nós egoístas os protocolos reativos têm a vazão mais afetada, principalmente o *AODV*. Observou-se também, com relação ao consumo de energia, Figura 9.6(b), no ambiente sem nós egoístas, que os protocolos proativos foram mais eficientes nesse quesito. Todavia, na presença dos nós egoístas, o protocolo *AODV*, reativo, foi mais eficiente energeticamente. Com exceção do $OLSR$[80], nesse ambiente de simulação e na presença de nós egoístas, todos os outros protocolos tiveram seus consumos de energia reduzidos e isso aconteceu porque ao descartar pacotes de dados os nós egoístas economizaram a anergia de retransmissão, que seria gasta no redirecionamento dos pacotes de terceiros, e consequentemente a média do consumo energético diminuiu.

Figura 9.6 – Análise das métricas de desempenho vazão, consumo de energia dos protocolos DSR, AODV, DSDV e OLSR.

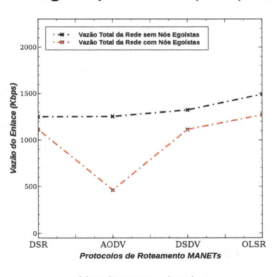

(a) Vazão do Enlace (Kbps).

---

80 O OLSR envia muitas mensagens de controle e por isso consome muita energia com a recepção e a transmissão dessas mensagens.

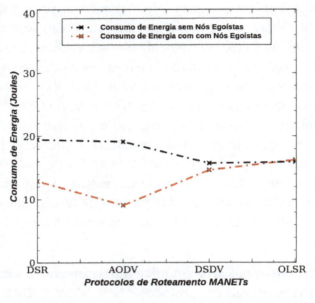

(b) Consumo de Energia (Joules).

Fonte: Elaborada pelo autor.

A taxa de perda pacotes nos protocolos reativos, no ambiente sem nós egoísta, é alta, em média é acima de 35% e 40% no *DSR*, todavia, os protocolos proativos perdem menos pacotes. Por exemplo, o *OLSR* perde menos que 30% dos pacotes de dados, Figura 9.7 (a). Já na presença de nós egoístas todos os protocolos têm um aumento significativo na taxa de perda de pacotes, principalmente o *AODV*, os nós egoísta são prejudiciais a todos os protocolos.

Com relação à métrica *overhead* de roteamento normalizado, os protocolos reativos, no ambiente sem nós egoístas, geram mais mensagens de controle que o protocolo *DSDV*. Entretanto, o protocolo *OLSR* tem um alto *overhead* normalizado, tanto no ambiente com nós egoístas quanto no ambiente sem nós egoístas. Isso acontece porque ele transporta mais de um tipo de mensagem de controle ao mesmo tempo (ex.: *piggybacking*), a consequência disso são pacotes de controle com tamanhos maiores, ou seja, mais *bytes* transportados e consequentemente mais *overhead*, Figura 9.7 (b).

Figura 9.7 – Análise das métricas de desempenho taxa de perda de pacotes e overhead dos protocolos DSR, AODV, DSDV e OLSR.

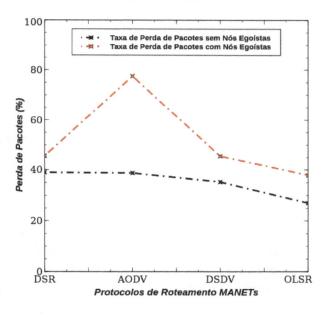

(a) Taxa de Perda de Pacotes (%).

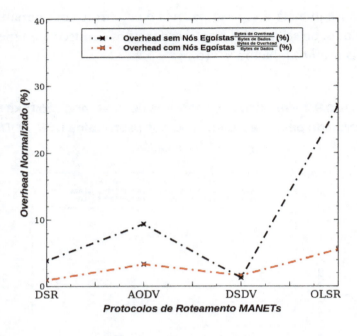

(b) Overhead de Roteamento (%).

Fonte: Elaborada pelo autor.

No que diz respeito às métricas de desempenho, taxa de redirecionamento de pacotes, atraso fim a fim, jitter e taxa de entrega de pacotes, os protocolos proativos também possuem um desempenho melhor que os reativos, Figuras 9.8 (a)(b) e 9.9 (a)(b). Por exemplo, na presença de nós egoístas, os protocolos *DSR/AODV*, reativos, e o protocolo *DSDV*, proativo, têm suas taxas de redirecionamento de pacotes melhoradas, Figura 9.8 (a). Isso pode ser explicado pelo fato de ocorrerem muitas entregas por nós que não são egoístas e também pelo fato de haver menos pacotes de dados em trânsito, que foram descartados pelos nós egoístas (ex.: há menos colisões porque tem menor tráfego, assim mais pacotes são redirecionados com sucesso).

Figura 9.8 – Análise das métricas de desempenho forwarding e atraso fim a fim dos protocolos DSR, AODV, DSDV e OLSR.

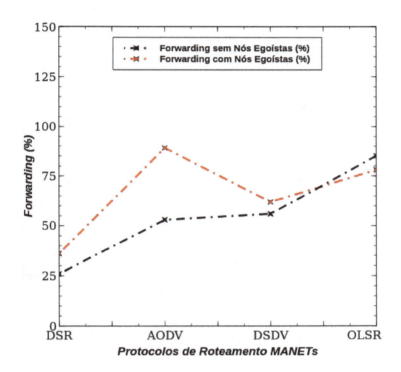

(a) Taxa de Encaminhamento de Pacotes (%).

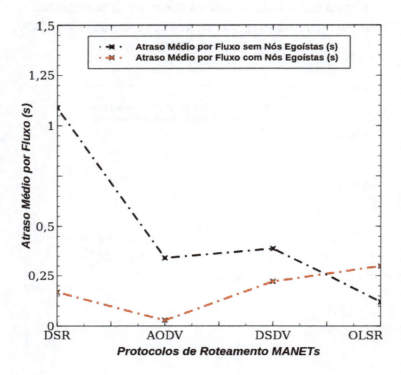

(b) Atraso Fim a Fim (s).
Fonte: Elaborada pelo autor.

Nessa métrica de *forwarding*, o *OLSR* teve sua taxa de redirecionamento de pacotes diminuída, isto é, havia nós intermediários que foram escolhidos como nós egoístas e também pelo fato do *OLSR* gerar muitas mensagens de controle, que aumenta o tráfego e causam mais colisões, e a consequência disso são menos pacotes redirecionados com sucesso.

Na métrica atraso fim a fim 9.8(b), com exceção do *OLSR*, todos os outros protocolos tiveram seus atrasos diminuídos na presença dos nós egoístas e isso ocorreu em função da redução do número de pacotes de dados em trânsito, que foram descartados pelos nós egoístas. Ou seja, se o tráfego de pacotes diminui, o atraso fim a fim também diminui, principalmente devido à redução do atraso de enfileiramento e processamento.

Figura 9.9 – Análise das métricas de desempenho jitter e taxa de entrega de pacotes dos protocolos DSR, AODV, DSDV e OLSR.

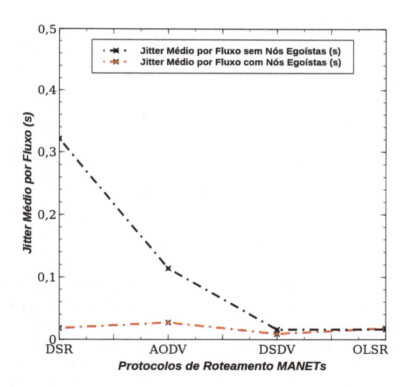

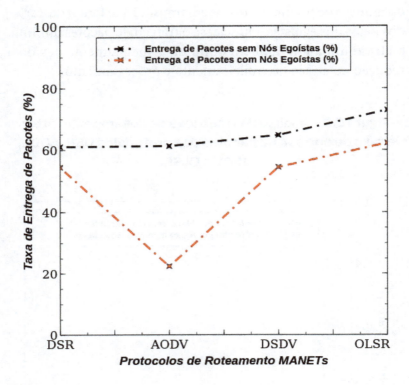

(a) Jitter, Variação do Atraso (s).

Fonte: Elaborada pelo autor.

No quesito *jitter*, Figura 9.9(a), no ambiente sem nós egoístas, os protocolos *DSR* e AODV possuem maior variação do atraso em função de sua natureza reativa, todavia, isso não acontece com os protocolos proativos. Já na presença dos nós egoístas a variação do atraso, em todos os protocolos, é baixa e a explicação para isso é a diminuição dos atrasos de enfileiramento e processamento em função da redução de pacotes de dados em trânsito, que foram descartados pelos nós egoístas. E finalmente, na métrica taxa de entrega de pacotes, Figura 9.9(b), é possível observar que na presença de nós egoístas todos os protocolos têm a sua taxa de entrega de pacotes diminuída, com destaque para o AODV, que sofreu mais impacto nessa métrica na presença dos nós egoístas.

9.5 Atividade Sugerida

Exercício 9. Crie um cenário sem fio móvel e execute simulações utilizando os protocolos DSR, AODV, DSDV e OLSR. Avalie o desempenho dos protocolos com e sem nós egoístas por meio das métricas: vazão, consumo de energia, taxa de perda de pacotes, *overhead* de roteamento, taxa de redirecionamento de pacotes, atraso fim a fim, *jitter* e taxa de entrega de pacotes. As simulações devem possuir os seguintes parâmetros:

- Tráfego CBR com taxa de transmissão de 500 Kbps;
- Tamanho do pacote 500B (ex.: é necessário alterar o tamanho do pacote no arquivo cbrgen.tcl);
- Tempo de simulação, 100s;
- Quantidade de nós, 50;
- Fontes de tráfego, 8;
- Área de Simulação 800m x 900m;
- Quantidade de nós egoístas deve ser 15 nós, que serão gerados aleatoriamente através do programa: Selfish_ GENERATOR.cc disponível em: https://github.com/dioxfile/ NS-2_Scripts/tree/master/Chapter_9_SelfishNodes;
- Use o Código 6.5 para gerar a mobilidade com menos de 300 destinos inalcançáveis;
- Realize as simulações utilizando os padrões 802.11a e 802.11b;

- Quando as simulações encerrarem use o script Metrics_Performance_Extractor_NEW_CBR.sh para extrair as métricas de desempenho descritas no Capítulo 8;

Os códigos necessários para realizar as simulações estão disponíveis no *GitHub*[81]:

1. IEEE802-11.tcl;
2. traffic.tcl (ex.: deve ser criado);
3. mobility.tcl (ex.: deve ser criado);
4. 802-11a_functional.tcl;
5. 802-11b_functional.tcl;
6. olsr-default.tcl;
7. Metrics_Performance_Extractor_NEW_CBR.sh[82].

> Aproveite os conhecimentos prévios, estudados nesse capítulo, para realizar esta tarefa e não esqueça de fazer as alterações necessárias no arquivo IEEE802-11.tcl.

9.6 Considerações Finais do Capítulo

Neste capítulo foi apresentado o conceito dos nós egoístas em *MANETs* e sua atuação nas camadas de redes e enlace de dados. Além disso, foi apresentado como implementar este comportamento nos protocolos de roteamento *DSR, AODV,*

---

81 https://github.com/dioxfile/NS-2_Scripts/tree/master/Chapter_9_SelfishNodes.
82 Link de download: https://github.com/dioxfile/Performance-Network-Metrics-NS-2.

DSDV e *OLSR*. O capítulo também apresentou um programa, desenvolvido em C++, que cria nós egoístas aleatoriamente para serem usados em simulações no *NS-2*. E finalmente foram realizadas simulações para avaliar o impacto dos nós egoístas nos protocolos de roteamento previamente descritos. Os resultados, mostraram claramente que este tipo de comportamento pode impactar negativamente no desempenho dos protocolos de roteamento com relação às métricas de desempenho descritas no Capítulo 8.

10. MODELO WIRED-CUM-WIRELESS

Um cenário *Wired-Cum-Wireless* é um cenário composto por nós cabeados (ex.: *Ethernet IEEE 802.3*) e nós sem fio estáticos e/ou móveis (ex.: *Wi-Fi, IEEE 802.11*). Nesse contexto, há uma semelhança com o modelo PCF do IEEE 802.11 porque é necessário um *Access Point (AP)*, que consiste em um nó com interface sem fio e cabeada que faz a ponte entre a rede cabeada e a rede sem fio. Isto é, este *AP* deve agregar os domínios cabeados e sem fio e ao mesmo tempo rotear pacotes entre eles.

Basicamente um *script OTCL* para criação de cenários *Wired-Cum-Wireless* é muito parecido com o *script OTCL* para a criação de cenários *wireless* (ex.: *Mesh* ou *MANET*), com exceção de que no modelo *Wired-Cum-Wireless* é necessário criar níveis de hierarquia que são três:

1. Domínio: um local composto por um ou mais agrupamentos de nós;

2. Agrupamento: grupo que agrega nós que podem ser cabeados ou sem fio; e

3. Nós: são os computadores comunicantes, cabeados e/ou sem fio.

No modelo *Wired-Cum-Wireless* é necessário configurar alguns parâmetros/variáveis adicionais, no script OTCL, além daqueles que foram apresentados nos Códigos 5.6, 5.7, 5.8 e 5.9. Sendo assim, deste ponto em diante descreveremos cada uma dessas configurações adicionais. Por exemplo:

1. No Código 5.6, após a linha 24 é necessário inserir duas variáveis: set val(wired) e set val(B_station) que são os nós cabeados e a estação base (AP);

2. A configuração a seguir, apresentada no Código 10.1, descreve exatamente como é criado este modelo de hierarquia no *NS-2*. Esta configuração deve ser implementada após a linha de configuração do simulador, por exemplo: set ns_ [new Simulator], Código 5.7, linha 5.

3. No Código 5.7, linha 18, é preciso substituir o trecho de código set god_ [create-god $val(node_)] por set god_ [create--god [expr $val(node_) + $val(B_station)]]. O *GOD* (ex.: set god_), mencionado nos Capítulos 5 e 6, é usado pelo *NS-2* para armazenar informações sobre a topologia da rede, por exemplo, estado do ambiente, nós, distância em saltos etc. Portanto, diante desse contexto, é preciso que o *GOD* armazene essas informações da estação base também, (AP), por isso a necessidade dessa configuração;

4. No Código 5.8, linha 19, é necessário ativar o roteamento cabeado para o *AP* e isso pode ser feito mudando o seguinte trecho de código de $ns_ node-config -wiredRouting OFF para $ns_ node-config -wiredRouting ON. Apenas para relembrar, a partir da linha 1 do Código 5.8, ns_ node--config -adhocRouting $val(routP) (ex.: configuração para redes móveis *ad hoc*), são configuradas diversas características dos nós sem fio, e uma das principais para o modelo *Wired-Cum-Wireless* é a ativação do roteamento cabeado;

5. Ainda no Código 5.8, após a linha 20, deve ser inserido o código para a criação dos nós cabeados, como mostra o Código 10.2.

Código 10.1 – Código Para Gerar um Modelo Wired-Cum-Wireless com Dois Domínios, Dois Agrupamentos e Dezesseis Nós.

1. ns_ node-config -addressType hierarchical
2. AddrParams set domain_num_ 2
3. lappend cluster_num 1 1
4. AddrParams set cluster_num_ $cluster_num
5. lappend eilastlevel 5 11
6. AddrParams set nodes_num_ $eilastlevel

O Código 10.1 é explicado como segue:

- ns_ node-config -addressType hierarchical (linha 1): nessa linha é configurado um endereço hierárquico o qual permite verificar se o pacote pertence a um domínio;
- AddrParams set domain_num_ 2 (linha 2): essa linha cria dois domínios;
- lappend cluster_num 1 1 (linha 3): nessa linha são criadas duas listas de agrupamentos, dois grupos de nós 1 1. Um agrupamento em cada domínio;
- AddrParams set cluster_num_ $cluster_num (linha 4): nessa linha a lista dos agrupamentos é adicionada à variável cluster_num_;
- lappend eilastlevel 5 11 (linha 5): nessa linha são criadas duas listas de nós, dois tipos de nós, cabeados (5) e sem fio (11), 5 11. Um total de 16 nós distribuídos em dois grupos de domínios diferentes;
- AddrParams set nodes_num_ $eilastlevel (linha 6): nessa linha a lista dos nós é adicionada à variável nodes_num_.

Código 10.2 – Código Para Criar os Nós Cabeados no Modelo Wired-Cum-Wireless.

```
1.  set Ethernet {0.0.0 0.0.1 0.0.2 0.0.3 0.0.4}
2.  for {set i 0} {$i < $val(wired)} {incr i} {
3.  set WN($i) [$ns_ node [lindex $Ethernet $i]]
4.  $WN($i)          color red
5.  $ns_ at          0.0 "$WN($i) color red"
6.  $ns_ at          0.0 "$WN($i) label Ether$i"
7.  }
```

A explicação do Código 10.2 é apresentada a seguir:

- set Ethernet { 0.0.0 0.0.1 0.0.2 0.0.3 0.0.4 } (linha 1): aqui é criada uma lista, *Ethernet*, dos nós cabeados, e nessa lista, tendo como exemplo o terceiro nó (ex.: 0.0.2), elemento 3 da lista, podemos ver os três níveis de hierarquia descritos previamente, por exemplo, domínio 0, agrupamento 0 e nó 2;

- for {set i 0} {$i < $val(wired)} {incr i} {...(linha 2): nesse trecho de código é criado um *loop*, limitado ao tamanho da variável $val(wired), para criar os nós cabeados;

- set WN($i) [$ns_ node [lindex $Ethernet $i]] (linha 3): essa linha adiciona à variável WN($i) cada elemento da lista, criando assim os nós cabeados;

- set Ethernet $WN($i) color red...$ns_ at 0.0 "$WN($i) color red (linhas 4 e 5): configura os nós cabeados, no *NAM*, na cor vermelha;

- $ns_ at 0.0 "$WN($i) label Ether$i"(linha 6): nomeia os nós cabeados como Ether$i com base no seu índice $i.

Portanto, como previamente mencionado, no modelo *Wired-Cum-Wireless* o roteamento cabeado deve estar ativo para o *AP* e o endereço dos nós deve ser hierárquico de modo que descreva o domínio, o agrupamento e o nó (ex.: 0.0.2). Com esses parâmetros configurados, como mostra o Código 10.1, agora é necessário criar a hierarquia de nós sem fio porque os cabeados já foram criados, Código 10.2. Sendo assim, primeiro deve-se configurar a estação base, *Access Point (AP)*, que é o nó responsável por rotear os pacotes entre os dois domínios, cabeado e sem fio, Código 10.3.

Código 10.3 – Configuração da Estação Base, AP, no Modelo Wired-Cum-Wireless.

1. set wireless { 1.0.0 1.0.1 1.0.2,...,1.0.6 1.0.7 1.0.8 1.0.9 1.0.10 }

2. set AP(0) [$ns_ node [lindex $wireless 0]]

3. $AP(0) color blue

4. $ns_ at 0.0 "$AP(0) color blue"

5. $ns_ at 0.0 "$AP(0) label Access_Point"

6. $AP(0) random-motion 0

7. $AP(0) set X_ 350.0

8. $AP(0) set Y_ 350.0

9. $AP(0) set Z_ 0.0

A explicação do Código 10.3 é como segue:

- set wireless { 1.0.0 1.0.1...1.0.10 } (linha 1): esta linha recebe a criação dos nós sem fio, *AP* e os nós móveis. É importante evidenciar que neste trecho de código é configurado o domínio 2. Por exemplo, o primeiro nó, o *AP*, primeiro elemento da lista (ex.: 1.0.0), pode ser descrito como, da esquerda para direita, domínio 2 (1), agrupamento 1 (0) e nó 1 (0);

- set AP(0) [$ns_ node [lindex $wireless 0]] (linha 2): essa linha atribui ao *AP* o primeiro elemento da lista, *$wireless*, como seu endereço hierárquico;

- $AP(0) color blue...$ns_ at 0.0 "$AP(0) color blue"(linhas 3 e 4): esse trecho de código atribui a cor azul ao *AP* no *NAM;*

- $ns_ at 0.0 "$AP(0) label Access_Point"(linha 5): nessa linha o *AP* recebe um rótulo, no *NAM* (ex.: "Access_Point"), de modo a diferenciá-lo dos outros nós sem fio;

- $AP(0) random-motion 0 (linha 6): essa linha desativa a movimentação aleatória dos nós móveis[83];

- $AP(0) set X_ 350.0...$AP(0) set Z_ 0.0 (linhas 7 a 9): nessas linhas é atribuída uma posição ao *AP* na área de simulação.

O próximo passo consiste em criar/configurar os nós sem fio, por exemplo, eles serão configurados a partir da linha 3 do Código 5.9. O Código 10.4 apresenta esta configuração no modelo *Wired-Cum-Wireless.*

Código 10.4 – Configuração dos Nós Sem Fio, no Modelo Wired-Cum-Wireless.

1. $ns_ node-config -wiredRouting OFF

2. for {set i 0} {$i < $val(node_)} {incr i} {

3. set node_($i) [$ns_ node [lindex $wireless [expr $i+1]]]

---

83 O código random-motion é usado para ativar movimentos aleatórios para o nó móvel, em casos que os destinos aleatórios são atribuídos aos nós. 0 desabilita e 1 habilita o movimento aleatório [16].

4. $node_($i) color blue

5. $ns_ at 0.0 "$node_($i) color blue"

6. $ns_ at 0.0 "$node_($i) label Wlan$i"

7. $node_($i) base-station [AddrParams addr2id [$AP(0) node-addr]]

8. $node_($i) random-motion 0

9. }

A explicação do Código 10.4 é apresentada a seguir:

- $ns_ node-config -wiredRouting OFF (linha 1): nessa linha é desativado o roteamento cabeado para os nós sem fio móveis, nesse domínio. Isso acontece porque apenas o *AP* deve ter esta função;

- for {set i 0} {$i < $val(node_)} {incr i} {...(linha 2): nesse trecho de código é criado um *loop*, limitado ao tamanho da variável $val(node_), para criar os nós sem fio;

- set node_($i) [$ns_ node [lindex $wireless [expr $i+1]]] (linha 3): nessa linha cada elemento da lista *$wireless* é atribuído a um nó, set node_($i);

- $node_($i) color blue...$ns_ at 0.0 "$node_($i) color blue"(linhas 4 e 5): nesse trecho de código é configurado a cor dos nós sem fio no *NAM*;

- $ns_ at 0.0 "$node_($i) label Wlan$i"(linha 6): nessa linha os nós sem fio recebem um rótulo (ex.: Wlan$i), baseado no seu índice $i de modo a diferenciá-los na animação do *NAM*;

- $node_($i) base-station [AddrParams addr2id [$AP(0) node-addr]] (linha 7): essa linha de código possibilita que cada nós sem fio conheça o endereço do *AP*.

- $node_($i) random-motion 0 (linha 8): essa linha desativa a movimentação aleatória dos nós móveis.

No modelo Wired-Cum-Wireless como existem nós cabeados estes devem ter seus enlaces, tipos de fluxo, largura de banda e tipo de fila configurados. O Código 10.5 apresenta essas configurações.

Código 10.5 – Configuração dos Nós Cabeados (ex.: Enlaces, Tipo de Fluxo, Largura de Banda e Tipo de Fila), no Modelo Wired-Cum-Wireless.

1.	$ns	duplex-link	$WN(0)	$AP(0)	100Mb 2ms	DropTail
2.	$ns	duplex-link	$WN(1)	$AP(0)	100Mb 2ms	DropTail
3.	$ns	duplex-link	$WN(2)	$AP(0)	100Mb 2ms	DropTail
4.	$ns	duplex-link	$WN(3)	$AP(0)	100Mb 2ms	DropTail
5.	$ns	duplex-link	$WN(4)	$AP(0)	100Mb 2ms	DropTail
6.	$ns	duplex-link-op	$WN(0)	$AP(0)	orient	left-up
7.	$ns	duplex-link-op	$WN(1)	$AP(0)	orient	left-up
8.	$ns	duplex-link-op	$WN(2)	$AP(0)	orient	left-up
9.	$ns	duplex-link-op	$WN(3)	$AP(0)	orient	left-up
10.	$ns	duplex-link-op	$WN(4)	$AP(0)	orient	left-up
11.	$ns	duplex-link-op	$WN(0)	$AP(0)	orient	left-down
12.	$ns	duplex-link-op	$WN(1)	$AP(0)	orient	left-down
13.	$ns	duplex-link-op	$WN(2)	$AP(0)	orient	left-down
14.	$ns	duplex-link-op	$WN(3)	$AP(0)	orient	left-down
15.	$ns	duplex-link-op	$WN(4)	$AP(0)	orient	left-down

A explicação do Código 10.5 é apresentada a seguir:

- $ns duplex-link $WN(0) $AP(0) 100Mb 2ms DropTail...$ns duplex-link $WN(4) $AP(0) 100Mb 2ms DropTail (linhas 1 a 5): nessas linhas são configurados para cada nó cabeado um enlace *full--duplex*, taxa de transmissão de 100Mb, atraso de 2ms e fila *DropTail*. Esse enlace é entre o *AP* e os nós cabeados;

- $ns duplex-link-op $WN(0) $AP(0) orient left-up ... $ns duplex-link--op $WN(4) $AP(0) orient left-up (linhas 6 a 10): nessas linhas é configurada a direção do enlace entre os nós cabeados e o *AP*, no sentido *UP*;

- $ns duplex-link-op $WN(0) $AP(0) orient left-down...$ns duplex-link-o $WN(4) $AP(0) orient left-down (linhas 11 a 15): nessas linhas, também é configurada a direção do enlace entre os nós cabeados e o *AP*, no sentido *DOWN*.

Agora a próxima configuração, última para o completo funcionamento do modelo *Wired-Cum-Wireless*, é parar as interfaces cabeadas quando acabar a simulação. O Código 10.6 mostra a configuração para desligar os nós com o fim da simulação.

Código 10.6 – Configuração Para Desligar os Nós Cabeados no Fim da Simulação, no Modelo Wired-Cum-Wireless.

1. for {set n 0} {$n < $val(wired) } {incr n} {

2. $ns_ at $val(termina).0001 "$WN($n) reset";

3. }

O Código 10.6 é explicado como segue:

- for {set n 0} {$n < $val(wired) } {incr n} {...} (linhas 1 a 3): este *loop for* possibilita desligar todos os nós cabeado após a simulação terminar (ex.: $ns_ at $val(termina).0001 "$WN($n) reset").

> O código completo para executar simulações no modelo *Wired-Cum-Wireless* (ex.: IEEE802-11_Wired_Cum_Wireless.tcl) está disponível no *GitHub*: https://github.com/dioxfile/NS-2_Scripts/tree/master/Chapter_10_Wired-Cum-Wireless.

10.1 Trace no Modelo Wired-Cum-Wireless

O *trace file* do modelo *Wired-Cum-Wireless* não difere muito das redes sem fio *ad hoc*. Todavia, em função do uso de hierarquias de identificação (ex.: Domínio, Agrupamento e Nós) endereços hierárquicos são criados, por exemplo, Código 10.7:

Código 10.7 – Número dos Nós Sem Fio no Modelo Wired-Cum-Wireless.

1. M 0.00000 4194305 (190.50, 169.28, 0.00), (385.11, 932.89), 15.77

2. M 0.00000 4194306 (690.28, 328.30, 0.00), (476.78, 146.32), 7.97

3. M 0.00000 4194307 (267.42, 531.79, 0.00), (769.62, 477.29), 7.14

4. M 0.00000 4194308 (521.80, 244.45, 0.00), (288.72, 648.20), 10.30

5. M 0.00000 4194309 (242.97, 819.83, 0.00), (363.88, 675.87), 9.10

6. M 0.00000 4194310 (443.05, 394.73, 0.00), (181.86, 134.88), 18.13

7. M 0.00000 4194311 (136.61, 807.16, 0.00), (999.69, 335.64), 5.72

8. M 0.00000 4194312 (77.14, 769.34, 0.00), (290.53, 575.18), 5.44

9. M 0.00000 4194313 (182.21, 740.43, 0.00), (946.98, 444.74), 13.92

10. M 0.00000 4194314 (71.42, 670.04, 0.00), (866.94, 526.58), 7.69

Como pode ser observado na coluna 3 do Código 10.7, os endereços hierárquicos são diferentes dos convencionais (ex.: 4194305). Nesse exemplo, o nó sem fio número 0 é gravado no *trace file* como número 6, mas seu endereço hierárquico é 4194305. Consequentemente, é preciso tratar o *trace file*, trocando os endereços hierárquicos por números e só depois aplicar o *script* de extração de métricas para análise.

Neste contexto, mais exemplos podem ser apresentados, como os Códigos 10.8 e 10.9:

Código 10.8 – Número dos Nós Sem Fio e Cabeado, Arquivo de Tráfego Gerado Pelo Script Cbrgen.tcl, no Modelo Wired-Cum-Wireless.

1. # 0 connecting to 1 at time 8.0978678042524805

2. set udp_(0) [new Agent/UDP]

3. $ns_ attach-agent $node_(0) $udp_(0)

4. set null_(0) [new Agent/Null]

5. $ns_ attach-agent $WN(1) $null_(0)

6. set cbr_(0) [new Application/Traffic/CBR]

7. $cbr_(0) set packetSize_ 500

8. $cbr_(0) set rate_ 256.0kb

9. $cbr_(0) set random_ 1

10. $cbr_(0) attach-agent $udp_(0)

11. $ns_ connect $udp_(0) $null_(0)

12. $ns_ at 8.0978678042524805 "$cbr_(0) start"

13. #Total sources/connections: 1/1

Código 10.9 – Número dos Nós Sem Fio e Cabeado, transmissor e receptor (Trace File), no Modelo Wired-Cum-Wireless.

1. s 8.987401190 _6_ AGT --- 61 cbr 500 [0 0 0 0] ---- [4194305:0 1:0 32

2. 0] [61] 0 0

3. r 9.979437610 _1_ AGT --- 61 cbr 520 [13a 1 6 800] [energy 99.978568 ei

4. 0.000 es 0.000 et 0.011 er 0.011] ---- [4194305:0 1:0 30 1] [61] 1 0

O Código 10.8 apresenta o tráfego com dois nós, um transmissor $node_(0) e um receptor $WN(1), gerado para o modelo *Wired-Cum-Wireless* com dezesseis nós no total: um *AP*, dez nós sem fio e cinco nós cabeados, conforme foi apresentado previamente nos Códigos 10.1, 10.2, 10.3 e 10.4. Também, observa-se no Código 10.9 mais um exemplo da mistura de endereços numéricos e hierárquicos do modelo *Wired-Cum-Wireless*. Nesse exemplo, nas linhas 1 e 2, é apresentado o nó *wireless* 6, no *trace file*, ($node_(0) Código 10.8), enviando um pacote para o nó cabeado 1, no *trace file*, ($WN(1) Código 10.8). O nó sem fio, que é o transmissor, aparece de duas formas, numérica (6) e hierárquica (4194305) (ex.: _6_ [...] [4194305:0 1:0 [...]). Também, na linha 4, é apresentado o nó sem fio, na sua representação hierárquica, sendo o transmissor do pacote na porta 0 e o nó 1 sendo o receptor do pacote na porta 0 (ex.: [...] 4194305:0 1:0 [...]).

É importante enfatizar que na configuração do *script OTCL* de simulação do modelo *Wired-Cum-Wireless* os nós *AP, wireless* e cabeados são configurados da seguinte forma: AP(0); node_(1), node_(2), node_(3), node_(4), node_(5), node_(6), node_(7), node_(8), node_(9), node_(10); WN(0), WN(1), WN(2), WN(3), WN(4). Todavia, no *trace file* e no *NAM* (ex.: Figura 10.1) eles aparecem com seus índices em ordem crescente, mas não como foram configurados para a simulação, por exemplo: nós cabeados 0, 1, 2, 3 e 4; estação base (*AP*) 5; e nós *wireless* 6, 7, 8, 9, 10, 11, 12, 13, 14 e 15. Além disso, os nós sem fio aparecem no *trace file* também de forma hierárquica, por exemplo: 4194305,4194306, 4194307,4194308,4194309,4194310,4194311,4194312,4194313 e 4194314.

Figura 10.1 – Disposição e configuração dos nós no NAM, modelo Wired-Cum-Wireless. Essa figura mostra como os nós são vistos no NAM: AP (Access_Point), nós cabeados (Ether$i) e nós sem fio (Wlan$i).

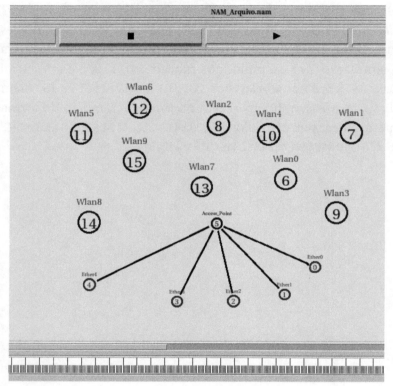

Fonte: Elaborada pelo autor.

10.2 Automatização do Processo de Criação de Nós no Modelo Wired-Cum-Wireless

O formato do endereço, identificador do nó, no modelo de simulação *Wired-Cum-Wireless* torna muito trabalhoso a análise de cenários em função da bagunça de endereços numérico e hierárquicos. Portanto, antes de extrair as métricas de desempenho para análise é necessário converter os endereços hierárquicos do *trace file* para endereços numéricos. Por conseguinte, foi desenvolvido um *script* que terá a função de realizar esta tarefa, Códigos 10.10, 10.11 e 10.12:

Código 10.10 – Script, Hierarchical_to_Node_Converter. sh, (Parte 1) que Converte Endereços Hierárquicos (4194305) em Endereços Numéricos (6).

1. #!/bin/bash
2. rm Convert-Node.sh -v
3. TRACE="$1" H_FIRST="$2" H_LAST="$3" N_FIRST="$4" N_LAST="$5"
4. if [-z "$TRACE"]; then
5. echo "USAGE: ./Hierarchical_to_Node_Converter.sh <FILE.tr> <H_FIRST> <H_LAST> <N_FIRST> <N_LAST>"
6. exit 1
7. fi
8. if [-z "$H_FIRST"]; then
9. echo "USAGE: ./Hierarchical_to_Node_Converter.sh <FILE.tr> <H_FIRST> <H_LAST> <N_FIRST> <N_LAST>"
10. exit 1
11. fi

O Código 10.10 é explicado como segue:

- #!/bin/bash (linha 1): essa linha indica que é um *script bash;*
- rm Convert-Node.sh -v (linha 2): nessa linha é removido o arquivo Convert-Node.sh que foi criado sob demanda com os endereços hierárquicos e numéricos dos nós para conversão de endereços;
- TRACE="$1" H_FIRST="$2" H_LAST="$3" N_FIRST="$4" N_LAST="$5" (linha 3): aqui são criadas as variáveis que serão passadas como parâmetros, por exemplo, *trace file*, endereços hierárquicos inicial e final e endereços numéricos inicial e final;
- if [-z "$TRACE"]; then...fi (linhas 4 a 13): nessas linhas são testadas as variáveis $TRACE e $H_FIRST, isto é, na falta delas será emitida uma mensagem de erro (ex.: "USAGE: ./Hierarchical_to_Node_Converter.sh <FILE.tr> <H_FIRST> <H_LAST><N_FIRST> <N_LAST>").

Código 10.11 – Script, Hierarchical_to_Node_Converter. sh, (Parte 2) que Converte Endereços Hierárquicos (4194305) em Endereços Numéricos (6).

1. if [-z "$H_LAST"]; then
2. echo "USAGE: ./Hierarchical_to_Node_Converter.sh <FILE.tr> <H_FIRST> <H_LAST> <N_FIRST> <N_LAST>"
3. exit 1
4. fi
5. if [-z "$N_FIRST"]; then
6. echo "USAGE: ./Hierarchical_to_Node_Converter.sh <FILE.tr> <H_FIRST><H_LAST> <N_FIRST> <N_LAST>"

7. exit 1

8. fi

9. if [-z "$N_LAST"]; then

10. echo "USAGE: ./Hierarchical_to_Node_Converter.sh <FILE.tr> <H_FIRST><H_LAST> <N_FIRST> <N_LAST>"

11. exit 1

12. fi

As próximas linhas explicam o Código 10.11:

- if [-z "$H_LAST"]; then...fi (linhas 1 a 15): nessas linhas, também são testadas as variáveis $H_LAST, $N_FIRST e $N_LAST, ou seja, na falta delas será emitida uma mensagem de erro (ex.: "USAGE: ./Hierarchical_to_Node_Converter.sh <FILE.tr> <H_FIRST> <H_LAST> <N_FIRST> <N_LAST>").

> É importante salientar que os seguintes parâmetros <H_FIRST> <H_LAST> <N_FIRST> <N_LAST> devem ser, em princípio, verificados no *trace file*, principalmente os endereços hierárquicos. Por exemplo, nas simulações realizadas encontramos o seguinte endereço hierárquico 4194304, que representa o *AP*, em uma parte do *trace file* não convencional. Isto é, o *AP*, apesar de também ser um nó sem fio, não aparece na lista principal de endereços hierárquicos como apresentado pela Figura 10.3. Ou seja, ele foi encontrado em outras partes do *trace file* como se fosse apenas um nó cabeado. Portanto, antes de executar o *script* Hierarchical_to_Node_Converter.sh certifique-se de ter encontrado, no *trace file*, todos os endereços hierárquicos.

Código 10.12 – Script, Hierarchical_to_Node_Converter. sh, (Parte 3) que Converte Endereços Hierárquicos (4194305) em Endereços Numéricos (6).

1. #### Clears the trace

2. echo "Cleanning Trace..."

3. cat $TRACE | sed 's/\[//g' | sed 's/\]//g' | sed 's/_//g' | sed 's/\:/

4. /g' > TRACE_CLEAN.tr

5. ha=$((H_FIRST+0))

6. Stringval=" "

7. for ((i=$N_FIRST; i<=$N_LAST; i++)); do

8. if [$ha -le 'expr $H_LAST + 1']; then

9. if [$i = $N_FIRST]; then

10. Stringval+="cat TRACE_CLEAN.tr | sed 's/$ha/$i/g' |"

11. elif [$i == $N_LAST]; then

12. Stringval+="sed 's/$ha/$i/g' > TRACE_NODE_CONVERTED.tr"

13. Else

14. Stringval+="sed 's/$ha/$i/g' |"

15. Fi

16. ha=$((ha+1))

17. fi

18. done

19. echo "#!/bin/bash" > Convert-Node.sh

20. echo $Stringval >> Convert-Node.sh

21. chmod +x Convert-Node.sh

22. ./Convert-Node.sh

O Código 10.12 é explicado como segue:

- cat $TRACE | sed ... > TRACE_CLEAN.tr (linhas 3 e 4): essas linhas apresentam a limpeza do *trace file*, que é concatenado na entrada do programa *sed* via pipe '|', através do programa *cat*. Dessa forma, o programa *sed* limpará/retirará do *trace file* os seguintes caracteres '[', ']' e ':'. Além disso, espaços em branco, ' ', são adicionados onde for necessário. Como resultado será gerado um novo arquivo, TRACE_CLEAN.tr, que será usado para substituir os endereços hierárquicos (ex.: 4194307) dos nós por endereços numéricos (ex.: 8);
- ha=$((H_FIRST+0)) (linha 5): aqui é criada uma variável, ha, que servirá de contador dentro do *looping for*;
- Stringval= (linha 6): nessa linha é criada uma variável do tipo *string*, Stringval, para receber os comandos que irão substituir os endereços hierárquicos por numéricos;
- for ((i=$N_FIRST; i<=$N_LAST; i++)); do...done (linhas 7 a 18): nessas linhas são gravados os comandos que serão usados para substituir os endereços hierárquicos por numéricos. Assim, a quantidade de endereços hierárquicos que serão substituídos por endereços numéricos serão limitados à quantidade de endereços numéricos encontrados dentro do *trace file* e que são correspondentes à quantidade de endereços hierárquicos, também encontrados dentro do *trace file*;
- echo "#!/bin/bash" > Convert-Node.sh ... ./Convert-Node.sh (linhas 19 a 22): estas linhas mostram a criação de um *script bash*, Convert-Node.sh, com os comandos que convertem endereços hierárquicos em numéricos. Além disso, é dada a este *script* permissão de execução, por exemplo, '755' (ex.: chmod +x) e, por conseguinte, o *script* é executado (ex.: ./ Convert-Node.sh). A execução do *script* gera um *trace file*

limpo, TRACE_NODE_CONVERTED.tr, e sem endereços hierárquicos. Portanto, este novo *trace file* poderá ser utilizado para extração de métricas de desempenho e análise.

- O *script* completo para conversão de endereços hierárquicos em numéricos, Códigos 10.10, 10.11 e 10.12, pode ser baixado do nosso *GitHub* no seguinte endereço: https://github.com/dioxfile/NS-2_Scripts/tree/master/Chapter_10_Wired-Cum-Wireless

Um exemplo da execução do *script* Hierarchical_to_Node_Converter.sh é como mostram as Figuras 10.2, 10.3 e 10.4.

Figura 10.2 – Execução do script Hierarchical_to_Node_Converter.sh em terminal Linux.

```
dioxfile@dioxfile-samsung:/media/dioxfile/Storage/Unemat_Aulas/Book_NS-2/WF-Exp$
./Hierarchical_to_Node_Converter.sh TRACE_FILE_WCW.tr 4194304 4194314 5 15
removed 'Convert-Node.sh'
Cleanning Trace...
dioxfile@dioxfile-samsung:/media/dioxfile/Storage/Unemat_Aulas/Book_NS-2/WF-Exp$
```

Fonte: Elaborada pelo autor.

Figura 10.3 – Trecho do arquivo de trace, ainda com endereços hierárquicos e numéricos, antes da execução do script Hierarchical_to_Node_Converter.sh.

```
M 0.00000 4194305 (190.50, 169.28, 0.00), (385.11, 932.89), 15.77
M 0.00000 4194306 (690.28, 328.30, 0.00), (476.78, 146.32), 7.97
M 0.00000 4194307 (267.42, 531.79, 0.00), (769.62, 477.29), 7.14
M 0.00000 4194308 (521.80, 244.45, 0.00), (288.72, 648.20), 10.30
M 0.00000 4194309 (242.97, 819.83, 0.00), (363.88, 675.87), 9.10
M 0.00000 4194310 (443.05, 394.73, 0.00), (181.86, 134.88), 18.13
M 0.00000 4194311 (136.61, 807.16, 0.00), (999.69, 335.64), 5.72
M 0.00000 4194312 (77.14, 769.34, 0.00), (290.53, 575.18), 5.44
M 0.00000 4194313 (182.21, 740.43, 0.00), (946.98, 444.74), 13.92
M 0.00000 4194314 (71.42, 670.04, 0.00), (866.94, 526.58), 7.69
s 8.097867804 6 AGT  --- 83 cbr [...]------ 4194305 0 1 0 32 0 0 0 0
r 8.102087383 1 AGT  --- 83 cbr [...]---- 4194305 0 1 0 31 1 0 1 0
```

Fonte: Elaborada pelo autor.

Figura 10.4 – Trecho do arquivo de trace, sem endereços hierárquicos, depois da execução do script Hierarchical_to_Node_Converter.sh.

```
M 0.00000 6 (190.50, 169.28, 0.00), (385.11, 932.89), 15.77
M 0.00000 7 (690.28, 328.30, 0.00), (476.78, 146.32), 7.97
M 0.00000 8 (267.42, 531.79, 0.00), (769.62, 477.29), 7.14
M 0.00000 9 (521.80, 244.45, 0.00), (288.72, 648.20), 10.30
M 0.00000 10 (242.97, 819.83, 0.00), (363.88, 675.87), 9.10
M 0.00000 11 (443.05, 394.73, 0.00), (181.86, 134.88), 18.13
M 0.00000 12 (136.61, 807.16, 0.00), (999.69, 335.64), 5.72
M 0.00000 13 (77.14, 769.34, 0.00), (290.53, 575.18), 5.44
M 0.00000 14 (182.21, 740.43, 0.00), (946.98, 444.74), 13.92
M 0.00000 15 (71.42, 670.04, 0.00), (866.94, 526.58), 7.69
s 8.097867804 6 AGT  --- 83 cbr [...]------ 6 0 1 0 32 0 0 0 0
r 8.102087383 1 AGT  --- 83 cbr [...]--- 6 0 1 0 31 1 0 1 0
```

Fonte: Elaborada pelo autor.

Outro problema que pode ser enfrentado pelos usuários do *NS-2* ao usar o modelo *Wired-Cum-Wireless* é o formato dos endereços dos nós a serem configurados no *script OTCL*, IEEE802-11_Wired_Cum_Wireless.tcl, por exemplo, set wireless { 1.0.0 1.0.1 1.0.2 1.0.2 1.0.3 1.0.4 1.0.5 1.0.6 1.0.7 1.0.8 1.0.9 1.0.10 }. Isto é, se ao configurar uma simulação precisarmos criar três domínios, cada um com dois agrupamentos e cada agrupamento com cinquenta nós poderemos ter problemas com erros de digitação.

Por exemplo, imaginem o tamanho da lista que seria criada manualmente. Nesse contexto, a probabilidade de errar um endereço de algum nó seria muito grande. Diante do exposto, foi desenvolvido um *script OTCL* para criar endereços de nós levando em consideração os três níveis de hierarquia, por exemplo, domínio, agrupamento e nó, sem se preocupar com a quantidade. O *script* Generator_D_C_N.tcl é como mostram os Códigos 10.13, 10.14 e 10.15.

Código 10.13 – Script (Parte 2) para Gerar Nós com Três Níveis de Hierarquia (ex.: Domínio, Agrupamento e Nós) no Modelo Wired-Cum-Wireless.

```
1.  set    domain ""
2.  set    cluster ""
3.  set    nodes ""
4.  set    dm %d
5.  set    cl %d
6.  set    nd %d
7.  set    d 0
8.  set    c 0
9.  set    n 0
10. set    grava [concat [pwd]/Wired-cum-wireless-nodes.tcl]
11. set    id [open $grava w+]
12. global domain cluster nodes dm cl nd grava id d c n
13. puts $id "#Node Generator for the Wired-Cum-Wireless Model for
    NS-2#"
14. puts $id "#"
15. puts $id "#"
```

O Código 10.13 é explicado como segue:

- set domain ... set n 0 (linhas 1 a 9): estas linhas apenas definem e atribuem valores às variáveis;
- set grava [concat [pwd]/Wired-cum-wireless-nodes.tcl] ... set id [open $grava w+] (linhas 10 e 11): nessas linhas é criado o arquivo que conterá os nós com três níveis de hierarquia domínio, agrupamento e nós (ex.: Wired-cum-wireless-nodes.tcl);
- global ... puts $id "#"(linhas 12 a 15): nessas linhas são definidas as variáveis globais e também é gravado um cabeçalho no arquivo Wired-cum-wireless-nodes.tcl.

Código 10.14 – Script (Parte 2) para Gerar Nós com Três Níveis de Hierarquia (ex.: Domínio, Agrupamento e Nós) no Modelo Wired-Cum-Wireless.

1. puts "Enter the number of domains:"

2. gets stdin domain

3. scan $dm $domain

4. puts $id "#Generated Domains:$domain"

5. if { $domain<=1} {

6. puts "Invalid Option Minimum domains are 2"

7. } else {

8. for {set d 0} {$d < $domain } { incr d} {

9. puts "Enter the amount of clusters in the domain($d):"

10. gets stdin cluster

11. scan $cl $cluster

12. puts $id "Domain: $d"

13. if {$cluster < 1 } {

14. puts "Invalid Option the minimum of clusters must be 1"

15. } else {

As próximas linhas descrevem o funcionamento do Código 10.14:

- puts "Enter the number of domains:"... puts "Invalid Option the minimum of clusters must be 1"(linhas 1 a 15): estas linhas solicitam ao usuário que digite a quantidade de domínios e agrupamentos a serem criados. Além disso, elas testam se a quantidade mínima de domínios e agrupamentos foram digitados corretamente e em caso negativo um erro é emitido na tela.

Código 10.15 – Script (Parte 3) para Gerar Nós com Três Níveis de Hierarquia (ex.: Domínio, Agrupamento e Nós) no Modelo Wired-Cum-Wireless

```
1.  for {set   c 0} {$c < $cluster } { incr c} {
2.  puts      "Enter the number of nodes in the cluster($c):"
3.  gets      stdin nodes
4.  scan      $nd $nodes
5.  puts      $id "Clusters: $c"
6.  puts      $id "Nodes: $nodes"
7.  if {$nodes < 1 } {
8.  puts "Invalid Option the minimum number of nodes must be 1"
9.  } else {
10. set x " set lista \{"
11. for {set n 0} {$n < $nodes} { incr n} {
12. append x "$d.$c.$n "
```

13. }

14. puts $id "$x\}"

15. }

16. }

17. }

18. }

19. }

As próximas linhas explicam o Código 10.15:

- for {set c 0} {$c < $cluster } { incr c} { ... } (linhas 1 a 19): essas linhas solicitam ao usuário que digite a quantidade de nós a serem criados. Além disso, elas testam se a quantidade mínima de nós foi digitada corretamente e em caso negativo um erro é emitido na tela. Também, são criados os endereços completos no formato hierárquico, por exemplo, 0.0.0 (ex.: append x "$d.$c.$n ").

O *script* Generator_D_C_N.tcl para gerar nós com três níveis de hierarquia no modelo *Wired-Cum-Wireless*, Códigos 10.13, 10.14 e 10.15, pode ser baixado do *GitHub* deste livro no seguinte endereço: https://github.com/dioxfile/NS-2_Scripts/tree/master/Chapter_10_Wired-Cum-Wireless.

> OBS.: Para executar este script é necessário ter o *NS-2* instalado e sua execução será via linha de comando, por exemplo, no Linux: $ ns Generator_D_C_N.tcl.

A execução, funcionamento e resultado do *script* Generator_D_C_N.tcl é como mostram as Figuras 10.5 e 10.6:

Figura 10.5 – Execução do script Generator_D_C_N.tcl.

```
dioxfile@dioxfile-samsung:~/Documents/MasterCourseSimulations$ ns Generator_D_C_N.tcl
Enter the number of domains:
2
Enter the amount of clusters in the domain(0):
2
Enter the number of nodes in the cluster(0):
30
Enter the number of nodes in the cluster(1):
20
Enter the amount of clusters in the domain(1):
1
Enter the number of nodes in the cluster(0):
40
dioxfile@dioxfile-samsung:~/Documents/MasterCourseSimulations$ █
```

Fonte: Elaborada pelo autor.

Figura 10.6 – Resultado da execução do script Generator_D_C_N. tcl. Dois domínios (0 e 1), dois agrupamentos no domínio 0 (0 e 1), um agrupamento com trinta nós (0) e o outro com vinte (1). Já o domínio 1 possui um agrupamento (0) e esse agrupamento comporta 40 nós.

```
#Node Generator for the Wired-Cum-Wireless Model for NS-2#
#
#Generated Domains:2
Domain: 0
Clusters: 0
Nodes: 30
  set list {0.0.0 0.0.1 0.0.2 0.0.3 0.0.4 0.0.5 0.0.6 0.0.7 0.0.8 0.0.9
           0.0.10 0.0.11 0.0.12 0.0.13 0.0.14 0.0.15 0.0.16 0.0.17 0.0.18 0.0.19
           0.0.20 0.0.21 0.0.22 0.0.23 0.0.24 0.0.25 0.0.26 0.0.27 0.0.28 0.0.29 }
Clusters: 1
Nodes: 20
  set list {0.1.0 0.1.1 0.1.2 0.1.3 0.1.4 0.1.5 0.1.6 0.1.7 0.1.8 0.1.9
           0.1.10 0.1.11 0.1.12 0.1.13 0.1.14 0.1.15 0.1.16 0.1.17 0.1.18 0.1.19 }
Domain: 1
Clusters: 0
Nodes: 40
  set list {1.0.0 1.0.1 1.0.2 1.0.3 1.0.4 1.0.5 1.0.6 1.0.7 1.0.8 1.0.9
           1.0.10 1.0.11 1.0.12 1.0.13 1.0.14 1.0.15 1.0.16 1.0.17 1.0.18 1.0.19
           1.0.20 1.0.21 1.0.22 1.0.23 1.0.24 1.0.25 1.0.26 1.0.27 1.0.28 1.0.29
           1.0.30 1.0.31 1.0.32 1.0.33 1.0.34 1.0.35 1.0.36 1.0.37 1.0.38 1.0.39 }
```

Fonte: Elaborada pelo autor.

10.3 Avaliação de Desempenho dos Protocolos AODV e OLSR no Modelo Wired-Cum-Wireless

Nesta seção é apresentada uma avaliação de desempenho utilizando o modelo *Wired-Cum-Wireless*. Nesse contexto, foi criado um cenário de simulação baseado em um ambiente real, por exemplo, uma infraestrutura de rede de computadores localizada na cidade de Barra do Bugres – MT (Brasil). A rede em questão é uma rede MESH IEEE 802.11 composta por dois *APs* posicionados em dois pontos opostos de uma área de simulação. Essa rede *MESH* possui 56 nós, sendo estes 2 *APs*, 50 nós sem fio móveis e 4 nós cabeados. Cada AP conecta à Internet 2 nós cabeados (ie., Hipoteticamente). Os 50 nós sem fio móveis estão espalhados pela cidade e eles foram distribuídos aleatoriamente em uma área com as seguintes dimensões: 1000m (x) × 540m (y), Figuras 10.7 e 10.8.

Figura 10.7 – Modelo de Rede Wired-Cum-Wireless com 50 nós móveis, 2 estações base e 4 nós cabeados. Área 1000m (x) e 540m (y), 540000m². Distância entre estações base 581,18m. As linhas tracejadas azuis representam fluxos CBR entre dois nós, um cabeado e um sem fio em dois domínios diferentes (ex.: node_(0)$\Rightarrow$ WN0(0) e node_(29)$\Rightarrow$ WN1(1)). As linhas tracejadas vermelhas representam conexões para Internet e a linha tracejada roxa representa uma conexão TCP entre dois nós sem fio móveis (ex.: node_(40)$\Rightarrow$ node_(18)).

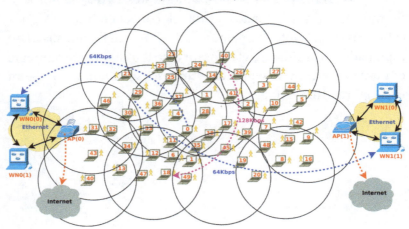

Fonte: Elaborada pelo autor.

A Figura 10.7 foi baseada em um modelo real criado através do *Google Maps*, Figura 10.8. Além disso, os experimentos/simulações realizados nesse capítulo são feitos levando em conta apenas os principais protocolos de roteamento *MANET's AODV* (ex.: protocolo reativo) e *OLSR* (ex.: protocolo proativo). Tendo como objetivo não tornar o capítulo repetitivo e maçante.

Figura 10.8 – Modelo de rede Wired-Cum-Wireless baseado no Google Maps. Visão por satélite da área de simulação usada na avaliação de desempenho dos protocolos AODV e OLSR.

Fonte: Elaborada pelo autor.

Portanto, utilizando o *Google MAPS* foi possível verificar as coordenadas dos *APs* situados em dois locais distintos: Prefeitura Municipal de Barra do Bugres – MT (ex.: coordenadas cartesianas [361x;312y]. lat: -15.064557700626017, long: -57.178629125991144) e Universidade do Estado de Mato Grosso (ex.: coordenadas cartesianas [926x;415,3y]. lat: -15.063262681151665, long: -57.172942843168094). Além disso, o tamanho da área onde a simulação será executada é 1000m × 540m ou $540000m^2$ e a distância entre os dois *APs* é de 581,18m (ex.: Figura 10.8). É importante salientar que as Figuras 10.7 e 10.8 representam um modelo de simulação com três conexões entre nós sem fio móveis e entre nós sem fio móveis e nós cabeados. Esses três fluxos de tráfego serão usados para avaliar o desempenho dos protocolos de roteamento *MANET's AODV e OLSR*, descritos no Capítulo 7, com relação às métricas de desempenho descritas no Capítulo 8.

10.3.1 Resultados das Simulações dos Protocolos AODV e OLSR no Modelo Wired-Cum-Wireless

Esta subseção apresenta a metodologia empregada para realizar as simulações no modelo *Wired-Cum-Wireless* utilizando os protocolos *AODV* e *OLSR*. Os resultados são apresentados na forma de figuras e tabelas. Todas as simulações realizadas, duas (**2**), geraram arquivos de *trace* com tamanho médio de *321MB* e tempo médio de simulação de *19.992*[84] minutos. O *hardware* utilizado, é o mesmo usado para realizar as simulações do Capítulo 9: processador *Intel Core i7* da 10° geração, *HD SSD* de 1TB e memória *RAM* de *16GB*.

Metodologia de Avaliação

As simulações apresentadas nesse capítulo levaram em consideração três fluxos de transmissão, dois do tipo *UDP* e um *TCP*, Figura 10.9. Os protocolos de roteamento utilizados foram: *AODV* e *OLSR*. O cenário em questão é composto por dois domínios que são:

1. **Domínio 0**: possui um agrupamento com cinquenta e dois nós sem fios, dois estáticos (*AP's*) e cinquenta nós sem fios móveis;

2. **Domínio 1**: possui dois agrupamentos, sendo o primeiro, agrupamento 0, com dois nós cabeados e o segundo, agrupamento 1, também com dois nós cabeados.

---

84 Os tempos de simulação dos protocolos foram: AODV 2m48s,013ms; e OLSR 37m5,353s.

Figura 10.9 – Esquema de tráfego utilizado para avaliar os protocolos AODV e OLSR no modelo de rede Wired-Cum-Wireless. São usados dois tráfegos do tipo CBR (Protocolo UDP) Entre dois nós, um cabeado e um sem fio em dois domínios diferentes, (ex.: node_(0) ⇒ WN0(0) e node_(29) ⇒ WN1(1)) e um tráfego do Tipo FTP (Protocolo TCP) Entre dois nós sem fio móveis (node_(40) ⇒ node_(18)).

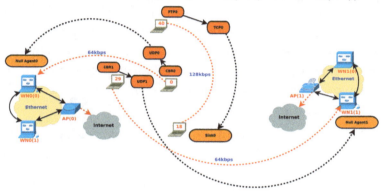

Fonte: Elaborada pelo autor.

A Figura 10.9 mostra o esquema de tráfego usando três fluxos, dois *cbr* e um *ftp*. O objetivo desse esquema é criar um fluxo paralelo do tipo *ftp* para interferir nos fluxos *cbr*. Portanto, teremos dois fluxos opostos (ex.: *cbr*) que atravessam um domínio diferente da origem do pacote.

Uma questão interessante é que nesse cenário de simulação é usada uma área diferente das áreas utilizadas em simulações realizadas nos capítulos anteriores (ex.: 1000m (x) 540m (y))[85], sendo assim, é preciso alterar o limiar de recepção de sinal da antena dos nós sem fio, que por padrão é baseado em uma antena que está apenas a 1,5 m de distância do solo. Portanto, para isso, será usada uma ferramenta nativa do *NS-2* chamada THRESHOLD.

---

85   A área antiga era de 1000m (x) ×1000m (y).

O *Threshold* é um programa desenvolvido em C/C++ que calcula o limiar de recepção do nó sem fio [28]. Esta ferramenta é útil para gerar o valor do limiar de recepção utilizando os modelos de propagação disponíveis no *NS-2* (ex.: TwoRayGround e Shadowing) com distâncias específicas de comunicação. Por padrão, o *NS-2* usa uma antena de 1,5m que se adapta a várias distâncias, por exemplo, a da área de simulação e a distância entre os nós comunicantes (ex.: a antena do nó é situada apenas 1,5 m acima do solo). Dessa forma, imagine que alguém precise calcular o *Threshold* quando à distância da antena é colocada 10 m acima do solo. Portanto, o *NS-2* fornece esse mecanismo usando o arquivo threshold.cc localizado em: ~/ns-allinone-2.34/ns-2.34/indep-utils/propagation/.

Para usar este programa é necessário compilá-lo, mas antes é preciso abrir o arquivo, código fonte em C++, e inserir nele as seguintes linhas:

- mude a linha de #include<iostream.h> para #include<iostream>;
- insira após #include<iostream> essas duas linhas:
  - » #include<cstring>;
  - » using namespace std;.

Após realizar as alterações supramencionadas é só recompilar, por exemplo:

```
$ g++ threshold.cc -o threshold.
```

E para utilizá-lo deve-se usar o seguinte comando via terminal *Linux* ou *Windows* com cygwin, dentro da pasta *~/ns-allinone-2.34/ns-2.34/indep-utils/propagation/*, por exemplo: $ ./ threshold -m <modo-propagação> [outras-opções] <distância>[86].

---

86 Se o usuário do NS-2 quiser usar o threshold fora da pasta original, basta apenas copiar o executável threshold para onde se quer usar.

A descrição dos parâmetros passados ao threshold é como segue:

1. **<modo-propagação>:** é o modo em que o *NS-2* irá propagar o espectro, podendo ser *FreeSpace, TwoRayGround* ou *Shadowing.* Exemplo: ./threshold -m TwoRayGround 1500[87];

2. **[outras-opções]**[88]: cada modo de propagação tem suas próprias opções que devem ser configuradas. Assim, após a entrada dos parâmetros, as informações irão sair em forma de texto, identificadas e com os respectivos valores a serem configurados na simulação, no *script OTCL.* Por exemplo, se o usuário do *NS-2* desejar que 95% dos pacotes sejam recebidos corretamente a uma distância de 50m, utilizando o modelo de propagação Shadowing, basta calcular o limiar de recepção usando seguinte comando ./threshold -m Shadowing -r 0.95 50.;

3. **<Distância>:** esse parâmetro é o valor de alcance do sinal entre as antenas, entre nós, (ex.: metros, 5000m). Por exemplo: ./threshold -m Shadowing -r 0.95 5000.

Além disso, o programa *threshold* não gera apenas o limiar de recepção, mas também potência de transmissão, frequência de operação, ganho e perda da antena, e altura de transmissão/recepção da antena. As Figuras 10.10 e 10.11 apresentam a execução do programa *threshold* para dois modelos de propagação como: *TwoRayGround* ou *Shadowing.*

---

87 Esse valor é a distância entre nós na área de simulação.

88 Outras possibilidades de opções: -pl <path-loss-exponent>, -std <shadowing-deviation>, -Pt <transmit-power>, -fr<frequency>, -Gt <transmit-antenna-gain>, -Gr <receive-antenna-gain>, -L <system-loss>, -ht <transmit-antenna-height>, -hr <receive-antenna-height> e -d0 <reference-distance>.

Figura 10.10 – Execução do programa Threshold para o modelo de propagação TwoRayGround com distância entre nós de 1000m. Os parâmetros com contorno vermelho são configurados no arquivo OTCL de simulação, por exemplo, 802-11b_functional.tcl e 802-11a_functional.tcl.

```
dioxfile@dioxfile-samsung:~/ns-allinone-2.34/ns-2.34/indep-utils/propagation$ ./threshold -m TwoRayGround 1000
distance = 1000
propagation model: TwoRayGround

Selected parameters:
transmit power: 0.281838
frequency: 9.14e+08
transmit antenna gain: 1
receive antenna gain: 1
system loss: 1
transmit antenna height: 1.5
receive antenna height: 1.5

Receiving threshold RXThresh_ is: 1.42681e-12
```

Fonte: Elaborada pelo autor.

Figura 10.11 – Execução do programa Threshold para o modelo de propagação shadowing com taxa de entrega de pacotes de 85% e distância entre nós de 1000m. Os parâmetros com contorno vermelho são configurados no arquivo OTCL de simulação, por exemplo, 802-11b_functional.tcl e 802-11a_functional.tcl.

```
dioxfile@dioxfile-samsung:~/ns-allinone-2.34/ns-2.34/indep-utils/propagation$ ./threshold -m Shadowing -r 0.85 1000
distance = 1000
propagation model: Shadowing

Selected parameters:
transmit power: 0.281838
frequency: 9.14e+08
transmit antenna gain: 1
receive antenna gain: 1
system loss: 1
path loss exp.: 2
shadowing deviation: 4
close-in reference distance: 1
receiving rate: 0.85

Receiving threshold RXThresh_ is: 7.40213e-11
```

Fonte: Elaborada pelo autor.

A Figura 10.12 apresenta os parâmetros de antena configurados no arquivo *OTCL* de simulação, Modelo de Propagação TwoRayGround.

Figura 10.12 – Parâmetros gerados pelo Threshold, contorno vermelho, configurados no arquivo OTCL de simulação. Padrão IEEE 802.11b, modelo de propagação TwoRayGround.

```
$val(mac)     set SlotTime           0.000020     ;# 20us
$val(mac)     set SIFS               0.000010     ;# 10us
$val(mac)     set DIFS               0.000050     ;# 50us
$val(mac)     set PIFS               0.000030     ;# 30us
$val(mac)     set CWMin              31           ;# Min Backoff [0, CW]
$val(mac)     set CWMax              1023         ;# Max Backoff [CW+1]
$val(mac)     set PreambleLength     144          ;# 144 bit
$val(mac)     set PLCPHeaderLength   48           ;# 48 bits MAC Address
$val(mac)     set PLCPDataRate       1.0e6        ;# 1Mbps
$val(mac)     set dataRate           11.0e6       ;# 11Mbps
$val(wlan0)   set bandwidth          11.0e6       ;# Bandwidth
$val(mac)     set basicRate          1.0e6        ;# 1Mbps
$val(wlan0)   set freq               2.4e9        ;# 2.4 GHz 802.11b.
$val(wlan0)   set Pt                 3.3962527e-2 ;# Power TX.
$val(wlan0)   set RXThresh           6.309573e-12 ;# RX Threshold.
$val(wlan0)   set CSThresh           6.309573e-12 ;# Carrie Sense Threshold.
$val(wlan0)   set RTSThreshold       3000         ;# Use RTS/CTS for packets larger 3000 bytes
```

Fonte: Elaborada pelo autor.

Com relação aos parâmetros configurados através do programa THRESHOLD, um erro comum que pode ocorrer é "warning: Route to base_stn not known: dropping pkt". Para que isso não aconteça é necessário configurar as alturas de transmissão e recepção das antenas dos nós e também a distância de transmissão, em metros, corretamente. Por exemplo, ao executar o *NS-2* aparecerá a seguinte mensagem: highestAntennaZ_ = 1.5, distCST_ = 550.0, que significa, respectivamente, a altura da antena e a distância máxima de transmissão. Dessa forma, se esses parâmetros não forem configurados corretamente em conjunto com a frequência de transmissão essa mensagem de erro será emitida pelo *NS-2* (ex.: warning: Route to base_stn not known: dropping pkt). Assim, para resolver esse problema é necessário usar o programa *threshold*, descrito previamente nessa seção. Outra observação importante é que em alguns casos uma configuração pode dar certo com alguns protocolos, por exemplo, *AODV* e *OLSR*, mas com outros não (ex.: *DSDV*). Portanto, o uso do *threshold* deve ser adaptado de acordo com o protocolo de roteamento e o tamanho da área de simulação (mX,mY). Nesse contexto, uma configuração que poderia funcionar em todos os protocolos e em uma área 1000x X 1000y seria: ./threshold -m TwoRayGround -ht 1.5 -hr 1.5 -fr 2.4e9 1000.

Para maiores detalhes quanto ao uso do programa *threshold* leia o manual do *NS-2* (ex.: páginas 192 e 193), *link: https://github.com/dioxfile/NS-2_Scripts/tree/master/ Chapter_4_Running_First_Script/.*

Diante do exposto, a primeira configuração a ser feita no *script OTCL* de simulação é criar as quantidades de domínios, agrupamentos e nós conforme apresentam as Figuras 10.7 e 10.8. O Código 10.16 mostra a nova configuração de domínios, grupos e nós.

Código 10.16 – Nova Configuração de Domínio, Agrupamento e Nós Para Avaliação de Desempenho no Modelo Wired-Cum-Wireless.

1. #Setup Wired-Cum-Wireless (WCW)
2. $ns_ node-config -addressType hierarchical ;# Hierarquical Address
3. AddrParams set domain_num_ 2   ;# Domain Number
4. lappend cluster_num 1 2   ;# Cluster Number by Domain
5. AddrParams set cluster_num_ $cluster_num
6. lappend eilastlevel 52 2 2   ;# Node Number by Cluster
7. AddrParams set nodes_num_ $eilastlevel

Após isso, é importante configurar os nós, por exemplo, as estações-base (AP($i)), os nós cabeados (WN$n($i)) e os nós sem fio móveis (node_($i)). Portanto, para gerar os nós sem fio móveis e as estações-base (AP's) foi necessário executar o script Generator_D_C_N.tcl, Códigos 10.13, 10.14 e 10.15, conforme explicação prévia na Seção 10.2.

Além disso, outras configurações devem ser feitas no script OTCL (ex.: IEEE802-11_Wired_Cum_Wireless_Final.tcl) de simulação, por exemplo: número de nós cabeados, AP's e nós sem fio móveis nas linhas de 19 a 29; área de simulação nas linhas 20 e 21; nós cabeados, do domínio 1 (agrupamentos 0 e 1), nas linhas de 91 a 120; lista de nós sem fio móveis e AP's, do domínio 0 e agrupamento 0, nas linhas de 123 a 147; criar e informar os nós sem fio móveis com os endereços dos AP's nas linhas de 150 a 160; prover os enlaces *ethernet* entre os AP's e os nós cabeados nas linhas de 163 a 187; e, finalmente, parar (ex.: reset) todos os nós nas linhas de 201 a 215.

Os leitores do livro podem ficar despreocupados porque o **script OTCL** de simulação, para este experimento, está disponível no nosso **GitHub** no seguinte endereço: https://github.com/dioxfile/NS-2_Scripts/blob/master/Chapter_10_Wired-Cum-Wireless/IEEE802-11_Wired_Cum_Wireless_Final.tcl.

O arquivo de tráfego (ex.: Código 10.17) a ser usado nas simulações do modelo *Wired-Cum-Wireless* foi gerado pelo *script automatic.sh*, descrito no Capítulo 3, e é como segue:

Código 10.17 – Arquivo de Tráfego Gerado pelo Script Automatic.tcl com Dois Fluxos CBR e um Fluxo TCP.

1. # nodes: 6, max conn: 3, send rate: 64.0Kb and 128.0Kb, seed: 0.75

2. # node_(0) connecting to WN0(0) at time 8.0395525506881782

3. set udp_(0) [new Agent/UDP]

4. $ns_ attach-agent $node_(0) $udp_(0)

5. set null_(0) [new Agent/Null]

6. $ns_ attach-agent $WN0(0) $null_(0)

7. set cbr_(0) [new Application/Traffic/CBR]

8. $cbr_(0) set packetSize_ 250

9. $cbr_(0) set rate_ 64.0kb

10. $cbr_(0) set random_ 1

11. $cbr_(0) attach-agent $udp_(0)

12. $ns_ connect $udp_(0) $null_(0)

13. $ns_ at 8.0395525506881782 "$cbr_(0) start"

14. # node_(29) connecting to WN1(1) at time 8.0849432202917253

15. set udp_(1) [new Agent/UDP]

16. $ns_ attach-agent $node_(29) $udp_(1)

17. set null_(1) [new Agent/Null]

18. $ns_ attach-agent $WN1(1) $null_(1)

19. set cbr_(1) [new Application/Traffic/CBR]

20. $cbr_(1) set packetSize_ 250

21. $cbr_(1) set rate_ 64.0kb

22. $cbr_(1) set random_ 1

23. $cbr_(1) attach-agent $udp_(1)

24. $ns_ connect $udp_(1) $null_(1)

25. $ns_ at 8.0849432202917253 "$cbr_(1) start"

26. # 40 connecting to 18 at time 8.025911885325758

27. set tcp_(0) [$ns_ create-connection TCP $node_(40) TCPSink $node_(18) 0]

28. $tcp_(0) set window_ 32

29. $tcp_(0) set packetSize_ 500

30. set ftp_(0) [$tcp_(0) attach-source FTP]

31. $ns_ at 8.025911885325758 "$ftp_(0) start"

32. #Total sources/connections: 3/3

Outro item necessário para esta simulação no modelo *Wired-Cum-Wireless* é o arquivo de mobilidade dos nós (ex.: Código 10.18), que foi gerado pelo *script auto_mobility.sh*, descrito no Capítulo 6:

Código 10.18 – Neste Trecho de Código São Apresentados Apenas os Dados Técnicos da Movimentação dos Nós Como: Velocidade, Tempo de Pausa, Destinos Inalcançáveis, Quantas Vezes As Rotas e Os Enlaces Mudaram etc.

1. # nodes: 50, speed type: 1, min speed: 5.00, max speed: 20.00

2. # avg speed: 10.03, pause type: 1, pause: 3.00, max x: 1000.00, max y: 540.00

3. .

4. .

5. .

6. # Destination Unreachables: 0

7. #

8. # Route Changes: 8008

9. #

10. # Link Changes: 2487

Além disso, conforme foi descrito previamente, precisamos gerar os parâmetros da antena dos nós sem fio, por exemplo, potência mínima de transmissão, potência mínima de recepção, altura da antena etc. Isso é feito usando o programa *threshold*. Nesse contexto, foi transferido ao programa *threshold* os seguintes parâmetros: ./threshold -m TwoRayGround -ht 1.5 -hr 1.5 -fr 2.4e9

600 que significam respectivamente modelo de propagação de sinal, altura da antena de transmissão, altura da antena de recepção, frequência de funcionamento do padrão *IEEE 802.11b* e a distância de alcance da antena entre os nós. Esses parâmetros devem ser configurados no arquivo 802-11b_functional_final.tcl (ex.: Figura 10.13). Assim, os novos parâmetros gerados e que serão usados nesta simulação são apresentados como segue:

1. **Modelo de propagação de sinal:** TwoRayGround;

2. **Altura das antenas de transmissão/recepção:** 1.5m;

3. **Frequência de funcionamento do padrão IEEE 802.11b:** 2.4Ghz;

4. **Potência de transmissão:** 0.281838;

5. **Distância de alcance da antena entre os nós:** 600m;

6. **Limiar de recepção da antena (ex.:** RXThresh_)**:** 1.10093e-11.

A Figura 10.13 apresenta como os parâmetros gerados pelo programa *threshold* ficaram no arquivo *OTCL* de simulação.

Figura 10.13 – Parâmetros de antena de transmissão/ recepção gerados pelo Threshold, contorno vermelho, configurados no arquivo OTCL de simulação. A linha da antena está comentada (set Z_) porque o padrão do *NS-2* é 1.5 m de altura.

```
$val(mac)      set SlotTime_         0.000020      ;# 20us
$val(mac)      set SIFS_             0.000010      ;# 10us
$val(mac)      set DIFS_             0.000050      ;# 50us
$val(mac)      set PIFS_             0.000030      ;# 30us
$val(mac)      set CWMin_            31            ;# Min Backoff [0, CW]
$val(mac)      set CWMax_            1023          ;# Max Backoff [CW+1]
$val(mac)      set PreambleLength_   144           ;# 144 bit
$val(mac)      set PLCPHeaderLength_ 48            ;# 48 bits MAC_Address
$val(mac)      set PLCPDataRate_     1.0e6         ;# 1Mbps
$val(mac)      set dataRate_         11.0e6        ;# 11Mbps
$val(wlan0)    set bandwidth_        11.0e6        ;# Bandwidth
#$val(antena)  set Z_                2.0           ;# High Antenna
$val(mac)      set basicRate_        1.0e6         ;# 1Mbps
$val(wlan0)    set freq_             2.4e+09       ;# 2.4 GHz 802.11b.
$val(wlan0)    set Pt_               0.281838      ;# Power TX.
$val(wlan0)    set RXThresh_         1.10093e-11   ;# RX Threshold.
$val(wlan0)    set CSThresh_         1.10093e-11   ;# Carrie Sense Threshold.
$val(wlan0)    set RTSThreshold_     3000          ;# Use RTS/CTS for packets larger 3000 bytes
```

Fonte: Elaborada pelo autor.

Parâmetros de Simulação

Nesta subseção são apresentados os parâmetros de simulação que serão usados para avaliar os protocolos *AODV* e *OLSR* no modelo *Wired-Cum-Wireless*. Os parâmetros de simulação utilizados foram gerados especificamente para este capítulo, por exemplo, arquivo de tráfego, modelo de mobilidade, *Script OTCL* de simulação etc. Por conseguinte, as próximas linhas apresentam os parâmetros de simulação como segue:

1. A área de simulação possui as seguintes dimensões $1000m\ (x) \times 540m\ (y)$, Figura 10.8;

2. O Modelo de mobilidade usado é o *Random WayPoint*;

3. Números de nós sem fio são 52 e números de Nós Cabeados são 4;

4. Tempo de simulação, 100 segundos. A transmissão inicia em 8s e termina em 100s;

5. Quantidade de destinos inalcançáveis, zero (ex.: 0);

6. Foram criadas três fontes de tráfego sendo duas do tipo *CBR Null* e uma do tipo *FTP TCP*. A taxa de transmissão do tráfego *CBR* é 64 *Kbps* e o tamanho de pacote é 250 B. Já a taxa de transmissão do tráfego *FTP* é 128 *Kbps* e o tamanho do pacote é 500 B, Figura 10.9;

7. As métricas de desempenho analisadas foram todas as descritas no Capítulo 8;

8. O padrão sem fio utilizado foi o IEEE 802.11b;

9. Os códigos utilizados para realização das simulações estão disponíveis em: https://github.com/dioxfile/NS-2_Scripts/tree/master/Chapter_10_Wired-Cum-Wireless. A lista de códigos utilizados é como segue:

   » traffic-wcw-final.tcl (Capítulo 3);
   » IEEE802-11_Wired_Cum_Wireless_Final.tcl (Capítulo 10);
   » 802-11b_functional-final.tcl (Capítulo 5);
   » mobility-wcw-final.tcl (Capítulo 6);
   » olsr-default.tcl (Capítulo 7);
   » Metrics_Performance_Extractor_NEW(CBR/TCP).sh (Capítulo 8);
   » Generator_D_C_N.tcl (Capítulo 10);
   » Hierarchical_to_Node_Converter.sh (Capítulo 10).

A Tabela 10.1 mostra o resumo dos parâmetros de simulação usados nos experimentos realizados nesse capítulo:

Tabela 10.1 – Resumo dos Parâmetros da Simulação no Modelo *Wired-Cum-Wireless*.

N	Parâmetros da Simulação	Valor
(1)	Área de simulação	1000m(x) × 540m(y)
(2)	Quantidade de nós	56, 52 sem fio e 4 cabeados
(3)	Tipo de tráfego	CBR Null (UDP) e FTP TCP
(4)	Tamanho dos pacotes	250B no tráfego CBR e 500B no Tráfego TCP
(5)	Taxa de transmissão	64 Kbps no Tráfego CBR e 128 Kbps no Tráfego TCP
(6)	Modelo de propagação do sinal	TwoRayGround
(7)	Carga total de energia dos nós sem fio móveis	100 Joules (J)
(8)	Altura das Atenas de Rx/Tx e Alcance do Sinal	1.5m e 600m
(9)	Tipo de MAC	IEEE 802.11b
(10)	Padrão de Movimentação	Random Waypoint
(11)	Velocidade do nó	mim 5m/s e max 20m/s com 3s de pausa
(12)	Tempo de simulação	100s
(13)	OLSR Willingness, TC time e HELLO time	3, 5s e 2s
(14)	Quantidade de Fontes de Tráfego	duas fontes CBR e uma FTP

Fonte: Elaborada pelo autor.

Para que o leitor não fique confuso é necessário apresentar que os nós, sem fio e cabeados, possuem diferentes numerações em diferentes arquivos como: *trace file*, arquivo de tráfego e arquivo .nam. Ou seja, ao configurar os três tipos de nós eles podem receber diferentes numerações no *NS-2* em função do uso de níveis de hierarquia no modelo *Wired-Cum-Wireless*. Por exemplo, no arquivo de tráfego os nós cabeados são numerados da seguinte forma:

1. *Domínio 1 e agrupamento 0:* endereços numérico dos nós cabeados $WN0(0)/$WN0(1) e endereços hierárquicos dos nós cabeados 1.0.0 e 1.0.1;

2. *Domínio 1 e agrupamento 1:* endereços numérico dos nós cabeados $WN1(0)/$WN1(1) e endereços hierárquicos dos nós cabeados 1.1.0/1.1.1.

Já os nós sem fio, *AP's* e nós móveis, no arquivo de tráfego[89], são numerados como segue:

1. *Domínio 0 e agrupamento 0:* endereços numéricos dos *AP's* $AP(0)/$AP(1) e endereços hierárquicos dos *AP's* 0.0.0/0.0.1; faixa de endereços numéricos dos nós sem fio móveis $node_(0) . . . $node_(49) e faixa de endereços hierárquicos dos nós sem fio móveis 0.0.2 . . . 0.0.51.

No *NAM* a numeração dos nós segue uma sequência direta, por exemplo:

1. *Nós Cabeados do Domínio 1:* faixa de endereços numéricos $node_(0) . . . $node_(3);
2. *Nós Sem Fio Móveis e AP's do Domínio 0:* faixa de endereços numéricos $node_(4) . . .$node_(55), Figura 10.14.

---

89 Exceto os AP's que não possuem tráfego, mas caso possuíssem seriam como foi explicado.

Figura 10.14 – Sequência numérica dos nós, cabeados e sem fio, no NAM.

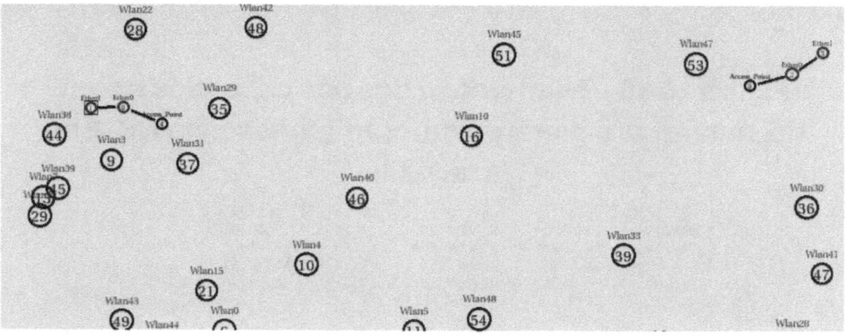

Fonte: Elaborada pelo autor.

O *trace file* pode trazer os nós cabeados e sem fio com diversas numerações diferentes. Por exemplo, nas simulações realizadas no modelo *Wired-Cum-Wireless* e apresentadas nesta seção essa numeração é como segue:

1. Endereços Numéricos Sequenciais:
   - » AP's e Nós Sem Fio Móveis do Domínio 0: faixa de endereços numéricos _4_[90] . . ._55_;
   - » Nós Cabeados do Domínio 1: faixa de endereços numéricos _0_, _1_, _2_ e _3_;

2. Endereços Hierárquicos Sequenciais:
   - » *Nós Sem Fio Móveis e AP's do Domínio 0:* não possuem endereços hierárquicos no *trace file*;
   - » *Nós Cabeados do Domínio 1 e Agrupamento 0:* endereços hierárquicos 4194304 e 4194305;
   - » *Nós Cabeados do Domínio 1 e Agrupamento 1:* endereços hierárquicos 4196352 e 4196353.

---

90   Os AP's são os nós 4 e 5 (ex.: $node_(4) e $node_(5)).

A Figura 10.15 apresenta o trecho de *trace* com a numeração dos nós como foi descrita previamente nesta seção.

Figura 10.15 – Numeração dos nós cabeados e sem fio, numérica e hierárquica, configurada pelo *NS-2* no trace file.

```
s 8.039552551  6  AGT --- 0 cbr 250 ... [2:0 4194304:0 32 0] ...
r 8.045203875  20  RTR --- 0 AODV 48 ... [36:255 -1:255 29 0] ...
s 95.932156679  1  MAC --- 0 AODV 106 ... [4194305:255 -1:255 6 0] ...
s 8.084943220  35  AGT --- 2 cbr 250 ... [31:0 4196353:0 32 0] ...
r 75.158851194  6  RTR --- 0 AODV 48 ... [4196352:255 -1:255 2 0] ...
```

Fonte: Elaborada pelo autor.

Em função da mistura de endereços numéricos e hierárquicos, ao usar o modelo *Wired-Cum-Wireless* é preciso utilizar o *script* Hierarchical_to_Node_Converter.sh como apresentado previamente nesse capítulo na Seção 10.2. Por conseguinte, nas simulações realizadas, com o intuito de ajustar a numeração dos nós no *trace file* para a extração das métricas de desempenho foi preciso usar o *script* Hierarchical_to_Node_Converter.sh duas vezes, por exemplo:

1. Conversão dos endereços dos nós cabeados de 4194304, 4194305, 4196352 e 4196353 para _0_, _1_, _2_ e _3_;

2. Os nós sem fios não precisaram ser convertidos.

As Figuras 10.16 e 10.17 apresentam a conversão de endereços de nós hierárquicos sequenciais em numéricos sequenciais utilizando o *script* Hierarchical_to_Node_Converter.sh. Também, a Figura 10.18 apresenta um trecho do arquivo *trace* com a numeração dos nós antes e depois da conversão de endereços.

Figura 10.16 – Conversão dos endereços numérico hierárquico em numérico sequencial dos nós cabeados, domínio 1 e agrupamento 0.

```
dioxfile@dioxfile-samsung:/media/dioxfile/Storage/Unemat_Aulas/Book_NS-2/WF-Exp$ ./
Hierarchical_to_Node_Converter.sh TRACE_FILE_WCW.tr 4194304 4194305 0 1
removed 'Convert-Node.sh'
Cleanning Trace...
dioxfile@dioxfile-samsung:/media/dioxfile/Storage/Unemat_Aulas/Book_NS-2/WF-Exp$
```

Fonte: Elaborada pelo autor.

Figura 10.17 – Conversão dos endereços numérico hierárquico em numérico sequencial dos nós cabeados, domínio 1 e agrupamento 1.

```
dioxfile@dioxfile-samsung:/media/dioxfile/Storage/Unemat_Aulas/Book_NS-2/WF-Exp$ ./
Hierarchical_to_Node_Converter.sh TRACE_FILE_WCW.tr 4196352 4196353 2 3
removed 'Convert-Node.sh'
Cleanning Trace...
dioxfile@dioxfile-samsung:/media/dioxfile/Storage/Unemat_Aulas/Book_NS-2/WF-Exp$
```

Fonte: Elaborada pelo autor.

Figura 10.18 – Trace File antes e depois da conversão de endereços dos nós no modelo Wired-Cum-Wireless. Por exemplo, os nós 0, 1, 2 e 3 correspondem aos endereços hierárquicos 4194304, 4194305, 4196352 e 4196353.

```
              TRACE SEM CONVERSÃO DE ENDEREÇOS
s 8.039552551 _6_ ... cbr 250 ... [2:0 4194304:0 ...
s 95.932156679 _1_ ... AODV 106 ... 4194305:255 -1:255 ...
s 8.084943220 _35_ ... cbr 250 ... [31:0 4196353:0 ...
r 75.158851194 _6_ ... AODV 48 ... 4196352:255 -1:255 ...

              TRACE DEPOIS DA CONVERSÃO DE ENDEREÇOS
s 8.039552551 6 ... cbr 250 ... 2 0 0 0 ...
s 95.932156679 1 ... AODV 106 ... 1 255 -1 255 ...
s 8.084943220 35 ... cbr 250 ... 31 0 3 0 ...
r 75.158851194 6 ... AODV 48 ... 2 255 -1 255 ...
```

Fonte: Elaborada pelo autor.

> OBSERVAÇÃO: nas simulações realizadas nesse capítulo foi preciso executar o *script* de conversão de números de nós (ex.: Hierarchical_to_Node_Converter.sh) duas vezes. Nesse caso, a sequência correta de ações para traduzir os endereços hierárquicos dos nós em números sequenciais de nós de forma correta deve ser como segue:
>
> 1. ./Hierarchical_to_Node_Converter.sh TRACE_FILE_WCW.tr 4194304 4194305 0 1;
> 2. mv TRACE_NODE_CONVERTED.tr TRACE_NODE_CONVERTED_.tr;
> 3. ./Hierarchical_to_Node_Converter.sh TRACE_NODE_CONVERTED_.tr 41963524196353 2 3;
> 4. Arquivo trace final TRACE_NODE_CONVERTED.tr, que será usado para extração de métricas de desempenho.

Após realizar as conversões dos endereços no modelo *Wired-Cum-Wireless* basta apenas executar o *script* de extração de métricas de desempenho. Dessa forma, como estamos usando dois tipos de tráfego, por exemplo, *cbr/UDP* e *ftp/TCP*, então foi necessário adaptar o arquivo Metrics_Performance_Extractor_NEW.sh (ex.: Capítulo 8) para atuar no tráfego *TCP*. Assim, os dois arquivos para extração de métricas de desempenho são: Metrics_Performance_Extractor_NEW_CBR.sh e Metrics_Performance_Extractor_NEW_TCP.sh. Ambos disponíveis no *GitHub* do Livro[91].

Resultados das Simulações no Modelo Wired-Cum-Wireless

Nesta subseção são apresentados os resultados das simulações no modelo *Wired-Cum-Wireless*. Estes resultados foram extraídos de dois tipos de tráfego, *cbr/udp* e *ftp/tcp*. Os resultados são apresentados na forma de Tabelas (ex.: ,10.2/10.3) e Figuras (ex.: 10.19(a)(b)/ 10.23(a)(b), 10.20(a)(b)/ 10.24 (a)(b), 10.21(a)(b)/ 10.25(a)(b) e 10.22(a)(b)/ 10.26(a)(b)).

---

91   https://github.com/dioxfile/NS-2_Scripts/tree/master/Chapter_10_Wired-Cum-Wireless.

Uma observação a ser feita é que diferentemente das tabelas, que apresentam as métricas de desempenho com todos os dados gerados pelos *scripts* de extração de métricas, as figuras (ex.: gráficos) apresentam as métricas de roteamento avaliadas como segue:

> Vazão Total da Rede e Vazão Média do Enlace (Kbps); Consumo de Energia (Joules)[92]; Taxa de Perda de Pacotes (Percentagem '%');
> Overhead de Roteamento Normalizado
>
> (ex.: $\dfrac{Bytes\ Overhead}{Bytes\ de\ Dados}$ e $\dfrac{Packets\ Overhead}{Packets\ de\ Dados}$) (Percentagem '%');
>
> Taxa de Encaminhamento de Pacotes (Percentagem '%'); Atraso Total, Atraso Total da Soma dos Fluxos e Atraso Médio por Fluxo (Segundos); Jitter Total, Jitter Total da Soma dos Fluxos e Jitter Médio por Fluxo (Segundos); e Taxa de Entrega de Pacotes (Percentagem '%').

A Tabela 10.2 apresenta todos os valores das métricas de desempenho avaliadas para cada protocolo de roteamento (ex.: *AODV/OLSR*) com tráfego *CBR/UDP*.

---

92 A energia consumida foi computada de todos os nós da simulação, inclusive os cabeados.

Tabela 10.2 – Métricas de Desempenho Avaliadas No Modelo Wired-Cum-Wireless com Tráfego CBR.

Métricas de Desempenho de Rede

	AODV	OLSR
(1) Vazão do Enlace	**AODV**	**OLSR**
(a) Vazão Total da Rede (Kbps)	125,836	111,589
(b) Vazão Média por Fluxo (Kbps)	62,918	55,795
(2) Consumo de Energia	**AODV**	**OLSR**
(a) Energia Média Consumida na Rede (Joules)	36,617	36,343
(3) Taxa de Perda de Pacotes	**AODV**	**OLSR**
(a) Nº de Pacotes Gerados	5858	5872
(b) Taxa de Perda de Pacotes (Unidades)	72	741
(c) Taxa de Perda de Pacotes (%)	1,229	12,619
(4) Overhead de Roteamento	**AODV**	**OLSR**
(a) Overhead (Unidades)	2507	3747
(b) Overhead (Bytes/DataBytes) (%)	7,659	62,032
(c) Overhead Normalizado (%)	43,329	73,027
(5) Encaminhamento de Pacotes	**AODV**	**OLSR**
(a) Taxa de Forwarding (%)	92	85
(6) Atraso Fim a Fim	**AODV**	**OLSR**
(a) Atraso Total (s)	0,0359	0,0053
(b) Atraso Total da Soma dos Fluxos (s)	0,0719	0,0108
(c) Atraso Médio por Fluxo (s)	0,0360	0,0054
(7) Jitter	**AODV**	**OLSR**
(a) Jitter Total (s)	0,0330	0,0040
(b) Jitter Total da Soma dos Fluxos (s)	0,0441	0,0073
(c) Jitter Médio por Fluxo (s)	0,0220	0,0036
(8) Entrega de Pacotes	**AODV**	**OLSR**
(a) Taxa de Entrega de Pacotes (%)	98,771	87,381

Fonte: Elaborada pelo autor.

As Figuras 10.19 (a)(b), 10.20 (a)(b), 10.21 (a)(b) e 10.22 (a) (b) apresentam os gráficos das métricas de desempenho vazão, consumo de energia, taxa de perda de pacotes, *overhead* de roteamento, taxa de encaminhamento de pacotes, atraso fim a fim, *jitter* e taxa de entrega de pacotes no tráfego *CBR*.

Esta análise é uma análise clássica entre protocolos proativo e reativo. Nesse contexto, observa-se, com relação à métrica vazão, que o *AODV* possui uma ligeira vantagem quando comparado ao *OLSR*, (Figura 10.19(a)). Essa vantagem do *AODV* pode estar relacionada ao tamanho da área de simulação, que nesse experimento é menor em tamanho quando comparada às áreas utilizadas nos experimentos dos Capítulos 8 e 9 (ex.: 1000 x 1000). Além disso, à medida que a área de simulação diminui e a densidade de nós aumenta também ocorrem mais colisões que consequentemente atrapalha o desempenho da vazão do *OLSR*, em função da sua natureza proativa que depende do envio de mensagens de controle periódicas para a construção da tabela de roteamento.

No que se refere ao consumo de energia o *AODV* e o *OLSR* estão tecnicamente empatados com *36,617J* de energia consumida para o *AODV* e *36,343J* de energia gasta para o *OLSR* (Figura 10.19 (b)).

Ainda com relação à métrica energia uma informação importante é que as simulações tiveram uma média de 28.000 colisões ocorridas na camada de enlace de dados (ex.: verificadas no *trace file*), isto é, colisões geram novas retransmissões e consequentemente mais consumo de energia.

Figura 10.19 – Análise das métricas de desempenho vazão e consumo de energia dos protocolos AODV e OLSR, tráfego CBR.

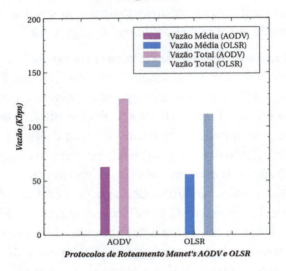

(a) Vazão do Enlace (Kbps).

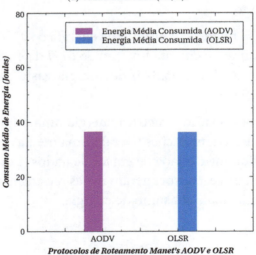

(b) Consumo de Energia (Joules).

Fonte: Elaborada pelo autor.

Com relação à taxa de perda pacotes o protocolo *AODV* perdeu 72 pacotes, o que corresponde a 1,23% do total de pacotes gerados (ex.: 5858 unidades), Figura 10.20 (a). Já o *OLSR* perdeu 741 pacotes, o que corresponde a 12,62% do total de pacotes gerados (ex.: 5872 unidades), Figura 10.20 (a). Nesse experimento o *OLSR* tem um desempenho inferior ao *AODV*, que como já mencionado no parágrafo anterior pode ter sido ocasionado pela diminuição da área de simulação e aumento da densidade dos nós nessa área, ou seja, em função da natureza proativa do *OLSR* a redução da área de simulação pode causar mais colisões e consequentemente aumentar a taxa de perda de pacotes.

Em termos de *overhead* de roteamento normalizado (ex.: Tabela 10.2), o *AODV* foi superior gerando menos mensagens de controle (ex.: menos unidades de mensagens e menos *bytes*), por exemplo, gerou 2507 unidades de mensagens de controle com seus *overheads* normalizados, respectivamente, 7,66% e 43,33%, Figura 10.20 (b). Enquanto que o protocolo *OLSR* gerou 3747 unidades de mensagens de controle com seus overheads normalizados, respectivamente, 62,032% e 73,027%, Figura 10.20 (b). O Alto *overhead* normalizado do *OLSR* acontece porque ele transporta mais de um tipo de mensagem de controle ao mesmo tempo (ex.: *piggybacking*), em função disso os pacotes de controle possuem maior quantidade de *bytes*, Figura 10.20 (b).

Figura 10.20 – Análise das métricas de desempenho taxa de perda de pacotes e overhead dos protocolos AODV e OLSR, tráfego CBR.

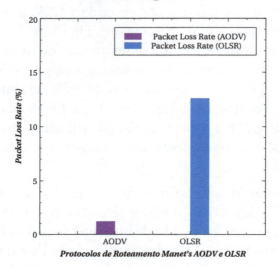

(a) .Taxa de Perda de Pacotes (%).

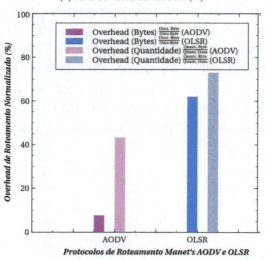

(b) Overhead de Roteamento (%).

Fonte: Elaborada pelo autor.

Na métrica de desempenho taxa de redirecionamento de pacotes o protocolo *AODV* redirecionou mais pacotes de dados que o protocolo *OLSR*, 92% contra 85%, respectivamente (ex.: Figura 10.21 (a)). Em geral o redirecionamento de pacotes acompanha a taxa de perda de pacotes principalmente quando ambos estão vinculados a nós origem e destino que distam um do outro a mais de dois saltos, todavia, há situações em que a taxa de redirecionamento é 100%, mas a taxa de perda de pacotes é alta[93].

Já na métrica atraso fim a fim o protocolo *AODV* possui as três medições de atraso (ex.: Atraso Total, Atraso Total da Soma dos Fluxos e Atraso Médio) maiores que a do protocolo *OLSR*, Figura 10.21 (b). O baixo atraso do protocolo *OLSR* na entrega de pacotes está relacionado com a sua natureza proativa que ao contrário dos protocolos reativos sempre possui rotas prontas quando um pacote chega para ser redirecionado.

---

93 Isso ocorre onde a perda de pacotes acontece quando a origem e destino estão diretamente conectadas. Isso significa que o originador do pacote e o destino final estão diretamente conectados, mas por algum motivo o pacote é perdido ou descartado.

Figura 10.21 – Análise das métricas de desempenho forwarding e atraso fim a fim dos protocolos AODV e OLSR, tráfego CBR.

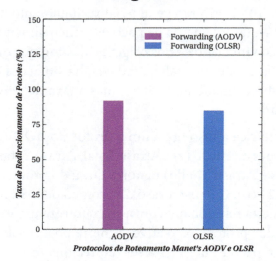

(a) Taxa de Encaminhamento de Pacotes (%)

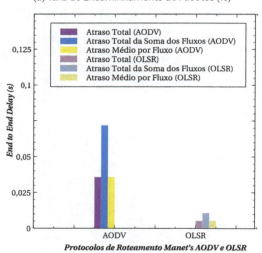

(b) Atraso Fim a fim (s)..

Fonte: Elaborada pelo autor.

Figura 10.22 – Análise das métricas de desempenho jitter e taxa de entrega de pacotes dos protocolos AODV e OLSR, tráfego CBR.

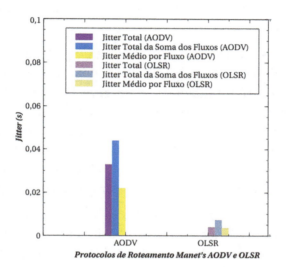

(a) Jitter, Variação do Atraso (s).

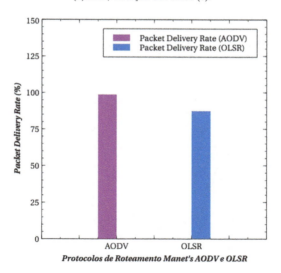

(b) Taxa de Entrega de Pacotes (%).

Fonte: Elaborada pelo autor.

Nesse experimento a métrica de desempenho *jitter*, Figura 10.22 (a), nos protocolos *AODV* e *OLSR* segue o mesmo padrão do atraso fim a fim com leve variação no protocolo *AODV*. Portanto, a mesma explicação do atraso fim a fim pode ser aplicada.

No que se refere à taxa de entrega de pacotes o *AODV* se sobressai ao *OLSR* entregando mais pacotes de dados, uma vantagem de 10% (Tabela 10.2 e Figura 10.22(b)). Isso pode ser explicado, como já previamente mencionado na métrica *overhead*, em função da redução da área de simulação, que nesse caso desfavorece o *OLSR*. Isto é, em áreas menores e mais densas os protocolos proativos, como o *OLSR*, sofrem mais com as colisões que prejudicam a taxa de entrega de pacotes de dados.

A Tabela 10.3 apresenta todos os valores das métricas de desempenho avaliadas para os protocolos de roteamento *AODV* e *OLSR*) utilizando o tráfego *FTP/TCP*.

Tabela 10.3 – Métricas de Desempenho Avaliadas No Modelo Wired-Cum-Wireless com Tráfego TCP.
Métricas de Desempenho de Rede

	AODV	OLSR
(1) Vazão do Enlace	**AODV**	**OLSR**
(a) Vazão Total da Rede (Kbps)	657,595	648,921
(b) Vazão Média por Fluxo (Kbps)	657,595	648,921
(2) Consumo de Energia	**AODV**	**OLSR**
(a) Energia Média Consumida na Rede (Joules)	36,617	36,343
(3) Taxa de Perda de Pacotes	**AODV**	**OLSR**
(a) Nº de Pacotes Gerados	14110	13064
(b) Taxa de Perda de Pacotes (Unidades)	73	24
(c) Taxa de Perda de Pacotes (%)	0,517	0,184
(4) Overhead de Roteamento	**AODV**	**OLSR**
(a) Overhead (Unidades)	2507	3747
(b) Overhead (Bytes/DataBytes) (%)	1,579	11,769
(c) Overhead Normalizado (%)	17,860	28,734
(5) Encaminhamento de Pacotes	**AODV**	**OLSR**
(a) Taxa de Forwarding (%)	95	98
(6) Atraso Fim a fim	**AODV**	**OLSR**
(a) Atraso Total (s)	0,0503	0,0592
(b) Atraso Total da Soma dos Fluxos (s)	0,0503	0,0592
(c) Atraso Médio por Fluxo (s)	0,0503	0,0592
(7) Jitter	**AODV**	**OLSR**
(a) Jitter Total (s)	0,0033	0,0028
(b) Jitter Total da Soma dos Fluxos (s)	0,0033	0,0028
(c) Jitter Médio por Fluxo (s)	0,0033	0,0028
(8) Entrega de Pacotes	**AODV**	**OLSR**
(a) Taxa de Entrega de Pacotes (%)	99,483	99,816

Fonte: Elaborada pelo autor.

As Figuras 10.23 (a)(b), 10.24 (a)(b), 10.25 (a)(b) e 10.26 (a) (b) apresentam os gráficos das métricas de desempenho vazão, consumo de energia, taxa de perda de pacotes, *overhead* de roteamento, taxa de encaminhamento de pacotes, atraso fim a fim, *jitter* e taxa de entrega de pacotes no tráfego *FTP/TCP*. Com relação a este tipo de tráfego algumas métricas são exatamente as mesmas do tráfego *CBR/UDP*, por exemplo: Número de Mensagens de controle geradas (ex.: *Overhead de Roteamento*); e Energia consumida (Tabela 10.3). Portanto, não serão comentadas. Além disso, foi gerado apenas um fluxo de tráfego e por isso os valores da vazão, do atraso e do *jitter* se repetem em todos os cálculos.

Na métrica vazão (Figura 10.23 (a)) o protocolo *AODV* tem uma leve vantagem quando comparado ao protocolo *OLSR* (Tabela 10.3), por exemplo, o *AODV* obteve uma vazão de *657,595 Kbps*, enquanto o *OLSR* teve uma vazão de *648,921 Kbps*, uma diferença de *8,7 Kbps*. Isso aconteceu, como previamente mencionado, porque ao passo que área de simulação diminui e a densidade de nós aumenta ocorrem mais colisões que consequentemente atrapalha o desempenho da vazão do *OLSR* mesmo no tráfego *TCP*, em função da sua natureza proativa que depende do envio de mensagens de controle periódicas para a construção da tabela de roteamento. A métrica energia consumida não será comentada porque é a mesma do tráfego *CBR*, mas pode ser analisada na Figura 10.23 (b).

Figura 10.23 – Análise das métricas de desempenho vazão e consumo de energia dos protocolos AODV e OLSR, tráfego FTP.

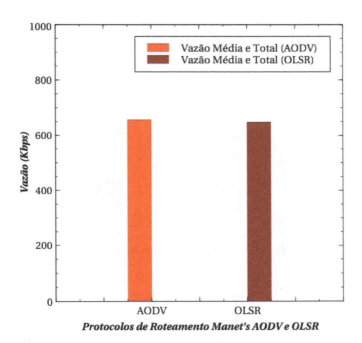

(a) Vazão do Enlace (Kbps).

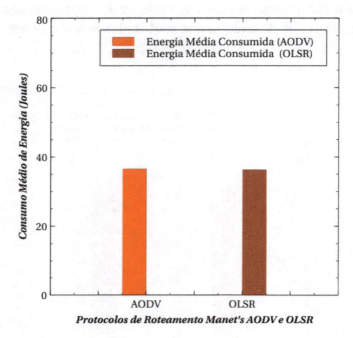

(b) Consumo de Energia (Joules).

Fonte: Elaborada pelo autor.

Com relação à taxa de perda pacotes o protocolo AODV perdeu 73 pacotes de um total de 14110 pacotes gerados, o que corresponde a 0,517%, Figura 10.24 (a). Já o *OLSR* perdeu 24 pacotes de um total de 13064 pacotes gerados, o que corresponde a 0,185%, Figura 10.24 (a). A perda de pacotes foi um empate técnico. No tráfego *TCP* não há pacotes descartados apenas pacotes perdidos. A diferença entre estes dois tipos de eventos é o seguinte: "*A perda de pacotes ocorre quando um ou mais pacotes de dados que viajam por uma rede de computadores falham em alcançar seu destino, enquanto o descarte de pacotes ocorre quando um roteador descarta intencionalmente o pacote*[94]."

---

94   https://en.wikipedia.org/wiki/Packet_loss.

No que se refere à métrica *overhead* de roteamento normalizado (Figura 10.24 (b)), o *AODV* foi melhor gerando menos mensagens de controle e menos *bytes* de controle, por exemplo, a porcentagem de *overhead* normalizado do *AODV* foi 1,579% e 17,860%, Figura 10.24 (b). À medida que o protocolo *OLSR* gerou 11,769% e 28,734%, Figura 10.24 (b). O *overhead* normalizado tanto do *AODV* quanto do *OLSR* diminuíram em função do aumento de dados transferidos no tráfego *TCP*. Todavia, o *OLSR* ainda está em desvantagem e isso acontece porque ele realiza o *piggybacking*, como já explicado no *overhead* do tráfego *CBR/UDP*.

Figura 10.24 – Análise das métricas de desempenho taxa de perda de pacotes e overhead dos protocolos AODV e OLSR, tráfego FTP.

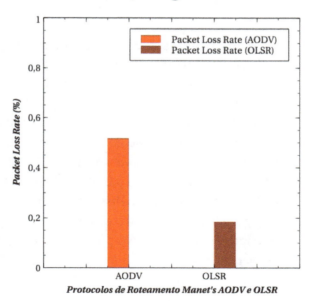

(a) Taxa de Perda de Pacotes (%).

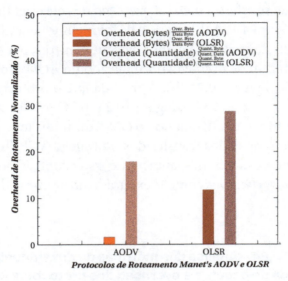

(b) Overhead de Roteamento (%).

Fonte: Elaborada pelo autor.

Com relação à métrica taxa de redirecionamento de pacotes tanto o protocolo *AODV* quanto o protocolo *OLSR* redirecionaram quase 100% dos pacotes de dados. Por exemplo, o *AODV* redirecionou 95%, em contrapartida o OLSR redirecionou 98%. Apesar do empate técnico o protocolo *OLSR* foi mais eficiente. Já na métrica atraso fim a fim o protocolo *AODV* tem uma ligeira vantagem sobre o *OLSR*. O atraso médio do *AODV* foi de 0,0503s enquanto o protocolo *OLSR* obteve 0,0592s, Figura 10.25 (b). Apesar de não ter sido feita uma análise mais profunda podemos supor que o atraso imposto pelo tráfego *TCP* em função do aperto de mão triplo, tenha ajudado o protocolo *AODV* devido a sua natureza reativa.

Figura 10.25 – Análise das métricas de desempenho forwarding e atraso fim a fim dos protocolos AODV e OLSR, tráfego FTP.

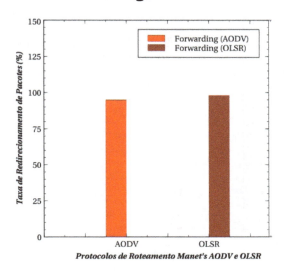

(a) Taxa de Encaminhamento de Pacotes (%).

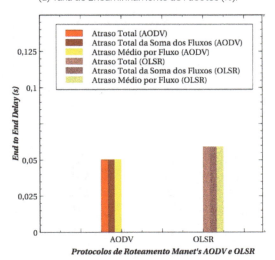

(b) Atraso Fim a fim (s).

Fonte: Elaborada pelo autor.

Figura 10.26 – Análise das métricas de desempenho jitter e taxa de entrega de pacotes dos protocolos AODV e OLSR, tráfego FTP.

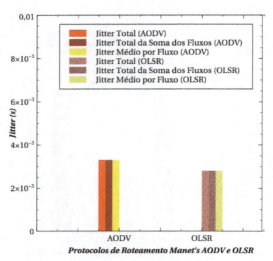

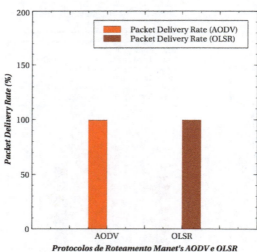

(a) Jitter, Variação do Atraso (s).

Fonte: Elaborada pelo autor.

O *jitter* foi medido em termos de segundos (s) e o protocolo *AODV* obteve a maior variação média do atraso 0,0033s, Figura 10.26 (a). Na outra mão o protocolo *OLSR* obteve o seguinte *jitter* médio 0,0028s, Figura 10.26 (a). Os dois protocolos obtiveram um empate técnico nesse quesito. No entanto, o protocolo *OLSR* obteve uma leve vantagem, 0,0005s. Já no que se refere à taxa de entrega de pacotes ambos os protocolos entregaram quase 100% dos pacotes de dados no tráfego *FTP/TCP*. Ou seja, nessa métrica ouve um empate técnico. Entretanto, apesar da confiabilidade do protocolo *TCP* alguns pacotes foram perdidos, pois o *AODV* entregou 99,483% (Figura 10.26 (b)) dos pacotes gerados e o protocolo *OLSR* entregou 99,816%, Figura 10.26 (b).

Observa-se que com exceção do atraso/*jitter* o tráfego *TCP* melhora as principais métricas de desempenho testadas.

10.4 Atividade Sugerida

Exercício 10. Desenvolva um cenário sem fio móvel utilizando o modelo Wired-Cum-Wireless e execute simulações com os protocolos AODV, DSDV e OLSR. Avalie o desempenho desses protocolos com dois tipos de tráfego, UDP e TCP. Para medir a eficiência desses protocolos use as seguintes métricas de desempenho de redes: vazão, consumo de energia, taxa de perda de pacotes, *overhead* de roteamento, taxa de redirecionamento de pacotes, atraso fim a fim, jitter e taxa de entrega de pacotes. O cenário de simulação deve possuir os seguintes parâmetros:

- Tráfego CBR com taxa de transmissão de 500 Kbps;
- Tráfego FTP com taxa de transmissão de 500 Kbps;
- Tamanho do pacote 1000B (ex.: é necessário alterar o tamanho do pacote no arquivo cbrgen.tcl);

- Tempo de simulação, 200s;
- Quantidade de nós 96, com 90 nós sem fio (ex.: 3 AP's e 87 nós móveis) e 6 nós cabeados;
- Fontes de tráfego, 3 CBR/UDP e 3 FTP/TCP, total de 6 fontes;
- Crie três fontes de tráfego CBR entre nós sem fio e cabeados, e crie três fontes de tráfego FTP apenas entre nós sem fios;
- Área de Simulação 1500m x 1500m;
- Este cenário deve possuir um domínio com quatro agrupamentos e cada agrupamento deve ter as seguintes características ⇒ (a) os agrupamentos 0, 1 e 2 possuem dois (2) nós cabeados cada um; (b) e o agrupamento 4 possui noventa (90) nós, 87 nós sem fio móveis e três AP's;
- Para gerar os domínios, agrupamentos e nós use o seguinte programa: Generator_D_C_N.tcl disponível em https://github.com/dioxfile/NS-2_Scripts/blob/master/Chapter_10_Wired-Cum-Wireless/;
- Use o Código 6.5 para gerar a mobilidade com menos de 1000 destinos inalcançáveis; Realize as simulações utilizando os padrões 802.11a e 802.11b;
- Quando as simulações encerrarem use os scripts Metrics_Performance_Extractor_NEW_CBR.sh/Metrics_Performance_Extractor_NEW_TCP.sh para extrair as métricas de desempenho descritas no Capítulo 8;

Os códigos necessários para realizar as simulações estão disponíveis https://github.com/dioxfile/NS-2_Scripts/tree/master/Chapter_10_Wired-Cum-Wireless:

1. IEEE802-11_Wired_Cum_Wireless_Final.tcl;

2. traffic-wcw.tcl (ex.: deve ser criado com o Código 3.4);

3. mobility-wcw.tcl (ex.: deve ser criado com o Código 6.5);

4. 802-11a_functional.tcl;

5. 802-11b_functional.tcl;

6. olsr-default.tcl;

7. Hierarchical_to_Node_Converter.sh;

8. Metrics_Performance_Extractor_NEW_CBR.sh[95];

9. Metrics_Performance_Extractor_NEW_TCP.sh[96].

> Aproveite os conhecimentos prévios, estudados e aprendidos nesse capítulo, para realizar esta tarefa e não esqueça de fazer as alterações necessárias no arquivo de simulação principal, IEEE802-11_Wired_Cum_Wireless_Final.tcl.

10.5 Considerações Finais do Capítulo

Neste capítulo foi apresentado os principais conceitos do modelo *Wired-Cum-Wireless*. Por exemplo, a hierarquia de endereços utilizadas nesse modelo pelo *NS-2*. Além disso, foram desenvolvidos *scripts* para auxiliar na criação da hierarquia de domínios, agrupamento e nós dentro desse modelo. Nesse contexto, foi apresentado passo a passo como criar uma simulação e também como fazer a análise do *trace file*. Ademais, mantendo

---

95 *Link* de *download*: https://github.com/dioxfile/Performance-Network-Metrics-NS-2.

96 *Link* de *download*: https://github.com/dioxfile/Performance-Network-Metrics-NS-2.

o padrão dos capítulos anteriores foram disponibilizados no *GitHub* todos os *scripts* desenvolvidos para este capítulo. E finalmente, foram feitas simulações com os protocolos *AODV* e *OLSR* utilizando dois tipos de tráfego: *CBR/UDP* e *FTP/TCP*. Os resultados das simulações foram apresentados na forma de tabelas e figuras (Gráficos) de modo que os leitores do livro possam entender e reproduzir todas as simulações apresentadas com certa facilidade.

PARTE 6:
ELEMENTOS PÓS-TEXTUAIS

REFERÊNCIAS

[1] NSNAM. Manual – Users Discussion. *NS-2 Trace Formats*. 2010. Disponível em: https://nsnam.sourceforge.net/wiki/index.php/NS-2_Trace_Formats. Acesso em: 20 nov. 2014.

[2] ALSLAIM, M. N.; ALAQEL, H. A.; ZAGHLOUL, S. S. *A comparative study of MANET routing protocols*. The Third International Conference on e-Technologies and Networks for Development (ICeND2014). 2014. p. 178–182.

[3] TANENBAUM, Andrew S; WETHERALL, David J. *Computer Networks*. 5º ed. Prentice Hall – Pearson, 2010.

[4] BABAKHOUYA, Abdelaziz; CHALLAL, Yacine; BOUABDALLAH, Abdelmadjid. *A Simulation Analysis of Routing Misbehaviour in Mobile Ad hoc Networks*. NGMAST/Workshop on Mobile Security, Europe, 2009. p. 1–5.

[5] LE BOUDEC, J. -Y.; VOJNOVIC, M. *The Random Trip Mobility Model*. IEEE Infocom 2005, Miami, FL, 2005 (Infocom 2005 Best Paper Award), Disponível em: https://ica1www.epfl.ch/RandomTrip/. Acesso em: 12 abr. 2020

[6] BOUKERCHE, Azzedine *et al. Routing protocols in ad hoc networks: A survey. In*: *Survey Paper – Computer Networks*. 55. Published on book Computer Networks – Elsevier. Mai. 2011, p. 3032–3080. https://doi.org/10.1016/j.comnet.2011.05.010.

[7] BUTTYÁN, Levente; HUBAUX, Jean-Pierre. *Security and Cooperation in Wireless Networks:* Thwarting Malicious and Selfish Behavior in the Age of Ubiquitous Computing. Cambridge: Hardcove, 2007. ISBN: 9780521873710.

[8] CHADDA, Ankur. *Quality of Service Testing Methodology*. Tese de mestrado. India: B.E., University of Bombay (Mumbai), India (1999), 2004. p. 1–68.

[9] CHLAMTAC, Imrich; CONTI, Marco; LIU, Jennifer J.-N. *Mobile ad hoc networking: imperatives and challenges*. Ad Hoc Networks. 2003, p. 13–64.

[10] CIZERON, Eddy; HAMMA, Salima. *Multipath routing in MANETs using Multiple Description Coding*. IEEE International Conference on Wireless and Mobile Computing, Networking and Communications (2009), p. 282–287.

[11] CLAUSEN, Thomas Heide; JACQUET, Philippe. *RFC 3626 OLSR – Optimized Link State Routing Protocol*. 2003. Disponível em: http://www.ietf.org/rfc/rfc3626.txt. Acesso em: 8 jun. 2012.

[12] NS-3 CONSORTIUM. *Network Simulator 3 (NS-3)*. 2012. Disponível em: http://www.nsnam.org/. Acesso em: 18 ago. 2014.

[13] COUTINHO, Mauro Margalho. *Network Simulator – Guia Básico para Iniciantes*. 2003. Disponível em: https://amauroboliveira.files.wordpress.com/2013/05/nsr1.pdf. Acesso em: 25 abr. 2022.

[14] CUPPENS, Frédéric *et al. Misbehaviors Detection to Ensure Availability in OLSR*. Mobile Ad-Hoc and Sensor Networks Lecture Notes in Computer Science. V. 4864. dez. 2007, p. 799–813. DOI: 10.1007/978-3-540-77024-4_72.

[15]   EL KHAYAT, Ibtissam; GEURTS, Pierre; LEDUC, Guy. On the Accuracy of Analytical Models of TCP Throughput. NETWORKING 2006. *In: (Ed.)* Boavida, Fernando *et al. Networking Technologies, Services, and Protocols; Performance of Computer and Communication Networks; Mobile and Wireless Communications Systems.* Heidelberg: Springer Berlin Heidelberg, 2006, p. 488–500. ISBN: 978-3-540-34193-2.

[16]   FALL, Kevin; VARADHAN, Kannan. *The ns Manual (formerly ns Notes and Documentation): The VINT Project.* UC Berkeley *et al.* Jan. 2011.

[17]   FOROUZAN, Behrouz A. *Data Communications and Networking.* 4º ed. McGraw-Hill Companies, jul. 2007.

[18]   GE, Ying; KUNZ, Thomas; LAMONT, Louise. *Quality of Service Routing in Ad-Hoc Networks Using OLSR.* Proceedings of the 36th Hawaii International Conference on System Sciences (HICSS03) (2003), p. 487–499.

[19]   GRAIS, Marc. *Tutorial for the Network Simulator 2.* Disponível em: http://www.isi.edu/nsnam/ns/ tutorial/. Acesso em: 2 fev. 2014

[20]   GROSSGLAUSER, Matthias; TSE, David N. C. *Mobility Increases the Capacity of Ad Hoc Wireless Networks.* IEEE/ACM Transaction on Networking 10.4. Ago. 2002, p. 477–486.

[21]   HAAS, Zygmunt J.; PEARLMAN, Marc R.; SAMAR, Prince. *Internet-Draft (04) IETF – The Zone Routing Protocol (ZRP) for Ad Hoc Networks.* 2002. Disponível em: http://tools.ietf.org/html/draft-ietf-manet-zone-zrp-04. Acesso em: 27 fev. 2014.

[22]   ISSARAIYAKUL, T.; HOSSAIN, E. *Network Simulator 2 Ultimate: Post processing throughput calculation.* Jun. 2009. Disponível em: http://www.ns2ultimate.com/post/3442965938/post-processing-ns2-result-using-ns2-trace-ex1-link. Acesso em: 5 mar 2020.

[23]   JOHNSON, D.; HU, Y.; MALTZ, D. *RFC 4728 – The Dynamic Source Routing Protocol (DSR) for Mobile Ad Hoc Networks for IPv4.* 2007. Disponível em: http://tools.ietf.org/html/rfc4728. Acesso em: 26 fev. 2014.

[24]   JOSÉ, Diógenes Antonio Marques. *OLSR Fuzzy Cost (OLSR-FC):* uma extensão ao protocolo OLSR baseada em lógica Fuzzy e aplicada à prevenção de nós egoístas. Jun 2014. Tese de doutorado. Universidade Federal de Goiás Instituto de Informática – INF Goiânia (GO), 2014. p. 1–196.

[25]   KASIRAMA, R. *et al.* Performance Analysis of DSR and DSDV in Motion and Motionless State. Procedia Engineering 38 (2012). INTERNATIONAL CONFERENCE ON MODELLING OPTIMIZATION AND COMPUTING, p. 1518–1523. ISSN: 1877-7058. DOI: https://doi.org/10.1016/j.proeng.2012.06.187. Disponível em:http://www.sciencedirect.com/science/article/pii/S1877705812021005.

[26]   KOTHARI, Rooshabh; DEMBLA, Deepak. *Implementation of Black Hole Security Attack using Malicious Node for Enhanced* – DSR Routing Protocol of MANET. International Journal of Computer Applications 64.18 (fev. 2013). Published by Foundation of Computer Science, New York, USA, p. 1–8.

[27]   KUMAR, Naresh; KUMAR, Sandeep. *Performance Comparison of AODV and DSR routing protocols in MANET:* A study. 2013. p. 735–739.

[28] PRADEEP KUMAR, T. S. *Printing the receiving threshold for Propagation models in ns2*. 2014. Disponível em: http ://www.nsnam.com/2014/03/printing-receiving-threshold-for.html. Acesso em: 11 jul. 2022.

[29] PEREIRA, Ivana Cardial de Miranda; PEDROZA, Aloysio de Castro P. *Redes Móveis Ad Hoc Aplicadas a Cenários Militares*. Grupo de Teleinformática e Automação da COPPE-UFR. 2004. Disponível em: https://bit.ly/3ecccce. Acesso em: 12 abr. 2020.

[30] MORAES, Ana Luiza D.; SANTOS, Arthur F. dos.; XAUD, Marco F. dos Santos. *Redes Ad Hoc Protocolos DSR, AODV, OLSR, DSDV*. 2007. Disponível em: http:// www.gta.ufrj.br/grad/09_1/versao-final/adhoc/index.html. Acesso em: 27 fev. 2014.

[31] SANDHU, Navdeep Kaur; SANDH, Navtej Singh; Singh, Ashwinder. *Performance characteristics of OLSR and AODV protocols in Wireless Mesh Network*. International Journal of Engineering Research Technology (IJERT) v. 1. Mai. 2012. p. 1–6.

[32] NOGUEIRA, Fernando. Simulação de Eventos Discretos. 2009. Disponível em: http://www.ufjf.br/epd042/files/2009/02/Simulacao1.pdf. Acesso em: 18 ago. 2014.

[33] FORUM LINUX QUESTIONS. *NS-2 on Ubuntu Linux 14.04 64bits*. Mai. 2013 Disponível em: https://www.linuxquestions. org/questions/linux-software-2/ns2-on-ubuntu-14-04-64-bit-4175502131/. Acesso em: 02 mai.2022.

[34] MOBILE BOY FROM TECHULATOR. *NS-2 Software Installation in Windows Platform Simple Tutorial*. Jan 2013. Disponível em: https://www.techulator.com/ resources/8854-NS-2-software-installation-Windows-platform-simple-livro.aspx. Acesso em: 04 mai. 2022.

[35] GROSZ, Gowtham. *How to Install NS2.34 in Ubuntu 12.04 LTS*. Mai 2015. Disponível em: https://gowthamgrosz.wordpress.com/2015/01/20/how-to-install-ns2-34-in-u-buntu-12-04-lts/. Acesso em: 03 mai. 2022.

[36] ISSARIYAKUL, Teerawat; HOSSAIN, Ekram. *Introduction to Network Simulator NS2*. 2ª ed. Winnipeg, Canada; Bangkok, Thailand: Springer, 2011.

[37] NS2BLOGGER. NETWORK SIMULATOR 2.0 *OLSR PATCH FOR NS2 (UM-OLSR)*. Abr. 2014. Disponível em: https://ns2blogger.blogspot.com/2014/04/olsr-patch-for-ns2.html https://ns2blogger.blogspot.com/2014/04/olsr-patch-for-ns2.html. Acesso em: 9 jun. 2020.

[38] CUNHA, Daniel de O.; COSTA, Luís Henrique M. K.; DUARTE, Otto Carlos M. B. *Uma Análise do Consumo de Energia em Redes Ad Hoc*. Revista Científica Periódica – Telecomunicações 7.1 (jul. 2004). Grupo de Teleinformática e Automação PEE/ COPPE DEL/POLI Universidade Federal do Rio de Janeiro, 2004. p. 39–47.

[39] HIREMATH, P. S.; JOSHI, Shrihari M. *Energy Efficient Routing Protocol with Adaptive Fuzzy Threshold Energy for MANETs*. IRACST *International Journal of Computer Networks and Wireless Communications (IJCNWC)* 2.3 (jun. 2012). p. 402–407.

[40] PALCHAUDHURI, Santashil; LE BOUDEC, Jean-Yves; VOJNOVC, Milan. *Perfect Simulations for Random Trip Mobility Models*. Simulation Symposium, *2005*. Proceedings. 38th Annual, p. 72–79.

[41]   BUSSAB, Wilton de O.; MORETTIN, Pedro A. *Estatística Básica*. 9ª ed. São Paulo: Saraiva Uni, jul. 2017. p. 1–568.

[42]   PERKINS, Charles E.; BELDING-ROYER, Elizabeth M.; DAS, Samir R. *RFC 3561 Ad hoc On-Demand Distance Vector (AODV) Routing*. 2003. Disponível em: http://www.ietf.org/rfc/rfc3561.txt. Acesso em: 17 jun. 2012.

[43]   PERKINS, Charles E.; BHAGWAT, Pravin. *Highly Dynamic-Sequenced Distance-Vector Routing*. ACM – SIGCOMM 94 London England *UK* 11. 1994. p. 234–244.

[44]   ROS, Francisco J. *Universidade de Múrcia Optimized Link State Routing. (UM-OLSR)*. 2005. Disponível em: https://sourceforge.net/projects/um-olsr/. Acesso em: 08 jun 2020.

[45]   SALLEH, Aliff Umair *et al. Trace Analyzer for NS-2*. Student Conference on Research and Development (SCOReD 2006), Shah Alam, Selangor, *MALAYSIA* (jun. 2006), p. 29–32.

[46]   SATHYABAMA, M. D. Vimalapriya; BABOO, S. Santhosh. *Comparing the Performance of AODV, DSR in Randomwaypoint and Randomwalk Mobility Models*. International Journal of Computer Applications 37.12 (jan. 2012), p. 25–28.

[47]   TAKEI, Dr. Jun. *Advanced Internet Technology-III:* Wireless Network and Mobile Systems: OLSR. 2007 Disponível em: http://www.soi.wide.ad.jp/class/20060035/slides/04/index_42.html. Acesso em: 2 set. 2013.

[48]   TEIMOURI, Davoud. *Packet Drop vs Packet Loss* – Linux. 2019. Disponível em: https://www.teimouri.net/packet-drop-vs-packet-loss-linux/. Acesso em: 07 jul. 2022.

[49]   TOH. C. K. *et al. The Controversy of Selfish Nodes in Ad Hoc Networks*. International Conference on Advanced Comunications Technology *(ICACT)* (fev. 2010), p. 1087– 1092.

[50]   TØNNESEN, Andreas *et al. Optimized Link State Routing Protocol*. 2013. Disponível em: http://www.olsr.org. Acesso em: 30 jun.2013.

[51]   NS-2 USERS. *Network Simulator 3 (NS-3)*. Nov 2011. Disponível em: http://www.isi.edu/nsnam/ns/ns-build.html. Acesso em: 19 ago. 2014].

[52]   WARDI, Kouji Hirata; HIGAMI, Yoshinobu; KOBAYASHI, Shin-Ya. *RE-OLSR: Residual Energy-Based OLSR Protocol in Mobile Ad Hoc Networks*. International Journal of Multimedia Technology IJMT 1.2 (2011), p. 93–97.

[53]   YOKOYAMA, Shin *et al. Evaluation of the Impact of Selfish Nodes in Ad Hoc Networks and Detection and Countermeasure Methods*. Proceedings of the 7th International Conference on Mobile Data Management (MDM'06). 2006. p. 1–6

[54]   *Dynamic source Routing [DSR] in Mobile Ad-Hoc Network*. 2020. 1 vídeo (20 min). Publicado pelo canal How To. Disponível em: https://www.youtube.com/watch?v=G-SEvRI6Bptg. Acesso em: 21 abr. 2020.

[55]   *Optimized Link State Routing (OLSR) Mobile Adhoc Network Proactive Routing Protocol*. 2020. 1 vídeo (32 min) Publicado pelo canal How To. Disponível em: https://www.youtube.com/watch?v=3V19nPxpMp8. Acesso em: 25 abr. 2020.

[56]   *DSDV (Destination Sequenced Distance Vector) In MANET.* 2020. 1 video (17 min). Publicado pelo canal How to. Disponível em: https://www.youtube.com/watch?v=bP-JYvi5qdlo. Acesso em: 29 abr 2020.

[57]   ZAYANI, Mohamed-Haykel; ZEGHLACHE, Djamal. *Cooperation Enforcement for Packet Forwarding Optimization in Multi-hop Ad-hoc Networks.* IEEE Wireless Communications and Networking Conference: Mobile and Wireless Networks (2012), p. 1942–1947.

[58]   ZHONG, Sheng *et al. On Designing Incentive-Compatible Routing and Forwarding Protocols in Wireless Ad-Hoc Networks:* An Integrated Approach Using Game Theoretical and Cryptographic Techniques. Proceedings of the 11th Annual International Conference on Mobile Computing and Networking. MobiCom '05. Cologne, Germany: Association for Computing Machinery, 2005. p. 117–131. ISBN: 1595930205. DOI: 10.1145/1080829.1080841. Disponível em: https://doi.org/10.1145/1080829.108084.1

[59]   ZHONG, Yi Lu Yuhui; BHARGAVA, Bharat. *Packet Loss in Mobile Ad-Hoc Networks.* Relatório técnico. Center for Education, Research in Information Assurance e Security – Department of Computer Sciences Purdue University, West Lafayette, IN, 47904, USA., abr. 2003, p. 1–8.

ÍNDICE REMISSIVO

A

A Controvérsia dos Nós Egoístas 282

Ad hoc On-Demand Distance Vector (AODV) 154

Análise do Comportamento Egoísta em MANETs 282

Atividade Sugerida 41, 58, 79, 88, 125, 146, 204, 271, 327, 397

Atraso Fim a Fim 236, 241, 316, 318, 323, 324, 380, 386, 395

Avaliação de Desempenho dos Protocolos DSR, AODV, DSDV e OLSR 252, 302

Avaliação de Desempenho dos Protocolos DSR, AODV, DSDV e OLSR na Presença de Nós Egoístas 302

Avaliação de Redes de Computadores 34

B

Bugs 31, 43, 48, 57

C

Características do Simulador NS-2 38

Como o Pacote é Descartado no NS-2? 287

Comportamento Egoísta na Camada de Enlace de Dados 278

Comportamento Egoísta na Camada de Redes 280

Considerações Finais do Capítulo 41, 58, 80, 89, 126, 147, 205, 273, 328, 399

Consumo de Energia 214, 215, 218, 265, 267, 316, 317, 318, 319, 320, 379, 380, 382, 389, 391, 392, 405

Controlando a Saída do Tráfego 71

Criando o Comportamento Egoísta no Protocolo AODV 287

Criando o Comportamento Egoísta no Protocolo DSDV 294

Criando o Comportamento Egoísta no Protocolo DSR 291

Criando o Comportamento Egoísta no Protocolo OLSR 298

Criando o Evento de Descarte por Egoísmo no NS-2 286

Criando Tráfego 64

D

Descrição do Old Trace 121

Destination-Sequenced Distance Vector (DSDV) 154, 161

Dynamic Source Routing (DSR) 111, 153, 157

E

Estáticas 93, 103

F

Formato de Trace Ethernet 76

Funcionamento do Padrão IEEE 802.11 94

G

Gerando Arquivos de Mobilidade com Nenhum ou Poucos Destinos Inalcançáveis 140

I

Implementação Manual do Comportamento Egoísta no NS-2 285

Implementando o Comportamento Egoísta em Protocolos MANETs no NS-2 284

Instalação 31, 33, 43, 178, 180

Instalação do OLSR no NS-2 178

Instalação e Configuração 43

J

Jitter ou Variação do Atraso 241

M

Metodologia de Avaliação 303, 360

Métodos de Detecção de Nós Egoístas 281

Mobilidade em Redes Wireless 130

Modelos Analíticos 36

Modelo Wired-Cum-Wireless 331, 333, 334, 335, 336, 338, 339, 340, 341, 342, 344, 353, 354, 366, 373, 378, 380, 389

Modo DCF 94, 95

N

Network Simulator 2 (NS-2) 37

Nós Egoístas em MANETs 277

O

O Problema dos Nós Egoístas em MANETs 277

Overhead de Roteamento 222, 223, 265, 268, 316, 317, 318, 322, 379, 380, 389, 390, 394

P

Parâmetros de Simulação 256, 308, 371

Programa Selfish_GENERATOR.cc (C++) 303

Protocolo Optimized Link State Routing 165

R

Redes sem Fio 802.11 103

Resultados das Simulações dos Protocolos DSR, AODV, DSDV e OLSR 196, 256, 302

Resultados das Simulações dos Protocolos DSR, AODV, DSDV e OLSR na Presença de Nós Egoístas 302

S

Script TCL para Simulação de Rede Cabeada 82

Simulação 33, 36, 38, 81, 82, 83, 84, 104, 105, 106, 108, 111, 113, 115, 118, 119, 136, 138, 187, 189, 203, 259, 304, 311, 315, 339, 359, 364, 365, 371, 373, 405

Simulando com DSR, AODV, DSDV e OLSR 185

T

Taxa de Entrega de Pacotes 247, 251, 265, 271, 316, 317, 318, 325, 364, 379, 380, 387, 389, 396

Testbed 35

Trace no Modelo Wired-Cum-Wireless 340

U

UM-OLSR 179, 180, 181, 405, 406

V

Vazão 190, 192, 195, 203, 207, 208, 214, 265, 266, 316, 317, 318, 319, 379, 380, 382, 389, 391